泛珠三角区域
产业分工与协作机制研究

FANZHUSANJIAO QUYU
CHANYE FENGONG YU XIEZUO JIZHI YANJIU

陈 政 著

西南财经大学出版社

图书在版编目(CIP)数据

泛珠三角区域产业分工与协作机制研究/陈政著. —成都：西南财经大学出版社,2013.12
ISBN 978-7-5504-1270-5

Ⅰ.①泛… Ⅱ.①陈… Ⅲ.①珠江流域—产业合作—研究 Ⅳ.①F127.6
中国版本图书馆 CIP 数据核字(2013)第 280709 号

泛珠三角区域产业分工与协作机制研究
陈 政 著

责任编辑：张　岚
助理编辑：李晓嵩
封面设计：墨创文化
责任印制：封俊川

出版发行	西南财经大学出版社(四川省成都市光华村街55号)
网　　址	http://www.bookcj.com
电子邮件	bookcj@foxmail.com
邮政编码	610074
电　　话	028-87353785　87352368
照　　排	四川胜翔数码印务设计有限公司
印　　刷	郫县犀浦印刷厂
成品尺寸	170mm×240mm
印　　张	18.75
字　　数	330 千字
版　　次	2013年12月第1版
印　　次	2013年12月第1次印刷
书　　号	ISBN 978-7-5504-1270-5
定　　价	49.80 元

1. 版权所有，翻印必究。
2. 如有印刷、装订等差错，可向本社营销部调换。

序一

世界经济正处在一个经济制度和社会形态急剧变迁的时代。而以经济全球化、区域经济一体化、生产国际化和市场全球化为特征的世界经济发展大趋势,正在改变着国际经济发展格局、经济运行方式和发展机制,以及人的经济生活。随着变迁进程的加快,曾经偏安一隅的贵州,在新形势下如何科学发展、后发赶超、同步小康,成了贵州乃至国家的重大战略命题。为此,胡锦涛同志在贵州考察工作时曾说要"不失时机推进改革开放,努力消除制约经济持续快速健康协调发展的体制机制障碍"。

当今中国,三大经济圈风生水起。三大经济圈经济总量约占全国的1/3,成为带动全国经济增长的火车头,尤其以广州、深圳为中心的珠江三角洲在三大经济圈中潜力巨大。早在2003年8月,中共中央政治局常委、全国人大常务委员会委员长张德江同志担任中共中央政治局委员、广东省委书记时就在全国9省(区)计委主任联谊会材料上批示:"要高度重视与周边省区的合作,优势互补,共同发展。"广东要积极推动与周边省区和珠江流域各省区的经济合作,构筑一个优势互补、资源共享、市场广阔、充满活力的区域经济体系。第一次提出了泛珠三角区域合作构想。泛珠三角区域省区高层也达成区域开放共识。推动泛珠三角区域合作是中国现代化建设的需要,是港澳地区长期稳定繁荣的需要,是广东增创地缘新优势、开辟内源新动力的迫切需要,是内地省区发展取得新突破的需要。贵州曾有过靠长江三角洲或融入珠江三角洲经济圈的犹豫,从世界和全国经济发展战略来看,三大经济战略圈就是中国经济腾飞的三大引擎,贵州融入最有竞争力和活力、增长速度最快的泛珠三角经济战略圈,对于实现贵州经济社会的历史性跨越意义更深远。

在这样的时代背景下,无论是经济理论研究或者是经济工作实际实践者,无疑希望自己的观点为经济社会发展实践提供有价值的正能量,并对中国尤其贵州正在发生的改革与变迁,产生清晰可见的影响。该书作为基于贵州省视角的泛珠三角区域产业分工与协作机制研究,具有创新性、开拓性和针对性:探索了中国三大经济圈发展机制系统,分析了泛珠三角区域产业分工与合作模式结构,研究了泛珠三角区域产业分工与协作的运行机制及缺陷,定量测度了欠发达的贵州省投资环境考核评价工作体系,借鉴了广东、内蒙古、重庆等地对外开放的经验,拟定了泛珠三角区域产业分工与协作的保障机制,建立了泛珠三角区域产业分工与协作数学模式,提出了贵州省融入泛珠三角区域产业经济圈的政策建议。

更难能可贵的是,基于以上研究,作者还有所创新:构建泛珠三角区域产业分工与协作的新模式,西部欠发达地区在泛珠三角区域产业分工与协作中"投资环境考核评价工作体系"的应用和创新,实施区域产业分工与协作是贫困地区脱贫的有效途径等。

中国东西部经济发展不平衡,差距越来越大。如何有效地引导西部地区加快发展,已经成为21世纪中国和世界经济社会发展正在面临的问题和亟待解决的难题。该书运用的产业间的投资增长与发展理论、市场结构理论、区域经济一体化理论、比较优势原理理论、要素禀赋理论等经济学理论,都令人信服地说明,区域产业分工与协作是大势所趋,是解决我国西部内陆地区经济发展的重要途径之一。发展区域经济,实现贵州后发赶超,与全国同步小康,推动民族复兴、国家进步、社会繁荣,实现中华民族的千年梦想。

是以为序。

2013 年 10 月 12 日

(序一作者袁周,系贵州省人民代表大会常务委员会副主任)

序二

当今世界，以经济全球化、区域经济一体化、生产国际化为特征的世界经济发展大趋势，正在改变着国际经济发展格局，也改变了人们的生产生活方式。随着这种变迁进程的加快，中国已经迈入上中等收入国家行列，全国大部分地区的经济结构和社会结构开始进入快速转型期。但是，地处西部的贵州，成了"欠发达、欠开发"的代名词。在新形势下如何科学发展、后发赶超、同步小康，成了贵州乃至国家的重大战略思考。李克强总理指出："没有贵州的全面小康，就没有全国的全面小康。"

在样的背景下，无论是经济理论研究工作者还是经济工作实践者，无疑都希望对中国乃至落后地区的改革开放和制度变迁，贡献自己的智慧。本书作者，长期致力于区域产业分工与协作领域研究，他从贵州省视角来探索泛珠三角区域产业分工与协作机制，并为贵州经济社会发展把脉，具有独到见解。

改革开放以来，中国一方面鼓励一部分地区和一部分群众先富起来，另一方面开展了大规模的有组织的扶贫工作。但是，由于历史和现实的原因，贫困问题依然相当严重和十分突出。1986年、1991年和1993年国家公布了592个国家级贫困县，其中中西部地区集中了贫困县的82%。贫困县人口91.3%分布在自然条件差的山区。贵州、四川、云南、河南4个省贫困人口占全国贫困人口总数的46%。贵州是全国贫困面最大、贫困人口最多、贫困程度最深的省。2012年，贵州农民年人均纯收入4 753元，仅相当于全国7 917元平均水平的60.03%，全面建设小康社会实现程度仅为65.8%，比全国平均水平落后大约7年时间，比西部地区平均水平大约落后3年；城镇化水平低于全国水平15个百分点左右，与周边省份相比也存在着较大差距。处于全国经济社会发展末位的麻山、瑶山极贫山区，农民年人均纯收入仅700元左右，为全国平均水平的1/10左右。可以说，贵州贫困地区脱贫致富是全国扶贫攻坚的"硬骨头"和最后"堡垒"。与此同时，作者提出，贵州具备加快发展的条件和比较优势：一是资源富集、生物多样性，旅游产业开发潜力大，区位优势明显；二是具备了把优势资源转化为发展优势的能力和条件。2012年贵州经济发展速度不仅超过了西部地区和全国平均水平，多项主要经济指标还位居全国前10位。这充分说明贵州有发展潜力，也有后发优势。从区域发展视角分析，贵州经济发展有三点现象值得关注：第一，20世纪90年代以来，贵州超过一半的年份实际经济增长速度均低于潜在经济增长速度，表明长期以来贵州增长潜力发掘不充分。第二，"十五"时期以来，贵州的潜在经济增长率已进入稳定上升区间，并且上升的趋势比较明显。第三，目前贵州省国内生产总值潜在增长速度达到了两位数，与几年前相比有加快趋势。从这些信息综合判断，贵州的确存在着美好的发展前景。

这本书从经济、社会、体制等多维角度，经过大范围实地调查，定量研究与定性分析相结合，用多学科交叉组合协同攻关的方法，介绍了中国三大经济圈发展机制，分析了泛珠三角区域产业分工与合作模式、运行机制及缺陷，测度了欠发达地区投资环境考核评价工作体系，总结了广东、内蒙古、重庆等地对外开放的经验，探讨了构建泛珠三角区域产业分工与协作的保障机制，研究了泛珠三角区域产业分工与协作数学模型，构建出泛珠三角区域产业分工与协作的新模式；同时，作者还提出了贵州省融入泛珠三角区域产业经济圈的政策建议。这些都紧扣时代主题，对贵州脱贫致富以及经济发展、制度变革和社会形态变迁，无疑是有重要参考价值的。

发展区域经济，支持西部地区后发赶超，实现与全国同步小康，走共同发展和共同富裕的道路，是继续深化改革开放之需要，是中国民众之宿愿。希望作者继续努力，在区域发展的理论创新和实际工作中作出更大贡献。

随感而作，是以为序。

马晓河

2013年9月18日

（序二作者马晓河，系著名经济学家，研究员、博士生导师，国务院政府特殊津贴专家，国家发展和改革委员会宏观经济研究院副院长）

内容摘要

以经济全球化、区域经济一体化、生产国际化和市场全球化为特征的世界经济发展大趋势，正在改变着国际经济发展的格局，乃至改变着经济的运行方式和发展机制以及人们的生活方式。地处西部地区的贵州是"欠发达、欠开发"的内陆山区省份，加强区域产业分工与协作的机制研究，是关系到一个国家或地区持续、快速、健康发展的战略问题。2005年2月，胡锦涛同志在贵州考察工作时很有针对性地指出："不失时机推进改革开放，努力消除制约经济持续快速健康协调发展的体制机制障碍。"贵州与泛珠三角区域产业经济合作，是由贵阳城市经济圈，以及南贵昆（南宁、贵阳、昆明）、西南6省区市（云南、四川、广西、西藏、贵州、重庆）、重庆"两江新区"区域产业经济多年合作与实践产生的必然途径。

本文从经济、社会、行政管理的多视角出发，采用大范围实地调查的定量研究与定性分析相结合、经济学、社会学、政治学、民族学等多学科交叉组合、协同攻关的研究方法进行以下内容的研究：①认识了中国三大经济圈发展机制系统；②分析了泛珠三角区域产业分工与合作模式结构；③分析了泛珠三角区域产业分工与协作的运行机制及缺陷；④定量测度了欠发达的贵州省投资环境考核评价工作体系；⑤借鉴了广东、内蒙古、重庆等地对外开放的经验；⑥提出了构建泛珠三角区域产业分工与协作的保障机制；⑦研究了泛珠三角区域产业分工与协作数学模型；⑧提出了贵州省融入泛珠三角区域产业经济圈的政策建议。

基于系统研究，本文提出了如下创新点：①提出了"构建泛珠三角区域产业分工与协作的新模式"。对区域产业分工与合作主要模式：政府+企业的形式，辅以适当的市场行为进行了探讨，分析了不足和缺陷；②提出了西部欠发达地区在泛珠三角区域产业分工与协作中"投资环境考核评价工作体系"的应用和创新；③揭示了实施区域产业分工与协作是贫困地区脱贫的有效途径。解决贵州省贫困问题的方法除了开展大规模有组织的扶贫工作外，推动区域协调发展，缩小区域发展差距，引导生产要素跨区域合理流动，实施区域产业分工与协作是有效的途径。

关键词： 产业经济　区域产业分工与协作　泛珠三角经济圈　机制　研究

ABSTRACT

The trend of world economic development characterized by economic globalization regional economic integration, internationalization of production and market globalization is changing the pattern of international economic development, and even changing the mode of operation and the developing mechanism of economy and economic life of people. Guizhou is inland mountainous province located in the western region and is less developed, strengthening the research of mechanism of regional division of labor and collaboration is a strategic issue related to a country's or a region's sustained, rapid and healthy development. In February 2005, Hu Jintao inspected Guizhou province and pointed out: "Seize the opportunity to push forward reform and opening up, make efforts to eliminate the structural and institutional obstacles that restrict the sustained, rapid and healthy development of economy." Guizhou's cooperation in industrial economy with the Pan - PRD regional economic circle is a natural way from Guiyang city, as well as Nanning, Guiyang, Kunming and Southwest six provinces, Chongqing "Two Rivers" Regional Industrial Economic Cooperation.

This dissertation sets out from multiple perspectives of the economic, social and administrative management, using a combination of large - scale field survey of quantitative research and qualitative analysis of economics, sociology, political science, ethnology and other interdisciplinary combination of research methods for collaborative research. It studies as follows: ①understanding the mechanism of China's three major economic circles development system; ②analysis of the structure of the Pan - PRD regional industrial division of labor and cooperation model; ③analysis of the operating mechanisms and defects of the Pan - PRD regional industrial division of labor and collaboration; ④quantitative measurement of the Investment Environment Assessment Evaluation System of underdeveloped Guizhou Province; ⑤use the opening up experience of Guangdong, Inner Mongolia, Chongqing and other places as refference; ⑥proposed the safeguard mechanism to build the division of labor and collaboration of Pan – PRD regional industry; ⑦ study of the mathematic model of Pan – PRD regional's industrial division and cooperation; ⑧policy recommendations for Guizhou Province fitting into the economic and industrial circle of the Pan – PRD region.

Based on the systematic research, this paper proposes the following innovations: ①proposed a new model of "Pan – Pearl River Delta regional industrial construction division and a new model of collaboration". Industrial division of labor and cooperation on regional main modes: government + business forms, supported by appropriate market behavior are discussed, analyzed the shortcomings and deficiencies; ②presents less developed western regions in the Pan – Pearl River Delta regional industrial division and cooperation "Investment Environment Assessment Evaluation System" application and innovation; ③reveals the implementation of the regional division of labor and cooperation is an effective way bringing people in poor areas out of poverty. In addition to large – scale organized poverty work, promoting coordinated regional development, reducing regional development disparities, and guiding the rational flow of factors of production across the region, the implementation of regional division of labor and collaboration are effective ways to solve the problem of poverty in Guizhou Province.

Keywords: Industrial Economy, Division of Labor and Collaboration of Regional Industry, Pan – Pearl River Delta Economic Circle, Mechanism, Research

目　录

1 导论 / 1
1.1 研究目的和意义 / 1
1.2 国内外相关研究文献综述 / 8
1.3 研究内容和研究方法 / 38

2 区域产业分工与协作机制研究的理论基础 / 41
2.1 产业投资增长与发展理论 / 41
2.2 市场结构理论 / 45
2.3 区域经济一体化理论 / 48
2.4 比较优势原理理论 / 50
2.5 要素禀赋理论 / 54
2.6 本章小结 / 56

3 中国三大经济圈发展现状与态势 / 58
3.1 三大经济圈发展现状 / 58
3.2 三大经济圈发展态势 / 63
3.3 三大经济圈发展中存在的问题 / 73
3.4 三大经济圈是带动全国经济增长的火车头 / 74
3.5 本章小结 / 76

4 泛珠三角区域产业经济合作的现状 / 77

4.1 泛珠三角经济圈的含义 / 77

4.2 泛珠三角经济圈的特点 / 80

4.3 泛珠三角经济合作对贵州发展的影响 / 82

4.4 贵州在泛珠三角经济合作中的优势、劣势、机遇与挑战 / 83

4.5 本章小结 / 94

5 泛珠三角区域产业分工与协作模式 / 95

5.1 泛珠三角区域产业分工与协作现状分析 / 95

5.2 泛珠三角区域产业分工与协作存在的主要问题 / 100

5.3 国内外区域产业分工与协作的模式借鉴 / 105

5.4 泛珠三角区域产业分工与协作的模式选择 / 122

5.5 本章小结 / 128

6 泛珠三角区域产业分工与协作的运行机制 / 130

6.1 泛珠三角区域产业分工与协作运行机制现状分析 / 130

6.2 泛珠三角区域产业分工与协作运行机制有益实践 / 132

6.3 改善投资环境促进区域产业分工与协作机制创新 / 133

6.4 贵州省投资环境考核评价工作机制体系 / 137

6.5 本章小结 / 149

7 泛珠三角区域产业分工与协作数学模型 / 150

7.1 区域产业分工与协作机制的数学模型背景材料分析 / 150

7.2 泛珠三角区域产业均衡投资增长模型 / 154

7.3 泛珠三角区域产业投资函数研究中的几个问题 / 160

7.4 效益指标的确定 / 163

7.5 效益值 P 的计算 / 172

7.6 区域产业结构效益最大化的求解 / 173

7.7 决策方案 / 174

7.8 本章小结 / 174

8 **泛珠三角区域产业分工与协作的保障机制** / 176

8.1 用科学发展观引领区域产业分工与协作的保障机制 / 177

8.2 建立区域产业分工与协作拉动经济增长着力点的保障机制 / 180

8.3 建立用"硬"措施打造投资"软"环境的长效保障机制 / 183

8.4 扩大投资领域，鼓励多种形式合资合作的保障机制 / 186

8.5 建立统一对外运转高效统筹协调区域产业分工与协作的保障机制 / 188

8.6 创新区域产业分工与协作方式，拓宽渠道增强针对性和实效性的保障机制 / 190

8.7 加强项目前期工作和加大区域产业分工与协作经费投入的保障机制 / 191

8.8 发挥开发区和中心城镇吸引外来投资的载体、示范作用的保障机制 / 193

8.9 加强对外宣传推介，塑造区域产业分工与协作形象的保障机制 / 194

8.10 坚持政府强力推动和积极发挥企业主体作用的保障机制 / 195

8.11 积极承接发达国家和国内东部沿海地区的产业转移机制 / 197

8.12 实施人才发展战略提供区域产业分工与合作的人才保障机制 / 198

8.13 本章小结 / 199

9 贵州省融入泛珠三角区域产业经济圈的对策 / 201

- 9.1 建立泛珠三角区域产业经济圈前贵州的经济格局 / 201
- 9.2 融入泛珠三角区域产业经济圈的现实性和发展的可能性 / 214
- 9.3 贵州与泛珠三角区域产业合作现状分析 / 216
- 9.4 贵州与泛珠三角区域产业经济发展比较分析 / 221
- 9.5 贵州经济与泛珠三角区域产业优势互补的可行性分析 / 226
- 9.6 贵州融入泛珠三角区域产业经济圈的政策建议 / 228
- 9.7 本章小结 / 236

10 全书总结与研究展望 / 237

- 10.1 全书总结 / 237
- 10.2 创新点 / 243
- 10.3 研究展望 / 243

参考文献 / 245

附　件　攻读博士学位前后与博士论文选题相关的研究成果 / 253

附　录 / 261

致　谢 / 288

1 导论

1.1 研究目的和意义

1.1.1 选题背景

泛珠三角区域产业分工与协作的机制研究，先要从三个名词入手。一是产业内涵。产业内涵是指由利益相互联系的、具有不同分工的、由各个相关行业所组成的业态总称，尽管它们的经营方式、经营形态、企业模式和流通环节有所不同，但是，它们的经营对象和经营范围是围绕着共同产品而展开的，并且可以在构成业态的各个行业内部完成各自的循环。20世纪20年代，国际劳工局最早对产业进行了比较系统的划分，即把一个国家的所有产业分为初级生产部门、次级生产部门和服务部门。后来，许多国家在划分产业时都参照了国际劳工局的分类方法。在英文中，产业、工业、行业都可以称"Industry"。[1]二是地区经济一体化（Regional Economic Integration）。一体化的英文为 Integration，最早来源于拉丁文 Integratio，原意是更新，将各个部分结合为一个整体的意思。地区经济一体化一般是指各国家或地区间在经济上结合起来形成一个经济联合体的事态或过程。[2]三是国际分工（International Division of Labor）。国际分工一般是指世界上各国之间的劳动分工。社会分工发展到一定阶段，国民经济内部分工超越国家界限发展的结果。[3] 随着生产力的发展，"我们的意图就是要把种植园安排在美洲，那里的人们应该专门生产那些英国不生产的产品。"随着国际分工体系的形成，加强了对这种通过国际分工实现的相互依赖关系。

---

[1] 刘吉发，等. 文化产业学 [M]. 北京：经济管理出版社，2005：6.
[2] 薛荣久. 国际贸易 [M]. 成都：四川人民出版社，1998：228.
[3] 薛荣久. 国际贸易 [M]. 成都：四川人民出版社，1998：228.

"德国铁制品不断销到欧洲邻近诸国,而且远达南美洲与澳洲。""德国国民不管在生产上或日常消费上,每一步都免不掉依赖其他国家的产品。"①

以经济全球化、区域经济一体化、生产国际化和市场全球化为特征的世界经济发展大趋势,正在改变着国际经济发展的格局,乃至改变着经济的运行方式和发展机制以及人们的经济生活方式。地处西部地区的贵州是"欠发达、欠开发"内陆山区省份,加强区域产业分工与协作的机制研究,是关系到一个国家或地区持续、快速、健康发展的战略问题。2005年2月,胡锦涛同志在贵州考察工作时很有针对性地指出:"不失时机推进改革开放,努力消除制约经济持续快速健康协调发展的体制机制障碍"。贵州与泛珠三角区域产业经济合作,是由贵阳城市经济圈,以及南贵昆(南宁、贵阳、昆明)、西南6省区市(云南、四川、广西、西藏、贵州、重庆)、重庆"两江新区"区域产业经济多年合作与实践产生的必然途径。

鉴于以上概念分析,本书选题的背景,有以下几个方面:

一是珠三角区域产业经济协作,是广东、福建、江西、广西、海南、湖南、四川、贵州、云南等9个省区,加上香港和澳门特别行政区形成的区域产业经济圈。在中国华南、西南地区,这些省区与中国的珠江有关,与珠江的经济和文化历史发展流向有关。泛珠三角区域地域辽阔,面积199.45万平方千米,占全国总面积的20.78%,人口4.46亿人,占全国总人口的34.76%。根据统计,2009年9省区国内生产总值34 474.2亿元,占全国的33.87%。再加上香港和澳门特区的国内生产总值(10 000多亿元),总量是很大的。泛珠三角经济圈是中国长三角、泛珠三角、京津冀三大经济圈中最具竞争力与活力,增长速度最快,发展前景最好,并且人均国内生产总值最多的经济圈。这是本书选题的前提所在。

二是西部地区的贵州省是一个经济相对滞后的内陆山区省份,实施开放带动战略,借助外力加快发展,实施融入泛珠三角区域产业经济圈战略,对于2020年全面实现小康,促进西部贵州经济社会的历史性跨越具有十分重要的现实意义。根据珠三角地区经济能量集聚亟待向腹地释放的内在要求和包括贵州在内的8个泛珠三角省区主动接受珠三角经济辐射带动的强烈要求,时任中共中央政治局委员、广东省委书记的张德江提出了构建泛珠三角经济圈的战略构想,这与一年过后的2005年2月,胡锦涛同志视察贵州工作的"贵州作为欠发达地区,在扩大对外开放的同时,要大力加强同兄弟省区市的横向经济联

---

① 卢森堡. 国民经济学入门 [M]. 彭尘舜,译. 上海:三联书店,1962: 18 - 19.

合和协作，实现优势互补，共同发展"的重要讲话精神不谋而合，促进西部贵州经济社会实现又好又快、更好更快发展。贵州曾有过靠长江三角洲或融入珠江三角洲经济圈的犹豫，从世界和全国经济发展战略来看，三大经济战略圈就是中国经济腾飞的三大引擎，贵州融入最有竞争力与活力、增长速度最快的泛珠三角经济战略圈，对于实现贵州经济社会的历史性跨越，意义深远。这是本书选题的关键所在。

三是自从 2004 年 6 月首届泛珠三角区域产业合作发展论坛举办以来，贵州省把泛珠三角区域产业经济合作当成又一次新的发展机遇，逐步探索泛珠三角区域产业分工与协作的机制，并且取得初步成效。①按照"优势互补，互利互惠，长期合作，共同发展"的原则，珠三角地区的深圳与贵州的毕节、黔南两市（州）开展对口扶贫工作。②实施西部大开发战略以来，黔粤两省经济合作不断加强，西电东送、黔电送粤工程积极推进。③一大批广东客商纷纷到贵州考察、投资合作，拓展市场空间，广东成为在贵州最大的投资省份。①国内外、贵州省政府机构、专家学者对泛珠三角区域产业分工有协作机制、贵州融入泛珠三角区域产业经济圈虽有一些介绍和文章见诸报纸杂志，但系统的研究泛珠三角区域产业分工与协作机制，以及贵州融入泛珠三角区域产业经济圈的思路、对策措施、经济社会、文化效应还未起步，对国家高层、泛珠三角地区党委、政府和相关部门决策提供依据尚不充分，这不能不说是理论界的一大缺憾。这是本书选题的重要背景所在。

四是笔者攻读博士学位前后，先后对泛珠三角区域产业分工与协作机制进行了大量的研究工作。2005 年 9 月开始攻读武汉理工大学经济学院产业经济学专业在职博士研究生至今，从事了一些与泛珠三角区域产业分工与协作机制有关的研究，发表了一些论文。长期对泛珠三角区域产业分工与协作机制的关注，自然而然地成为本书的选题背景之一。笔者以第一作者或独著方式公开发表的文章，以及主持或参与研究与博士论文选题相关的课题，请参见书末附件。

1.1.2 研究目的

1.1.2.1 理论目的

参照经济学家库兹涅茨等区域产业间的投资增长与发展理论，"在现代经济增长过程中，人口和产值的高速增长总是伴随着各种产业比重在总产出和所

---

① 陈政. 营造全方位宽领域多层次开放格局 [J]. 当代贵州，2007 (19、20).

使用的生产性资源方面的明显变动"①。区域产业投资结构是指投资份额在产业内不同产品、项目、企业以及空间布局等多方面的配置比例和组合方式。它是决定和改变社会经济结构的一个重要手段。产业投资结构是否合理，关系到产业内部企业布局、企业结构、项目结构和产品结构等，关系到整个产业内部生产能力的配置，影响到产业是否能够长期协调地发展。产业投资结构合理化的基本含义是，在一定时间、范围和条件下，投资一定的社会经济目标在行业内的合理配置或组合，包括投资方向明确、投资重点突出、投资比例适当等，它是国民经济持续、稳定、协调发展和投资经济效应不断提高的基本条件之一，产业投资结构的合理程度对经济增长具有重要的作用。从区域产业间的投资增长与发展理论上拓展探讨泛珠三角区域产业分工与协作机制问题相关研究。

参照经济学家卡特尔、康采恩区域经济一体化理论，"一体化，最初是用经济一体化来表示企业间通过卡特尔、康采恩等形式结合成的经济联合体。区域经济一体化，指地理区域上比较接近的两个或两个以上的国家或地区在一个由各方政府授权组成并具有超国家性质的共同机构管理下，通过制定统一的对内对外经济政策、财政与金融政策等，消除国别之间阻碍经济和贸易发展的障碍，实现区域内互利互惠的经济联合"②。从区域产业经济一体化理论上拓展探讨泛珠三角区域产业分工与协作有关机制研究。

参照古典经济学家大卫·李嘉图的比较成本学说、亚当·斯密的绝对成本说、列昂惕夫反论所引起的对要素禀赋学说的扩展，以及赫克歇尔和俄林要素禀赋学说等。大卫·李嘉图认为，"即使一国在两种商品的生产上较之另一国都处于劣势，仍有可能进行互利贸易。一个国家可以专门生产，出口其绝对劣势相对小的商品，进口其绝对劣势相对大的商品，即出口其具有比较优势的商品，进口其具有比较劣势的商品。"③亚当·斯密绝对成本说认为，两国间的贸易基于绝对优势。"当一国在某种商品生产上比另一国有更高效率（或有绝对优势），但在另一种商品生产上缺乏效率（或处于绝对劣势），那么两国就可以专门生产自己有绝对优势的产品，并用其中的一部分交换其处于绝对劣势的商品。"④ 列昂惕夫反论所引起的对要素禀赋学说的扩展，一个国家拥有较多

---

① 库兹涅茨. 现代经济增长 [M]. 戴睿，易诚，译. 北京：北京经济学院出版社，1989：76.
② 薛荣久. 国际贸易 [M]. 成都：四川人民出版社，1998：222-223.
③ 陈同仇，薛荣久. 国际贸易 [M]. 北京：中国人民大学出版社，2001：46-49.
④ 陈同仇，薛荣久. 国际贸易 [M]. 北京：中国人民大学出版社，2001：44-46.

的资本,就应该生产和输出资本密集型产品,而输入在本国生产中需要较多使用国内比较稀缺的劳动力要素的劳动密集型产品。①赫—俄理论认为,国际分工与国际贸易最重要的利益是各国能更有效地利用各种生产要素。在国际分工条件下,各种生产要素的最有效的利用,将会比在闭关自守的情况下得到更多的社会总产品。俄林还认为,国际生产要素不能充分流动使生产达不到理想结果,但是商品的流动在一定程度上可以弥补国际间生产要素缺少流动性的不足,即通过国际贸易可以部分解决国际间要素分配不均的缺陷。②从理论上探讨贵州与泛珠三角区域产业分工与协作的比较优势和提出政策建议。

参照经济学家西陶斯基和德纽(J. F. De-niau)创立的关于大市场理论,他们认为,在实行经济一体化之前,各国之间推行狭隘的只顾本国利益的贸易保护政策,把市场分割得狭小而又缺乏适度的弹性,这样只能为本国生产厂商提供狭窄的市场,无法实现规模经济和大批量生产的利益。"大市场理论的核心,一是通过扩大市场才有可能获得规模经济,从而实现经济利益;二是依靠因为市场扩大而竞争激化的经济条件,实现上述目的。"③从理论上探讨贵州与泛珠三角区域产业分工与协作机制有关现状、前景、结局。

参照经济学家鲍里斯·塞泽尔基创立的综合发展战略理论,他认为,经济一体化是发展中国家的一种发展战略,它不限制市场的统一,也不必在一切情况下都寻求尽可能高的其他一体化形式。两极分化是伴随一体化出现的一种特征,只能通过强有力的共同机构和政治意志制定系统的政策来避免它。鉴于私营部门是导致发展中国家一体化进程失败的重要原因之一,有效的政府干预对于经济一体化的成功至关重要。发展中国家的经济一体化是集体自力更生的手段和按新秩序逐步改变世界经济的要素。④从综合发展战略理论上探讨贵州与泛珠三角区域产业分工与协作机制有关对策、措施和建议。

同时,对市场结构理论、要素禀赋理论、对外开放理论、贸易与经济发展理论、经济增长理论与经济发展等经济学理论有所涉及和应用。

运用上述经济学理论建立计量经济模型,对泛珠三角区域产业分工与协作机制及贵州省融入泛珠三角区域产业经济圈进行理论研究并提出政策建议。

1.1.2.2 应用目的

衷心希望本书能为西部、泛珠三角地区党委、政府及相关决策部门提供泛

---

① 陈同仇,薛荣久. 国际贸易 [M]. 北京:中国人民大学出版社,2001:55-60.
② 陈同仇,薛荣久. 国际贸易 [M]. 北京:中国人民大学出版社,2001:49-54.
③ 薛荣久. 国际贸易 [M]. 成都:四川人民出版社,1998:248-250.
④ 薛荣久. 国际贸易 [M]. 成都:四川人民出版社,1998:252-255.

珠三角区域产业分工与协作机制全面情况、发展趋势、主要问题及相关政策建议，提供科学、全面、系统的决策参考和科学依据，对泛珠三角区域产业分工与协作的跨越式可持续发展，对泛珠三角区域产业分工与协作机制问题的有效解决，对解决东西部区域产业分工与协作的问题，提供具备可决策性和可操作性的系统政策对策措施。争取本书研究成果能够以各种行之有效的形式和途径，进入西部、泛珠三角地区党委、政府主要决策层及国家相关职能部门，并转化成为一系列重要决策、政策和对策措施，从而达到尽微力于促使国家相关部门决策，促进泛珠三角区域产业分工与协作机制的进一步完善。

1.1.3 研究意义

"十二五"时期是贵州省大有作为的战略机遇期，是实现经济社会发展的历史性跨越、全面建设小康社会的加速期，也是实施"工业化主导""城镇化带动"和"农业产业化"战略，调整经济结构、转变经济发展方式的攻坚期。以科学发展观统领全局，紧紧抓住深入实施西部大开发战略的历史机遇，建立和完善区域间多元化的合作机制，能促进贵州省更好更快发展目标的实现。

珠三角产业扩张和转移的要求，以及泛珠三角的快速发展为贵州省自身跨越式发展的诉求提供了巨大的发展机遇，贵州省良好的资源优势为珠三角产业结构升级和转型提供了资源和市场支持。在此背景下，贵州省与泛珠三角之间存在着广泛的合作前景。然而，这些合作对象各自具有不同的特征，合作的目标和利益诉求也千差万别，因此作为一个经济欠发达地区，贵州省可以在哪些领域，在何种层面上，以何种合作模式及合作机制，与上述地区进行持久、稳定的合作，是实现"加速发展、加快转型、推动跨越"必须解决的一个重大课题。本研究具有以下重大意义：

1.1.3.1 理论意义

从理论上提出泛珠三角区域产业分工与协作机制概念和战略内涵，以及树立一种全新的区域产业经济一体化管理和发展理念，建立贵州省与泛珠三角区域产业分工与协作发展相适应的区域经济一体化管理体制等研究，将有利于促进泛珠三角区域产业分工与协作理论的丰富和发展。

1.1.3.2 现实意义

一是泛珠三角区域产业分工与协作侧重于理论创新，将理论和实践紧密结合，应用理论来指导利用外资和环境建设，有"吹糠见米"之效。二是在世情、国情、省情发生深刻变化的新形势下，"欠发达、欠开发"的贵州融入最有竞争力与活力、增长速度最快的泛珠三角区域产业经济战略圈，对于实现贵州经济社会的"历史性跨越"①意义深远。三是创新泛珠三角区域产业分工与协作机制，在区域产业分工与协作的机制研究中进行实证分析、动态分析和静态分析，建立经济数学模型等经济学研究方法进行研究，有一定的经济学理论创新。

1.1.3.3 战略意义

贵州省与泛珠三角的合作之所以能够上升为政府决策，除了拥有良好的合作基础与科学的战略定位，还在于其背后所隐含的重大战略意义。

第一，落实新一轮西部大开发战略深入实施，有利于均衡式发展。

贵州省与泛珠三角的合作是落实新一轮西部大开发战略的重要举措，也使黔中经济圈的发展辐射作用延伸至贵州欠发达边缘地区，以先发展带动后发展，优化资源配置，优势互补，协调发展，最终为贵州省探索出一条实现均衡式发展的新路。

第二，落实国务院《关于进一步促进贵州经济社会又好又快发展的若干意见》（国发〔2012〕2号）文件精神，有利于实现跨越式发展。

当前，贯彻落实《关于进一步促进贵州经济社会又好又快发展的若干意见》，解决贵州省最突出的贫困问题，实现富裕，是西部和欠发达地区与全国缩小差距的一个重要象征，是国家兴旺发达的一个重要标志。

第三，发展成果惠及普通百姓，有利于实现包容性增长。

包容性增长即倡导机会平等的增长，最基本的含义是公平合理地分享经济增长。包容性增长涉及平等与公平的问题，寻求的是社会和经济协调发展、可持续发展。贵州省与泛珠三角的合作在促进区域一体化，实现均衡式发展的同时，实际上也有利于实现包容性增长，其经济发展成果将惠及贵州与云南、四川、重庆、湖南和广西交界地区相对贫困的普通百姓。

第四，打破行政区域限制，有利于生产要素自由流动。

贵州省与泛珠三角的合作是对行政区域限制的一次突破，更是首次尝试多边的区域合作。它将突破土地、行政、社会管理、财政、税收的制约，形成深度合作的新模式，形成科学的合作机制、利益机制、开发机制、建设机制、管理机制和可持续发展机制，最终实现生产要素的自由流动，以发达地区的辐射作用带动贵州省进一步发展。

---

① 2005年春节，胡锦涛同志在贵州视察工作，深情寄语："努力实现贵州经济社会发展的历史性跨越。"嘱托"贵州的同志要有志气、有信心"。

1.2 国内外相关研究文献综述

1.2.1 国外研究综述

早在第一次世界大战时期，国外对区域产业分工与协作机制就已有研究。第二次世界大战以后，地区经济一体化兴起，对区域产业分工与协作机制及世界贸易的研究、探讨更加深入，形成了一些理论，在此择其要者予以述评。

在传统经济学理论中，产业是指经济社会的物质生产部门，每个部门都专门生产和制造某种独立的产品，某种意义上每个部门也就成为一个相对独立的产业部门。产业作为经济学概念，其内含与外延的复杂性是指由利益相互联系的、具有不同分工的、由各个相关行业所组成的业态总称，尽管它们的经营方式、经营形态、企业模式和流通环节有所不同，但是，它们的经营对象和经营范围是围绕着共同产品而展开的，并且可以在构成业态的各个行业内部完成各自的循环。20世纪20年代，国际劳工局最早对产业进行了比较系统的划分，把一个国家的所有产业分为初级生产部门、次级生产部门和服务部门。后来，在划分产业时都参照了这种分类方法。在英文中，产业、工业、行业都称"Industry"，包括：一是有组织的劳动，为创造价值而进行系统劳动；二是企业，从事工艺、美术、商业和制造的部门或分部；三是产业，生产性或以营利性为特征的劳动部门；四是工业，雇有大量职工和拥有大量资金的从事制造的部门；五是行业，一群生产的或营利性的企业或机构；六是整体的生产活动。[①] 产业除特指工业外，还泛指国民经济的各行各业。产业作为一个概念，在逻辑学里属于"集合概念"，指把同类对象集合为一个整体来反映的概念。产业就是具有同一种属性的企业的集合。同时，产业又是按某种标志对国民经济进行划分的一个部分或层次。[②] 第二次世界大战后，西方国家大多采用了三次产业分类法，将产业划分成若干层次，这就是产业集合的阶段性。产业在产业经济学中有三个层次：第一层次是以同一商品市场为单位划分的产业，即产业组织，现实中的企业关系结构在不同产业中是不相同的；第二层次是以技术和工艺的相似性为根据划分的产业，即产业联系；第三层次是以经济活动的阶段为根据，将国民经济划分为若干大部分所形成的产业，即产业结构。

---

① 王同忆. 英汉辞海 [M]. 北京：国防工业出版社，1978.
② 刘吉发，等. 文化产业学 [M]. 北京：经济管理出版社，2005.

绝大多数研究区域产业分工与经济合作的国外学者身处成熟市场经济国家，国内区域间的一体化程度很高，因此其研究对象主要是国与国之间的产业分工与经济合作或比邻国家之间的次区域分工与合作问题。主要的研究领域大致集中在三个方面。

第一，以产业分工和贸易为基础的区域合作研究。

对区域合作的最早研究源于对国家和地区间分工和贸易合作的研究。亚当·斯密以分工可以促进劳动生产力为逻辑起点，提出了绝对优势理论。大卫·李嘉图在斯密研究的基础上，提出比较优势理论。20世纪初，赫克歇尔和俄林的资源禀赋理论（以下简称H-O理论）提出了新的观点。波斯勒（1961）提出的技术差距理论被看成是对H-O理论的动态扩展。艾萨德（1991）的要素替代理论认为，在要素可替代的情况下，比较优势由要素边际替代率和各种要素在不同地区的价格共同决定。该理论特别适用于研究发展水平和收入水平相近，结构类似的区域间的分工合作问题。保罗·克鲁格曼（2000）提出的规模经济贸易理论认为，规模收益递增为国际贸易直接提供了基础，当某一产品的生产发生规模收益递增时，随着生产规模的扩大，单位产品成本递减而取得成本优势，由此导致专业化生产并出口这一产品在同行业产品间贸易条件下，比较优势取决于两个因素，一个是规模经济，另一个是产品差异化。

第二，以跨国投资为基础的区域产业分工与经济合作研究。

由海默最早提出的垄断优势论认为对外投资是由资金优势、技术优势、规模优势、组织管理优势和信誉与商标优势决定的，垄断优势是开展国际投资的必要主观条件。弗龙（1966）从动态角度提出了产品生命周期理论。产品生命周期在不同技术水平的国家里，存在一个较大的差距和时差，表现为不同国家在技术上的差距。该理论将跨国公司建立在长期技术优势基础上的对外投资过程分为四个阶段：一是新工艺、新产品初始阶段，二是产品生产成熟阶段，三是对外直接投资代替出口的过渡阶段，四是对外直接投资的产品返销国内阶段。邓宁（1981）提出的国际生产折中理论认为，跨国公司对外直接投资的具体形态和发展程度取决于企业优势和区位优势的整合结果。小岛清（1987）提出的比较优势论从宏观经济因素入手，认为对外直接投资应该从投资国已经或即将陷于比较劣势的产业，即边际产业依次进行。

第三，关于区域产业分工与经济合作研究的其他视角。

随着区域合作领域的不断扩大，区域合作内容的不断丰富，区域合作理论也不断得到丰富和扩充。理查德·库珀（1968）的相互倚赖理论认为，相互依赖是第二次世界大战后国际关系的发展趋势，这种依赖是双方间的传递，包括一国的经济增长将会导致其他国家或国际关系敏感性的增强，各国之间相互依赖缘于政治军事力量制衡、经济技术带来的各自的特殊优势、世界范围内的重大问题必须由世界各国共同面对三个方面。新要素学说丰富和发展了生产要素禀赋论，其中舒尔茨（1998）提出的人力资本学说认为，经济欠发达国家之所以落后，根本原因在于人力资本的匮乏而非物质资本的短缺。弗里曼（1987）首次提出了国家创新概念。此后，纳尔逊、佩特尔和波特等经济学家又从不同的角度进一步深化和丰富了国家创新系统理论。

1.2.2 国内研究综述

改革开放以来，随着市场经济体制的确立与完善，我国区域经济合作的程度不断加深，形成了如长三角、泛珠三角以及环渤海经济发展圈等区域经济合作组织。同时，国内学者关于区域产业分工与经济合作机制的理论研究也在不断深入，相关研究主要集中在八个方面。

第一，关于融入泛珠三角促进贵州快速发展问题。

汤建军、龙海明等（2006）研究认为，泛珠三角区域是中国最具经济实力的区域，在经济总量上，已超越长三角经济圈和环渤海湾经济圈，成为对中国经济发展全局产生重大影响的发展极，具有明显的梯度特征和强大的经济势能，区域内各省区之间的发展存在明显的不均衡性，梯度差异大。

蒙丹（2010）的《贵州省反边缘化方略研究》一文认为，贵州省经济总量水平、城镇化发展水平及城市间交互作用水平都显示出其处于被边缘化的状态。造成贵州省被边缘化既有历史的原因，也有基础设施落后、产业结构不合理以及长期游离于区域产业分工与经济合作之外的现实因素。为了改变这种边缘化状态，应构建一个面向多个区域、不同范围、不同层次的多元区域合作网；加强基础设施建设，加快资源开发的产业化进程，构建特色经济体系，避免区域内的恶性竞争以及消除区域间的封锁与垄断。

于杰等（2003）研究认为，国家应加大对贵州省区域创新体系建设的支持力度，建议国家把西部区域创新体系建设作为西部大开发工作的重点之一，给予重点支持；在国家创新体系总体规划和实施方案中，把推进西部省区的区域创新体系建设作为重点，促使与全国的平衡和发展；国家有关部门加强对贵州区域创新体系建设的支持力度，在任务委托、项目实施和基础设施建设等方面给予倾斜；由"区域创新体系建设研究联络委员会"牵头，建立西部省（区、市）创新协作网络和东、西部创新协作网络，推动东西部在区域创新体系建设上的大联合、大协作、大创新,广泛开展科技交流与合作,引导和组织跨省区的重大科研开发和产业化工程项目,使贵州在区域创新体系建设中实现跨越式发展。

李美仪研究认为,积极融入泛珠三角促进贵州快速发展,实施西部大开发战略中,贵州的总目标是成为大西南南下出海通道和陆路交通枢纽,长江、珠江上游的重要生态屏障,南方重要的能源、原材料基地,以航天航空、电子信息、生物技术为代表的高新技术产业基地,自然风光与民族文化相结合的旅游大省。

李兆焯(2011)研究认为,我国发展中不平衡、不协调、不可持续的问题相当突出,加快转变经济发展方式已刻不容缓。泛珠三角区域聚集了丰富的土地、矿产、劳动力、资金、资本等生产要素,既有先进的制造技术和管理经验,又有广阔的内需市场,这为在新的起点上加快泛珠三角转变发展方式提供了有利条件。

第二,关于区域合作模式研究。

陈建军(2005)指出长三角区域在进行经济合作时不能简单地依靠行政、计划和政府间的协调手段,而应将政府的作用集中在撤除区域行政壁垒,提供区域无差异的公共产品,同时,在更多的方面充分利用市场机制的作用,将企业推向区域经济一体化的前台,利用企业内地域分工的力量,促进地域间要素的流动与整合,推动地域产业结构的调整和升级。王胜今(1997)认为各国(地区)间经济、技术合作,首先是城市间的合作。他建议用交通网络、信息网络、旅游开发、人员交流、物资交流等将各城市间联结起来,探索出"地方城市间紧密合作型模式"。孙艳(2010)《对泛珠三角区域分工合作模式的经验及启示研究》一文认为,泛珠三角合作各方优势互补、互利共赢、共同发展,成为我国统筹区域协调发展的新的里程碑。胡光辉、种润之等对多赢的区域经济合作新模式(2004)研究认为,形成中国和平崛起的新动力有利于落实《关于建立更紧密经贸关系的安排》(Closer Economic Partnership Arrangement, CEPA),保持香港、澳门的繁荣稳定。梁钢华(2005)研究认为从珠三角到泛珠三角,一个"泛"字的变化,以及香港、澳门两个特别行政区的加入,为区域合作带来了一种新思路和新模式;9+2的合作目标,不仅是资源共享、优势互补,还要构建区域内公平开放的大市场,实现区域经济一体化。泛珠三角区域合作与发展社科专家论坛(2010)认为,泛珠三角地区应重视打造多极化区域发展动力,形成开放性的区域发展态势。坚持市场主导、政府引导、多极发展,深化泛珠三角区域合作,促进对我国台湾地区经贸交流。邓伟根（2005）研究认为，"西江产业带"丰富"泛珠三角"区域经济理论，依托西江黄金水道，加强沿江各市县的联系，将各市县资源进行整合，合理规划，共同发展，扩大珠三角发展纵深腹地，使之成为广东经济再上新台阶的强大推动力，并带动西部地区发展，加强广东与广西、云南、贵州的合作，为全国经济区域合作创造一种模式。

李德水《对区域经济发展的几点认识——关于珠江三角洲与长江三角洲经济发展的比较》一文认为，区域经济对全国经济发展的推动作用越来越突出，区域经济的发展也越来越受到人们的重视。目前，珠江三角洲和长江三角洲在全国经济发展的总体格局举足轻重。要特别注意率先落实科学发展观，坚持科技创新，着力推进产业结构的调整和升级，在国际产业分工的格局中找准自己的位置；十分注意环境和土地资源的保护、努力规范市场经济秩序，正确引导民间资本等。站在更高层面看区域经济的发展，必须突破行政区域的束缚，市场配置资源有其客观的规律性，不应受到行政区域的限制；要从全国经济的大局出发，为全国经济的平衡发展多做贡献。把三个特大城市——沪（上海）、港（香港）、渝（重庆）连接起来，一个更具魅力的"大三角"区域就会展现在面前，这是一个囊括珠江、长江两大流域14省区加上福建和港澳的"大三角"区域，区域人口占全国总人口的57%，经济总量占全国经济总量的70%。[1]

陈鸿宇《关于构建粤港区域产业分工新模式的思考》认为香港的生产服务业存在萎缩的隐忧，滞后于粤港区域工业结构调整；周边地区竞争将逐渐削弱香港生产服务业竞争力；粤港间基础设施和公共服务平台瓶颈因素日趋凸显；粤港间不打破行政区划的界限就等于"作茧自缚"。应以整合生产服务为重点，构建粤港区域产业分工的新模式：以统一的市场体系为基础，以资金和资源为纽带，整合区域间的生产服务业；推动生产服务业的相互配套与发展；强化粤港生产服务业分工；粤港区域协调发展有赖于国家支持与机制创新。[2]

后锐等《对经济全球化环境下泛珠三角区域物流一体化动因及其模式研究》认为，泛珠三角经济合作对区域物流一体化提出了迫切要求。区域经济一体化造就了区域物流一体化，而经济互补、社会分工、先进制造模式和管理理念以及信息网络技术的发展成为推动泛珠三角区域物流一体化的外部重要动

---

[1] 李德水. 对区域经济发展的几点认识——关于珠江三角洲与长江三角洲经济发展的比较 [J]. 学术研究，2005（4）：5-9.

[2] 陈鸿宇. 关于构建粤港区域产业分工新模式的思考 [J]. 特区理论与实践，2007（4）：11-13.

力,同时泛珠三角区域物流系统因为追求物流资源优化、区域物流费用最小化以及区域物流产业自身发展等目标也极大地促进了泛珠三角区域物流一体化进程。在该过程中,"政府驱动+市场化整合"将成为泛珠三角区域物流一体化的主要模式。①

孙艳《对欧盟、泛珠三角区域分工合作模式的经验及启示的研究》认为欧盟是当今世界各种区域经济一体化组织中最成功的典型。通过对欧盟、泛珠三角区域分工合作模式的研究得出一些经验性的结论,为泛珠三角区域产业分工与经济合作提供借鉴和启示:打破行政区划的束缚,建立统一市场体系是区域分工合作的重要基础;打破行政管理体制的束缚,建立统筹区域经济协调发展的区域协调机制的机构是区域分工合作的重要保障;实施区域创新战略,缩小区域内地区经济发展水平差距是区域分工合作成功的关键;产业转移和产业合作是推进泛珠三角区域分工合作的主要旋律。②

第三,关于区域合作机制研究。

肖金成(2007)认为环渤海地区区域合作面临着经济全球化和区域经济一体化的机遇。同时环渤海经济合作将是东北亚经济合作的基础与前提,环渤海地区合作的前提是要明确环渤海的整体功能定位以此为基础强化它们之间的分工与合作。金太军、张开平(2009)认为长三角现行区域合作协调机制主要是地方政府顺应自身经济发展发起而形成的,在推进交流、探讨一些共识性强、实施难度不高的项目合作方面已经初见成效。程永林(2008)认为泛珠三角区域经济合作能够顺利进展,除了要采取相应的政策措施外,更需要建立大量制度安排来约束与引导区域经济合作的良性发展。王再文(2009)等在分析了欧盟区域合作的经验之后,以长三角地区合作为例,认为我国区域合作应建立多层治理体系,具体包括多方参与的合作机构,完善的法律法规以及一个区域合作的协调和促进机构。杜源江、王勉(2008)对泛珠三角区域经济合作"壁垒"如何破除的研究认为缺乏国家层面的组织机构来进行区域内外的组织协调,合作还比较松散,"9+2"各方定位太泛、不明确,导致优势无法发挥;无法明确泛珠三角区域合作在国际、国内竞争与分工协作中的角色定位,将无法制定清晰的战略发展目标;合作缺少相关的法制基础,由于历史的原因,内地和澳门属于大陆法系,而香港属于英美法系。法律基础是经济运

---

① 后锐,等.经济全球化环境下泛珠三角区域物流一体化动因及其模式研究 [J].广东工业大学学报:社会科学版,2006,6(2):31-33.

② 孙艳.对欧盟、泛珠三角区域分工合作模式的经验及启示的研究 [J].中国经济学人,2010(6):39-40.

行的基本保障，不同的法律体系、尤其是民商法体系会对泛珠三角区域合作机制带来诸多障碍。郑久平（2005）研究认为，依托泛珠三角区域合作的有利环境，贵州在能源、交通、投资贸易等方面获得了较快发展，作为突破行政区划和传统管理体制的新模式，密切了大珠三角的经贸关系，极大地提升了泛珠三角区域合作的国际影响力，为探索区域经济发展的新路子提供了有益的借鉴。作为一种新机制，泛珠三角区域合作也存在不少障碍，阻碍着其继续快速推进。区域内各省区的产业结构存在同质化的问题，无序竞争、重复建设在旅游、能源等产业上比较明显。

芷萱（2005）研究认为，珠三角产业集群的发展与政府调控机制的选择出现和发展提升了区域经济的竞争优势，促进了地区经济的快速发展。区域的产业集群在生产要素的流动性、产业链的合理配套、产业的优化升级与梯度转移、跨地域的环境污染等方面存在着许多问题。

杜源江、王勉（2008）研究认为，泛珠三角区域经济合作组织机构、利益协调机制、"诸侯经济"等多种壁垒存在，使得区域经济合作难以取得实质性突破。应从建立国家层面协调机构、制定发展规划等方面入手破解难题，开创我国区域经济发展新模式。当前的泛珠三角区域经济合作还处于起步阶段，合作还比较松散，定位太泛、不明确，导致优势无法发挥，缺少利益协调机制，缺乏国家层面的组织机构来开展区域内外的协调组织，缺少相关的法制基础，各种行政壁垒、政策壁垒依然存在，"诸侯割据"的思想严重。为泛珠三角合作"强身"，一是国家应给予泛珠三角区域合作更多重视，应建立国家层面上的各方协调机构，并给予这一区域国家层面的政策支持；二是进一步加大泛珠三角区域内基础设施的对接；三是明确各自在区域合作中的优势，充分发挥合作各方的互补性；四是促进区域内人才、物资等生产要素大流通，带动经济发展；五是加快经济体制改革进程，建立健全法制基础；六是各省区要制定泛珠三角区域相关发展规划，将本省区战略规划与泛珠三角区域合作紧密联系起来，制定相关的配套政策，把泛珠三角区域合作为当地经济发展的引擎。

李德水《对区域经济发展的几点认识——关于珠江三角洲与长江三角洲经济发展的比较》一文认为区域经济的发展主要依靠市场力量，尊重经济规律，但政府也可大有作为：一是做好区域经济发展规划，特别是统筹考虑跨行政区域的基础设施建设；二是为投资者创造良好的投资和生产经营环境（加强法制，规范市场，增强服务）；三是保护工人的合法权益，建立农民工工资、养老、失业、医疗、工伤保险制度；四是政府可以发挥牵线搭桥作用，对地区间的重大经济问题进行协调；五是建立信息交流平台，减少投资盲目性。[1]

陈广汉等在《泛珠三角区域经济一体化的探讨》一文中认为区域经济整合的目标是要在区域内建立统一有效的市场体系，消除区域内产品和生产要素自由流动的各种障碍，充分发挥市场在区域之间资源配置的基础性作用。通过市场的完善和扩大促进区域经济和产业分工，逐步缩小地区经济差距，实现区域共同发展。[2]

郑鼎文《对泛珠三角整合目标与机制研究》认为泛珠三角整合目标是内部形成一个有着密切有机联系、共同发展的经济体系。其运行机制包括：整合动力的现实形式是大珠三角的产业向各省区移动，未来发展的动力形式包括统一大市场建立后的规模效应、内部广泛而细化的分工形成的产业链和市场化运行模式建立后制度创新所带来的效益的提高；整合的合作模式应该按照产业比较优势的原则进行分工；整合泛珠三角具体路径是交通通信先行，以制度整合为中心，充分发挥领头雁的作用。[3]

张学波等《基于泛珠三角区域合作的云南省地缘经济关系》认为泛珠三角区域合作是在经济全球化和区域经济一体化背景下产生的。实现区域整合发展，达到整体利益最大化，不但有利于增强各省区经济社会发展的活力，而且有利于提升区域综合竞争力，参与世界分工。基于前提设计的区域间地缘经济关系测度和分析方法，对云南省基于泛珠三角区域合作的地缘经济关系进行了数量测度、类型判别、评价和分析，以期达到指导云南省发展策略的制定，参与区域经济合作的目的。[4]

卓凯等《区域合作的制度基础：跨界治理理论与欧盟经验》一文研究认为区域合作是促进区域协调发展的重要形式。如何克服现有行政区划障碍与解决合作方经济发展不平衡这"两个难题"是保证合作可持续发展的关键。解决这两个难题不是一个单纯的基于比较优势理论的资源配置或产业分工问题，而是要建立合作的制度基础。从"跨界治理"角度，借鉴欧盟的跨界治理经

---

[1] 李德水. 对区域经济发展的几点认识——关于珠江三角洲与长江三角洲经济发展的比较 [J]. 学术研究, 2005 (4): 5-9.

[2] 陈广汉, 李飒. 泛珠三角区域经济一体化的探讨 [J]. 现代城市研究, 2004, 19 (7): 20-24.

[3] 郑鼎文. 对泛珠三角整合目标与机制研究 [J]. 广东社会科学, 2005 (5): 11-15.

[4] 张学波, 等. 基于泛珠三角区域合作的云南省地缘经济关系 [J]. 资源开发与市场, 2006, 22 (6): 553-556.

验，研究我国区域经济合作的制度基础，提出一个符合市场经济原则的跨界治理体系。①

谷兴荣《中国泛珠三角科技创新合作现状的分析》研究认为泛珠三角九省区科技创新合作的相关问题主要包括：科技发展水平，即科技进步水平在全国的排位、科技创新能力在全国的排位，与其他几个协作区域（如长三角）的科技实力比较；科技创新合作的优势分析，即广东科技创新能力突出，优势明显；泛珠三角各省区科技发展不平衡，整体创新能力不强。泛珠三角科技合作特点主要包括：科技发展水平差别大，技术转移与互补性强；区位、资源、产业、市场的互补性强，科技合作与经济合作紧密相连；科技中心分散，产业辐射面广；科技合作范围广泛，形式多样。泛珠三角科技创新合作面临困难与障碍主要包括：科技资源分散，区域内缺乏联动；产业发展层次不高，缺乏拥有自主知识产权的核心技术；产业集中度低，规模大、科技创新能力强的企业不多；产业结构雷同；专业分工合作有待提高。②

第四，关于区域经济合作的绩效评价问题。

何一鸣、陈德宁（2008）提出了"制度创新—自由贸易—经济绩效"的分析研究框架，认为制度创新为解决复杂的区域统一市场交易时的合作创造了一个有利的环境，促进了由自由贸易引起的市场范围扩展，从而推进了区域经济的增长。滕丽、蔡砥（2008）认为区域溢出是一种外部性，无论是对外溢出还是获得溢出都不受市场调节，但区域合作的基础是发挥区域的正溢出，控制区域的负溢出。对广东省而言，为了保证区域溢出的有效性，不仅要加强与地理邻近省区的合作，更应加强与经济发展水平邻近地区如长江三角洲地区在高技术产业领域的合作，发挥双方的相互正溢出效应。

程永林（2008）研究认为，与区域经济整合战略相比较，中国的对外经济战略走的是一条梯度开放战略的渐进道路。从地区产业分工与合作的角度来分析，这种对外战略模式带有明显的渐进性战略调整的意味。市场经济国家的定位以及和平发展的崛起模式，规制中国需要谋求域内市场的整合和构筑以自身为核心的区域经济一体化战略。

李兆焯（2011）研究认为，在"科学发展，共创未来"的主题框架下，突出转变发展方式，深化合作，绿色发展的特色，加快转变发展方式，实现区

---

① 卓凯，等.区域合作的制度基础：跨界治理理论与欧盟经验[J].金融经济学研究，2007，33（1）：55-65.
② 谷兴荣.中国泛珠三角科技创新合作现状的分析[J].科技与经济，2005，18（6）：17-20.

域协调发展，只有开放合作才能互利共赢，不断深化经贸、能源、技术、金融等领域的合作与交流。

罗霞（2012）研究认为，务实推动泛珠三角洲各省区合作，共促转型升级，大平台，务实高效促合作；分梯度，高处破题显合作张力；抓项目，差异化合作渐趋深化；新起点，共促转型升级。

陈韩晖（2004）研究认为，发达地区与落后地区经济互补、应协调发展，企业间具有优势互补与协调发展的机遇。

国务院发展研究中心《泛珠三角区域环境保护合作专项规划》（2005—2010）研究认为，应有计划、有步骤地落实主要合作领域和内容，逐步完善泛珠三角区域环境保护合作机制，共同提升区域整体环境保护水平，推动泛珠三角区域经济、社会、环境全面、协调、可持续发展。

朱文辉《从中国区域经济发展看泛珠三角的前景》研究认为，一是泛珠三角区域开创了一个自下而上、符合市场方向的区域合作模式，它将成为中国区域经济发展的一个崭新的里程碑；二是泛珠三角区域合作机制将会在政府层面获得快速推进；三是泛珠三角区域合作将由政府启动，但其主要动力将是市场力量；四是泛珠三角区域经济整合的进展，将可能取得如下成果，在大珠三角和泛珠三角其他地区之间形成紧密的腹地关系，并为整个区域在全球和国内经济分工中形成新的定位。从泛珠三角的国际化看，广州与香港密切配合和互动、甚至竞争，共同带领整个区域走向世界。[1]

汪开国、袁晓江、许英鹏等《关于深圳惠州区域经济合作的调研和思考》研究认为，应错位发展建立珠三角深惠经济圈。深圳和惠州是珠三角两个经贸关系联系紧密的重要海滨城市，建立深惠经济圈是珠三角总体发展需要和大趋势，两地合作的潜力非常大。应以环大亚湾为重点，加强石化工业的分工和协作；以珠江东岸为依托，全面加强互补性产业的合作；以东江为纽带，治理环境，切实保护水资源。打破行政区划，建立跨区域的石化工业园；建立产业链条的分工；围绕石化服务领域进行相关产业的合作。[2]

李敬波《加强区域经济合作推进黑龙江省全面小康进程》研究认为，城区经济发展离不开地区间的经济协作，只有通过经济协作才能不断促进区域间的产业分工、合理交换和联合协作，建立起统一、开放、畅通的市场体系，才

---

[1] 朱文辉. 从中国区域经济发展看泛珠三角的前景 [J]. 深圳科技, 2004 (6): 88-92.
[2] 汪开国, 袁晓江, 许英鹏, 等. 关于深圳惠州区域经济合作的调研和思考 [J]. 中国南方经济, 2004 (12): 34-55.

能形成真正意义上的物流、人流、资金流，汇集资源，优势互补，实现区域间资源的合理配置。①

第五，关于区域产业结构、产业合作发展问题。

张妍、王丽明（2004）研究认为，促进泛珠三角区域产业转移，应制定从产业层面、制度层面、政府层面促进产业转移的对策。莫凡（2009）研究认为，在经济全球化和区域经济合作不断深化的新时期，泛珠三角区域房地产业面临着新的发展机遇。应积极把握区域房地产业合作的新机遇，创建区域房地产业发展的平台。伍凤兰（2009）《泛珠三角地区第一产业转移及其影响因素研究》认为，产业内部的结构差异和劳动生产率的高低等导致泛珠三角各省区第一产业在发展水平和产业结构水平上存在一定的阶梯状差距，农村剩余劳动力的大量转移、农业比较优势转换、政府推动与政策引导等诱使第一产业在区域内梯度转移。在以市场导向为主的产业转移过程中，政府的有效干预将加速实现区域内产业资源的优化配置。颜虹（2004）《泛珠三角经济协调发展研究》认为，由于经济社会发展阶段的不同，使得泛珠三角区域具有了良好的产业转移与承接的梯度基础。随着一个地区产业结构的不断优化和升级，一部分产业必然要向其他地区转移。形成以港、澳为第一雁阵，广东、福建为第二雁阵，江西、湖南、云南、四川、贵州、广西、海南为第三和第四雁阵的发展格局。

廖添土《泛珠三角区域产业结构演进与产业合作发展的空间和路径》研究认为，泛珠三角区域产业结构比重存在梯度差异的发展态势，泛珠三角区域产业合作需要加快区域内工业生产要素和产品的流动，形成垂直分工与水平分工相结合的产业整合，废除地区贸易壁垒，建立共同市场，促进泛珠三角区域的产业整合。②

刘建党（2012）研究认为，内地应该加快发展区域经济，努力增加居民收入，不断完善基础设施，加快建设统一市场，深化产业内专业化分工，优化区域治理结构，从而提升内地与香港的经贸关系。③

曾玉湘（2010）《后危机时代泛珠合作中的湖南》研究认为，开放型经济

---

① 李敬波. 加强区域经济合作推进黑龙江省全面小康进程 [J]. 边疆经济与文化, 2005 (2): 31-32.

② 廖添土. 泛珠三角区域产业结构演进与产业合作发展的空间和路径 [J]. 发展研究, 2012 (7).

③ 刘建党. 中国内地与香港贸易流量的关键影响因素——基于16个省份面板数据的实证分析 [J]. 开放导报, 2012 (1).

并不发达的地区为化危为机，提出了"弯道超车"的发展理念，即积极参与泛珠区域产业分工与合作，优化资源配置。[①]

王晖（2011）《泛珠三角区域城市群协作发展》研究认为，泛珠区域要形成以若干个中心城市为极核的城市群，构建分工明确的内外圈层，以产业链推动城市群协作联动，在泛珠三角区域内逐渐形成中心突出、多点支撑、整体优化、多层次梯度辐射的网状空间合作结构。[②]

张瑞枝研究认为，主动承接产业转移，主动参与泛珠三角区域经济分工，主动吸收资本输出。一是产业转移。经过 20 多年的发展，泛珠三角地区土地、劳动力、生产成本逐步提高，劳动密集型产业的竞争力逐步丧失，急需向土地、原料和劳动力成本低的地区转移；一些高科技产业由于升级换代，也寻求转移。二是区域经济分工。泛珠三角区域合作的根本目的是实现生产要素的流动和优化组合。生产要素的流动和优化组合势必出现新的经济分工，形成新的生产和产业布局。三是资本输出。香港等地区已经成为吸收资本输出的主要地区。[③]

陈建《泛珠三角区域合作中广东的产业升级》研究认为，高人均收入地区的产业必须是高附加值产业，才能维持竞争优势，广东的产业必须向高附加值产业升级。泛珠三角区域合作为广东产业升级提供了机遇和动力。但是，广东产业升级存在市场无法解决的障碍。地方政府应该提供一个推动企业扩张和转型的支撑环境，应该制定土地使用政策和产业政策，以促进广东产业升级。[④]

王碧秀等《构建发展泛珠三角地区产业合作的前提与基础研究》认为，区域经济合作在市场经济条件下，是商品生产和商品交易发展到一定程度后，不同地区经济主体从而政府基于进一步发展的需要而产生的内生需求。产业协调发展是区域经济合作最重要的内容之一，对泛珠三角经济区的形成具有极为重要的意义。目前而言，不仅整个泛珠三角地区，而且泛珠三角区域各省区内部的产业分工协作都是相当有限的。在目前条件下，发展泛珠三角地区的产业分工与协作，不是直接从发展产业分工协作入手，而是从其基础，发展经济区

[①] 曾玉湘. 后危机时代泛珠合作中的湖南 [J]. 中小企业管理与科技（下旬刊），2010（4）.

[②] 王晖. 泛珠三角区域城市群协作发展 [J]. 西南民族大学学报：人文社会科学版，2011（5）.

[③] 张瑞枝. 把握"两个机遇"发展贺州经济 [J]. 改革与战略，2004（6）：8-10.

[④] 陈建. 泛珠三角区域合作中广东的产业升级 [J]. 广东社会科学，2005（5）：16-20.

内各地区之间的经济贸易入手。市场主体在密切经济贸易联系基础上,自然会逐渐产生符合各市场主体利益的产业分工与协作关系。[1]

罗勇《区域合作背景下广西产业结构调整的战略考虑》研究认为,国际、国内的区域合作方兴未艾,区域合作对区域内和成员社会经济的影响已日渐凸显。由于区域合作,各区域间加强了协作,区域间贸易、投资更加便利、区域分工联系和生产要素的跨区流动对区域的供给因素、需求因素、区域贸易、区域投资、区域产业政策产生重大影响,原来影响区域产业结构的因素发生变化,此时的区域产业结构问题有必要用新的视野审视。面对中国—东盟经济合作、泛珠三角区域合作的历史机遇,把广西的产业结构调整放在建立中国—东盟自由贸易区、泛珠三角经济区的大背景下来把握和定位已具有一定的现实性和迫切性。[2]

第六,关于区域产业分工问题。

汪开国、袁晓江、许英鹏等在《关于深圳惠州区域经济合作的调研和思考》中研究认为,广州市正处在国际化发展的初始阶段,客源市场的特点受到城市自身定位的影响;而广州市进一步的城市化进程将会影响到广州市客源市场的特点,使其客源市场结构更趋于大都市的客源市场。对即将形成的新的产业结构,两地政府应特别强调规划先行,有意识形成合理的区域经济结构,避免产业同构和恶性竞争,使两地在发展中共赢。一是根据产业互补原则,统一安排两地的产业布局,如工业、农业、商业、旅游业等;二是根据产业合作原则,统一安排产业链条上的分工和协作,如上、中、下游产品生产的分工,第一、二、三产业的分工,生产与销售的分工等;三是根据产业升级原则,超前规划两地产业的未来发展和布局,从而在较长战略期内保持两地产业的协调发展。[3]

侯起秀《泛珠三角地区合作大于竞争——基于新贸易理论区域分工的分析》研究认为,随着泛珠三角区域合作的不断推进,区域内各个地区将在新的战略定位中推动经济转型,其产业结构调整也将朝着与各地区更加紧密依靠、互补互动的方向发展。他指出泛珠三角地区合作大于竞争,以区域整体协

---

[1] 王碧秀,等.构建发展泛珠三角地区产业合作的前提与基础研究 [J].东南学术,2005 (6):109-115.

[2] 罗勇.区域合作背景下广西产业结构调整的战略考虑 [J].学术论坛,2006 (4):111-113.

[3] 汪开国,袁晓江,许英鹏,等.关于深圳惠州区域经济合作的调研和思考 [J].中国南方经济,2004 (12):36-55.

调发展为目标，变竞争为合作，是泛珠三角地区9省发展的正确方向。泛珠三角地区由于资源禀赋的差异，空间地理位置的不同和历史的不平衡，存在明显的经济梯度，客观上为区域产业的分工和协调创造了条件。其中广东、福建位于高梯度，江西、广西、四川、湖南处于中梯度，贵州、云南、海南位于低梯度。[①]

丁红朝《泛珠三角洲九省的区域分工现状浅析》研究认为，泛珠三角洲对我国的区域经济发展具有重要的战略意义。从深层次来看，区域产业分工是推动区域经济合作的最根本动力。他针对泛珠三角9省区产业整合，计算了泛珠三角区域9省区工业25个行业的工业区域配置系数和区域专业化系数，选取出每个省区的专业化主导产业，据此对9省区的区域分工现状进行分析。9省区工业一方面产业梯度明显，另一方面存在产业结构同构化、低度化的问题。广东在资金和技术密集型的行业——通讯设备和计算机行业具有明显的竞争优势，这要求原有的劳动密集型企业向外转移；除广东、福建外，其余各省区尽管有很多行业在全国有比较优势，但多数是资源密集型；中西部各省区资源丰富，其初级产品和原料的生产为广东和福建的发展提供了有力的支持，相互之间存在很强的经济互补性；泛珠三角区域内部三类区域之间呈现垂直分工、水平分工交叉共存的明显特征，垂直分工表现为中、西部—东部—香港、澳门特区的由低到高、由初级到高级的产业链条衔接。水平分工是不同产业部门或同一制造业的不同生产阶段、不同种类的产品在不同区域间的分工。泛珠三角区域合作实质上就是通过分工和合作实现产业整合，实现要素合理配置、区域利益最大化。[②]

李斌等的《泛珠三角区域产业分工合作的空间组织研究》认为，资源上的互补性、产业结构的差异性以及产业水平的空间梯度决定了泛珠三角区域产业分工合作的可能性与必然性，从分析区域产业分工合作的基础条件出发，对泛珠三角区域产业分工合作的空间组织进行了系统的研究，提出实施产业合理空间定位、差异化发展、梯度转移等分工合作战略；将泛珠三角划分为4个产业分工合作功能区并进行产业空间组织；设计5条产业合作通道，并进行了相应的园区配置；同时还对重点产业提出合作指引。从宏观层面形成区域产业分工合作的战略安排与空间组织方案，微观上则落实为重点建设项目的空间布局

---

① 侯起秀. 泛珠三角地区合作大于竞争——基于新贸易理论区域分工的分析 [J]. 特区经济, 2006 (12): 52-54.

② 丁红朝. 泛珠三角洲九省的区域分工现状浅析 [J]. 中国经济学人, 2007 (1): 261-262.

安排，为泛珠三角区域产业分工合作提供科学可行的指导。[1]

乐正《泛珠三角区域共赢与深圳功能定位》研究认为，泛珠三角区域经济合作将是以新区域主义为基础产生的一个惊世创举，它是通过市场和产业分工逻辑链接起来形成新的市场共同体，打破区域内原有的行政区划经济，泛珠三角区域经济合作有4个主要的合作领域，即由于各地区在自然资源禀赋上的差异性和互补性而形成的资源合作；由经济合作区内各地区产业结构的互补性而形成的产业合作；铁路、公路、机场、港口、信息等基础设施一体化所构成的基础设施合作；最后是在谋求共赢的利益组合基础上，建立起开放、健全、有序的统一大市场。深圳在这一区域内的作用定位在5个方面，即招商引资的窗口桥梁、高新技术的研发中心和孵化器、重要物流平台与枢纽、重要资本市场、人才培训基地。[2]

白国强《广东城市化的发展态势与整合构想》研究认为，在泛珠三角区域合作过程中，广东应适应人口分布和空间利用的要求，重组城乡空间；要因应分工要求的变化，推进产业布局与结构一体化。就产业发展来看，首先要整合区域内产业资源，形成相关具有国际竞争力的产业带，共同提升技术水平，推进高附加值产业的发展。[3]

梁桂全《关于广东区域经济发展的深层思考——从被动接受国际分工到主动参与国际分工的战略转换》研究认为，根据国际、国内经济社会发展现状与演变新趋势，以及广东的地缘经济特点和经济社会发展进程，提出未来一段时间内，广东区域经济发展战略定位宜坚决实施经济国际化战略和后工业化经济战略，深化粤港澳紧密合作，以大珠三角为核心，以泛珠三角为腹地，进一步共同构建以中长产业为龙头的国际加工制造业基地，以物流业为龙头的华南沿海国际商务服务业基地，以信息产业、文化产业为龙头的华南知识产业集聚基地，全面增强广东作为国内经济与经济全球化对接"接合部"、"转化桥"的承接—辐射能力和国际竞争力，推动广东乃至相关地区由被动接受国际产业分工转向自主参与国际分工，实现广东新一轮产业转轨升级。[4]

---

[1] 李斌，等.泛珠三角区域产业分工合作的空间组织研究 [J].云南地理环境研究，2007，19 (4)：3-6.

[2] 乐正.泛珠三角区域共赢与深圳功能定位 [J].深圳职业技术学院学报，2004，3 (3)：1-4.

[3] 白国强.广东城市化的发展态势与整合构想 [J].岭南学刊，2005 (4)：94-98.

[4] 梁桂全.关于广东区域经济发展的深层思考——从被动接受国际分工到主动参与国际分工的战略转换 [J].广东社会科学，2007 (5)：5-11.

赵祥《关于广东区域专业化分工的特征及其政策含义》研究认为，广东省和地级以上城市专业化水平与目前的理论共识存在一定的偏差；珠三角与东西两翼地区的产业结构差异较大，与山区的产业结构差异居中，而内部的产业结构差异最小；除了与东西两翼地区之外，珠三角内部各市之间，以及珠三角与山区各市之间的专业化分工水平并没有随着时间的推移有实质性的提高；在泛珠三角区域内，广东与云南、贵州、海南和广西的分工水平较高，与四川、江西、湖南和福建的分工水平较低；并且广东与泛珠地区的分工水平的变化呈现出明显的阶段性特征。①

李永成《广州与佛山两市三次产业互补性研究》认为基于区域整合发展的需要，广州与佛山两市以泛珠江三角洲建设为契机加快整合的步伐。通过对广州与佛山两市的三次产业实证分析，剖析广佛两市三次产业存在着互补、互动性，进而提出了广佛两市在建设成泛珠三角强力中心的区域经济整合与开发过程中，应该合理定位城市职能，协调都市圈经济中的产业分工。②

施锦《在CAFTA条件下广西及周边地区的分工现状问题的研究》认为广西及周边的广东、海南、云南是我国面向东盟的最前沿地区，也都是泛珠三角经济区成员，在中国—东盟自由贸易区（China - ASEAN Free Trade Area, CAFTA）的机遇下，这四个省都面临很好的机会。区域经济一体化是一个循序渐进的过程，不奢望所有地区同时实现市场的统一，而寄希望于相近个体的融合。应认真分析四者目前的分工现状，认识产生这些现状的原因和四省分工弊病，为清理分工障碍打下基础。③

第七关于区域经济贸易问题。

游蔼琼（2005）研究认为，经济发展水平的相近和多层次性决定了泛珠三角产业分工与经济合作既不可能是单纯的合作，也不可能是此消彼长、你死我活的竞争，而应该是既有合作又有竞争的竞合互补。在充分审时度势世界经济区域集团化的大格局下，用发展动态的眼光，抓住中国—东盟自由贸易区建设顺利推进和中国—东盟关系改善的机遇，充分利用优势，推动区域的竞合互补，以整体协调参与国际竞争，在世界经济区域化的抗衡、竞争中先行一步，

---

① 赵祥. 关于广东区域专业化分工的特征及其政策含义 [J]. 岭南学刊，2010（1）：77 - 83.
② 李永成. 广州与佛山两市三次产业互补性研究 [J]. 许昌学院学报，2005，24（2）：141 - 144.
③ 施锦. 在CAFTA条件下广西及周边地区的分工现状问题的研究 [J]. 工业技术经济，2007，26（10）：59 - 61.

谋求改善泛珠三角区域在国际分工中的位次，增强分享经济全球化利益的能力，加快区域经济发展。

游霭琼提出泛珠三角经济区在密切中国与东盟、南亚国家的经贸关系上具有独特优势和作用。认为独特的地理位置、良好的经贸合作关系、经济、资源的互补性。东盟10国经济发展水平参差不齐，大湄公河次区域的老挝、缅甸和越南经济发展落后。我国广东作为世界上主要的工业制造中心之一，与东盟在制造业和技术结构方面又存在着巨大的互补空间。泛珠三角区域的机电产品、信息技术产品和纺织品在东盟和南亚具有广阔的市场，而东盟、南亚的原材料（天然橡胶、矿砂、热带水果）、油气在泛珠三角区域有需求。参与南亚油气的开发可以促进我国能源多元化战略的实施，目前我国油气大部分是经过马六甲海峡运输，一旦被切断，我国的能源之路基本上也就断了，所以参与南亚能源的开发对我国就具有特别重要的意义。[①]

陈铁军《探索泛珠三角区域与大湄公河次区域的国际合作之路》研究认为，泛珠三角区域与大湄公河次区域合作是建立中国—东盟自由贸易区的重要组成部分，站在国家发展战略的高度，实施"走出去"战略，才能由被动的全球化阶段转到主动的全球化阶段。实施对外投资与境外开发、产业转移、加工贸易、服务贸易相结合，既可在国内参与他国生产的国际分工，又可以在国外使他国参与我国生产的国际分工，这不仅可以获得经济合作主动权，而且可以大大提高国家的宏观经济效益。[②]

王薇《五招促进珠三角经济圈发展》研究认为，当今中国能够真正参与国际竞争的地区主要是长江三角洲、珠江三角洲和环渤海湾地区，但是这三大都市圈在抓住机遇的同时，也面临着许多亟须解决的问题，其中，珠三角大都市圈的主要问题是城市分工不明确，产业结构雷同；外源型经济和内源型经济还没有形成合力；科研成果不突出，自主创新能力不强；人才储备不足，激励机制不够；都市圈内核心城市的功能作用发挥程度十分有限；腹地狭小、发展后劲不足等。珠三角大都市圈要发展成为一个一流的都市圈就必需发挥优势、促进体制创新；配置资源拓展发展空间；培育人才营造创新环境；内外结合推动协调发展；重视规划，提升城市功能。[③]

---

① 游霭琼. 浅谈泛珠三角区域经济合作与中国—东盟国家自由竞争区建设和大湄公河次区域经济合作 [N]. 华南新闻, 2004-6-17 (7).

② 陈铁军. 探索泛珠三角区域与大湄公河次区域的国际合作之路 [J]. 经济问题探索, 2005 (8): 120-123.

③ 王薇. 五招促进珠三角经济圈发展 [J]. 经营管理者, 2007 (5): 86-87.

李中民等《全球经济失衡下的中国经济区域重构》研究认为，依据资源禀赋理论和区位理论，按照同质性与集聚性原则相结合的区域划分方法，构建了以泛珠三角经济区、大东北经济区为左、右前翅，泛珠三角经济区、环渤海经济区为左、右后翅，亚欧大陆桥中国经济区为躯干的中国经济发展新区划，以期形成"龙头带动、产业协同、利益共享、优势互补"的地域分工和协作紧密型经济区，最终实现统筹区域发展目标。①

刘建党等《中国内地与香港贸易流量的关键影响因素——基于16个省份面板数据的实证分析》研究认为，2004年以来，中国内地与香港贸易流量主要受国内生产总值和人均国内生产总值的影响，《泛珠三角区域合作框架协议》对双边贸易的影响并不显著，内地与香港的产业内贸易特征明显。未来，内地应该加快发展区域经济，努力增加居民收入，不断完善基础设施，加快建设统一市场，深化产业内专业化分工，优化区域治理结构，从而提升内地与香港的经贸关系。②

第八，关于区域合作的对策研究。

国内学者关于区域合作对策的研究主要集中在产业协作领域和政府合作两个方面。

在产业协作领域，程云川、陈利君（2009）认为，在区域合作中要素的自由流动和产业转移是有条件的，其中一个重要条件就是要加快区域相互开放步伐，打破区域封锁，建立共同市场，在区域内实现优势互补，促进共同发展。刘姣兰（2006）认为，广西在与珠三角地区实施产业合作时应正确处理政府、市场、企业的关系，充分发挥企业的主体功能。同时应弱化行政区概念，组建跨地区企业战略联盟，以提高区域经济的竞争力。李斌、杨丽娟等（2007）在分析了泛珠三角进行区域产业分工合作的可能性后，从分析区域产业分工合作的基础条件出发，对珠三角区域产业分工合作的空间组织进行了系统的研究，提出实施产业合理空间定位、差异化发展、梯度转移等分工合作战略。

在政府合作方面，杨龙、戴扬（2009）认为地方政府合作可推动区域合作。地方政府合作应建立在关于合作的共识的基础之上；地方政府合作的基础是区域公共物品的联合提供，形成地方政府合作的机制。程必定（2009）以

---

① 李中民，等. 全球经济失衡下的中国经济区域重构 [J]. 山西财经大学学报，2007，29 (5)：38-43.

② 刘建党，等. 中国内地与香港贸易流量的关键影响因素——基于16个省份面板数据的实证分析 [J]. 开放导报，2012 (1)：68-71.

长三角地区的区域合作为例，认为推进政府管理体制创新是培育和构建泛长三角区域合作机制的关键。张可云（2004）认为环京区域在进行区域合作时必须从中央政府这个层次上解决区域管理制度基础问题，而在地方政府这个层次上切实转换与管属地区经济管理职能，引导企业主导型区域经济合作发展。陈家海、王晓娟（2008）在对泛长三角合作中政府间协调机制的构建中认为对于跨地区协调机构不在于相当于什么级别，而在于参与协调的各方是否已将相关的权力"让渡"给了这个机构；跨地区协调机制的财力的主体功能应该是用于区域合作中受损方的补偿。孙华平、黄祖辉（2008）认为改革开放30年来，区域经济的俱乐部收敛现象日趋明显，破解区域经济发展不平衡需要进行区域产业转移。在区域产业转移内外互动中，地方政府的作用非常重要。黄崴、孟卫青研究认为，区域教育发展合作是本区域经济增长方式转变的客观需要，教育作为知识人力资本投资和知识人力资源开发过程，与经济发展是相互促进的。职业教育发展则更与区域内的劳动力流动和技术人才的市场需求状况紧密联系。杨林（2008）研究认为，区域金融合作将能促进资本在区域内的有效集聚，实现金融资源在区域内的自由流动和优化配置，最终实现区域内经济与金融的联动发展与合轨运行。吴克辉（2009）研究认为，应抓思路，推动国家区域协调发展、促进港澳地区繁荣稳定的高度，推动决策依据和理论支持；抓规划，完善泛珠三角区域合作与发展规划；抓项目，加强区域交通、能源、环保等基础设施建设；抓机制，完善行政首长联席会议、政府秘书长协调会议、日常工作办公室和部门衔接落实等合作协调机制。

王民官（2012）研究认为，拓宽区域发展思路，促进城市合作交流，在经济全球化和市场一体化深入发展的大背景下，广泛推进多个领域、多个层次、多方参与的区域合作，是实现资源要素在更大范围内优化配置，扩展合作主体发展空间和发展条件的重要途径。

谢晶仁《产业衔接与配套：湖南融入泛珠三角经济圈的重要选择》研究认为，统一规划是提高泛珠三角省份产业衔接和配套水平的前提基础；创造条件是加快湖南吸纳三角经济区劳动密集型产业的关键因素；分工协作是形成湖南与泛珠三角其他省份支柱产业配置、新兴产业共建、一般产业互补的重要条件；旅游合作是形成以长沙为中心、张家界为龙头的西线旅游的有力杠杆；区域经济一体化是实现长株潭与粤港澳经济圈全面对接与合作的内在要求。[①]

[①] 谢晶仁. 产业衔接与配套：湖南融入泛珠三角经济圈的重要选择 [J]. 创新，2009，3 (7)：49-51.

范海英等《泛珠三角九省产业整合问题及对策研究》认为分工体系不合理，产业结构同构化、低度化；区域经济利益冲突；市场运行机制不兼容；行政壁垒对产业整合的约束是泛珠三角九省产业整合问题所在。政策建议方面，一是加强区域内部分工协作，实现总部和研发中心向核心区和大都市集中，发挥总部经济效益，实现功能分工，生产线主动向腹地扩散，从两方面出发，实现区域产业整合升级；二是加强产业布局和主导产业错位发展，建立特色产业结构体系；三是建立区域统一市场；四是统一产业规划，提高产业衔接和配套的水平。[①]

彭春华《泛珠三角区域合作研究述评》研究认为，泛珠三角区域合作是我国东中西部区域合作的一种尝试。该合作模式自2003年提出后备受各界关注，有关研究从比较优势、产业转移、产业分工和合作模式等角度分析了泛珠三角区域合作的进展。比较优势是区域合作的前提，也是区域合作研究的主要思路；产业转移合作是泛珠三角区域合作的主线；区域经济的发展由于经济带动能力的差异而使区域内形成核心区与边缘区；区域合作必须由一套机制加以保证，协调机制存在着体制瓶颈、市场分割、利益协调不畅等问题。泛珠三角区域合作的启示是比较优势是区域经济合作的前提，能否将比较优势转化为实际的合作动力是区域经济合作是否有效的标准；产业转移和产业合作是比较优势在区域经济合作中具体化，有选择地进行产业转移和产业合作是实现区域经济合作持续发展的要求；产业区域布局要从实际出发，创新核心—边缘模式，以多核心、多圈层的发展更有利于区域经济全面协调发展；建立有效的稳健的合作机制，减少合作发展中的利益摩擦，是实现泛珠三角区域合作持续深化的制度保障。[②]

曾绍阳《关于融入"泛珠三角"的几点思考》研究认为，"泛珠三角"正以强劲势头在区域经济一体化浪潮中崛起，江西应充分利用大好机遇，主动融入"泛珠三角"，以企业为主、产业对接、错位发展的思路推动区域经济一体化，进而参与经济全球化竞争。[③]

曾玉湘《对后危机时代泛珠合作中的湖南研究》认为湖南应积极利用泛珠三角区域合作平台，促进区域合作，拓展开放性经济发展空间，坚持"弯道超车"。认为应加强基础设施建设，构建立体交通网络；抓住机遇，因地制

---

① 范海英，等. 泛珠三角九省产业整合问题及对策研究 [J]. 特区经济，2004（10）：142-143.

② 彭春华. 泛珠三角区域合作研究述评 [J]. 岭南学刊，2008（5）：102-105.

③ 曾绍阳. 关于融入"泛珠三角"的几点思考 [J]. 企业经济，2004（1）：8-9.

宜，促进产业结构升级；加强职业技能培训，创新合作输出模式；发挥各自比较优势，打造产业转移承接载体；充分发挥商会作用，拓展合作交流空间。[①]

肖亚红等对深港金融产业未来合作前景展望研究，认为深港两地一直保持着密切的金融合作关系。自1998年第一家外资银行——香港南洋商业银行在深圳设立分支机构至今，深港金融产业合作已经历了"前场后店"以及"以科技创新和资源优化配置为核心的分工合作"两个阶段。尽管深港两地之间存在一定竞争及局部利益摩擦，两地经济已是一个共同经济利益的整体。在经济全球化和知识经济占主导地位的新形势下，深港金融产业合作有需要进入"区域一体化"阶段。通过优势互补、互相渗透、互相支持构建一个区域金融中心。深港金融合作领域包括金融基建、处理人民币业务、后勤支援服务、资本市场合作、金融产品创新、保险业发展等。[②]

赵玲玲等《新型工业化与泛珠三角工业的合作与发展》研究认为，珠三角工业的合作、互动能加快新型工业的发展。泛珠三角工业的合作能提高资源利用率；泛珠三角工业的合作能提升广东工业在泛珠三角中的地位；泛珠三角工业的合作能开拓和发展工业市场。新型工业化与泛珠三角工业的合作有着重要的作用和意义，泛珠三角工业在建设方面的经济合作是实行泛珠三角区域经济一体化的实质性举措，在工业化建设合作中，必须有便利通道——基础设施建设规划；必须有垂直分工的实现和可能——产业整合规划；必须消除地区封锁，建立统一的市场体系；必须建立高层协调机制；必须发挥主要经济城市的经济功能。[③]

1.2.3 改革开放30多年来贵州区域产业分工与协作机制研究回顾

1978年，党的十一届三中全会确定了对外开放的基本方针，随后中国对外开放开始由点到面，从沿海向内地不断推进。随着国家对外开放战略的深入实施，贵州的对外开放也取得了明显进展，《中共贵州省委、贵州省人民政府关于实施开放带动战略打好扩大开放总体战的决定》颁布后，实施开放带动战略，以开放促开发，在对外贸易、利用外资、省际和境内外的经济技术合作等方面取得了实效。陈政、敖以深、许峰等研究认为进一步加大贵州省对外开

---

① 曾玉湘. 对后危机时代泛珠合作中的湖南研究 [J]. 中小企业管理与科技（下旬刊），2010 (12): 100 - 101.
② 肖亚红，等. 深港金融产业未来合作前景展望 [J]. 特区经济，2007, 221 (6): 18 - 21.
③ 赵玲玲，等. 新型工业化与泛珠三角工业的合作与发展 [J]. 南方经济，2004 (10): 47 - 50.

放可以分为以下四个时期。①

1.2.3.1 中央统一管理时期（1949—1978年）

1979年以前，对外开放处在中央统一管理之下。这一时期，对外开放的主要形式是对外贸易，其业务活动主要是收购和调拨，都是执行国家指令性计划，商品实行计划调拨供应，价格由国家分级管理制定，外汇由国家统收统支，盈亏由国家统一核算拨补，外贸企业按"条条"挂靠管理。

新中国成立前，贵州虽有少数产品如水银、桐油、猪鬃、中药材、野生动物皮张等销往国外，并有少量国外商品如煤油、布匹、西药等供应市场，但都是经过国内商业渠道、辗转运销进行的。新中国成立后，对外贸易逐步发展起来。新中国成立初期，由国营商业负责组织传统出口商品的收购，调往沿海口岸出口。1950年收购的出口商品仅有茶叶、猪鬃两项。随后，又增加了水银、锑、蚕茧等品种。1953年，贵州省商业厅成立了对外贸易办公室。1955年，贵州省对外贸易局成立。从1956年开始，贵州省开展了直接向苏联和东欧社会主义国家的出口和中央分给地方外汇直接进口贵州省所需物资的进口业务。但出口业务是执行国家外贸总公司对外签订的合同，贵州省内不办理直接谈判、成交和结汇；进口业务也主要委托国家外贸总公司和口岸公司代办，贵州省不参与谈判、成交和拨汇。1957年，贵州省出口商品收购额比1953年增长4.37倍。

1958年以后，贵州对外贸易发展很不稳定。1958年，贵州省出口商品收购额比上年增长42.9%。1959年，贵州省出口商品收购额比上年翻了一番；直接进出口额也大幅度增长，其中直接进口额为459.1万美元，直接出口额为1 134.2万美元。从1960年起，对外贸易急剧萎缩，到1965年，贵州省出口商品收购额以及直接进出口额都只相当于1957年的水平。"文化大革命"开始后的头几年，贵州省出口商品收购额连年下降，1971年以后逐渐有所回升。在此期间，贵州省的直接出口额由1966年的279万美元降为1976年的22.1万美元；而进口额则逐年呈上升趋势，由1966年的112.1万美元增至1976年的733.8万美元。

粉碎"四人帮"后的两年，贵州对外贸易得到一定的恢复和发展。1977年，贵州省出口商品收购额达到8 642万元，1978年增至9 969万元。从1978年开始，贵州省开始直接办理对资本主义国家和地区的出口业务，当年的直接

---

① 陈政，等.贵州进一步加大对外开放研究［R］.2011年贵州省社会科学院重大招标课题，2011-12.

出口额增至285.4万美元,直接进口额达到1 359.6万美元。

在中央统一管理的体制中,贵州外贸部门通过建立出口农副产品生产基地和出口工矿产品专厂、专矿、专车间,通过奖售、换购、预付生产订金和申请提供部分进口原材料、汽车、生产设备等办法,大力扶持和发展出口商品生产,促进了出口商品收购范围的不断扩大。1950—1978年,贵州省出口商品收购额累计为17.02亿元。其中,农副产品收购额10.47亿元,轻纺工业品收购额0.83亿元,重工业产品收购额5.72亿元。这一时期,贵州省累计出口额为6 808万美元,累计进口额为7 569万美元。①

1.2.3.2 改革开放初期(1979—1991年)

第一,对外区域产业分工与协作。

从1979年起,国家逐步把对外贸易的经营权下放到省。1985年,全面实现自营进出口贸易业务。沿着"相对独立、自主经营、自负盈亏、逐步发展"的方向推进外贸企业的改革,外贸系统经营的全部出口商品,包括粮油食品、纺织品、丝绸、土产畜产品、医药保健品、轻工业品、手工艺品、五金矿产品、化工产品、机械产品、机械设备、冶金产品12个大类商品,全面实现自营出口,直接开展对外谈判、成交、履约、结汇,从根本上改变了过去调拨供应出口、与国际市场隔绝的经营方式。至此,正式成为全国对外贸易的口岸之一。在此期间,先后成立了贵州省对外经济贸易厅以及各地区的相应机构,成立了有对外经营权的12个专业公司和1个地方外贸公司(贵州省外贸进出口公司)。此外,对外贸易运输贵州分公司、中国银行贵阳分行、贵州省外汇管理局、中国国际贸易促进会贵州分会、贵州省商品检验局、贵阳海关等涉外企、事业单位和监督管理机构也相继成立。

1982年年初,中共贵州省委主要领导人会见香港《大公报》记者,介绍了贵州的煤炭资源情况。这一年,贵州省委、省政府领导同10多个国家和港澳地区的客商进行了洽谈,与20多个国家和地区建立了贸易往来和经济技术合作关系。1984年,共与外国和港澳地区客商签订利用外资协议共21项,引进外资3 772万美元和655万港币;引进先进技术方面与客商签约成交的有42个工程项目,成交额1 761.9万美元,国内配套资金6 300万元人民币。

1985年3月,贵州省政府在深圳举行黔籍在港澳地区和东南亚地区人士邀请会。1985年9月在贵阳举行了国际经济技术协作和贸易洽谈会,参加洽谈会的有13个国家和港澳地区的110位客商。1986—1991年,贵州省先后9

---

① 《贵州通史》编委会.贵州通史:第5卷[M].北京:当代中国出版社,2002:499.

次在新加坡、美国、泰国、澳大利亚等国家和香港、澳门地区举办了出口商品展销会，派出上百个团组，走出去洽谈贸易与投资，在香港地区和美国、德国设立了贸易机构和常驻人员。经过各方面的努力，贵州省对外国与港澳地区的经济技术合作和交流工作的局面已逐步打开。

1986—1991年，贵州出口贸易额由6 496万美元增加到18 686.54万美元，进口贸易额由1 381万美元增加到5 560.21万美元。贵州省出口创汇100万美元以上的商品由16种增加到32种，其中创汇1 000万美元以上的有2种。与此同时，进出口市场逐步扩大，1991年出口商品已销往59个国家和地区，进口商品来自20个国家和地区。贸易方式趋向灵活多样，除一般商品贸易外，还开展了易货贸易、边境贸易、来料加工、进料加工、补偿贸易、租赁贸易、投标招标贸易、合资经营等多种贸易形式。

在引进技术方面，自实行对外开放以来，贵州省同美、法、德、日、韩等10多个国家和香港地区签订了引进技术及设备合同105项，合同总金额1.32亿美元。在对外经济技术合作方面，贵州从承担对外经济援助项目任务发展到对外承包工程、输出劳务、接受国际组织和外国政府及国外民间组织的经济援助，在境外投资兴办非贸易企业。1985—1991年，承担对外经济援助项目8项，承担对外承包工程和劳务合作项目44项，接受国际组织、外国政府、国外民间组织的经济和技术援助项目30项，在国外开办的非贸易企业2个。贵州区域产业分工与协作的力度进一步加大，成效明显。

第二，与省（区、市）和港澳区域产业分工与协作。

党的十一届三中全会以后，贵州加强了同兄弟省、自治区、直辖市，同外国和港澳地区的区域产业分工与协作。1980年9月，贵州省政府颁发了《贵州省经济协作办法》，提出要在继续抓好物资协作的同时，下大力抓好同兄弟省、自治区、直辖市的补偿贸易、合资经营、技术引进。1981年，贵州省先后与上海、北京、重庆等地建立了经济技术协作关系。1982年2月，贵州省政府提出《关于进一步开展经济技术协作的意见》，明确指出要根据平等互利原则引进资金、技术、设备、人才；在继续开展物资协作的同时，逐步把重点转移到联合生产、合资经营、补偿贸易等方面。1982年3月，贵州省政府主要领导人约见《经济日报》记者，宣布贵州以优惠待遇欢迎各省（区、市）来贵州投资，共同开发、利用贵州资源，合资兴办煤矿、磷矿和建筑材料、电力、卷烟、酿酒工业。随后，贵州省政府组织经济代表团，先后到河北、天津、江苏、浙江等地洽谈，在联合经营、技术支援、物资协作等方面达成了部分协议。

1984年年初，时任中共中央总书记胡耀邦同志在视察贵州时，倡导由四川、云南、贵州和重庆组成经济协调会，共同商讨开发和建设西南区域中带共同性的重大问题，广西作为观察员参加，并确定第一次会议在贵州召开。在1984年4月初召开的经济协调会预备会议上，根据广西的申请，同意接纳广西为协调会成员。1984年4月中旬，"四省区五方"经济协调会第一次会议在贵阳召开。时任四川省省长杨析综、云南省省长普朝柱、中共贵州省委书记朱厚泽、中共广西壮族自治区委第一书记乔晓光、中共重庆市委第一书记王谦分别率代表团出席会议，湖南省代表团列席了会议，中央有关部门负责人以及一些著名经济学家应邀参加。中共贵州省委第一书记池必卿担任会议主席并主持会议。"四省区五方"经济协调会作为开放性的、松散型的区域经济组织，主要是加强经济联系，在国家计划指导下，在生产、交通、流通、科技、人才培训与交流等领域，广泛开展多层次、多渠道和多种形式的协作，逐步推进改组联合和专业化协作生产。经济协调会的原则是平等互利，各方都有否决权。会议每年召开一次，由各方轮流担任主席。在"四省区五方"经济协调会第一次会议上，贵州代表与其他各方代表签订协议的经济技术协作项目和意向性项目有131项。"四省区五方"经济协调会后来发展为"五省区七方"（增加了西藏和成都）。到1991年，经济协调会召开了8次会议，各方之间广泛开展了联合与协作，并就经济建设中的共同性问题进行研究与探讨。1991年，贵州与经济协调会各方共办成经济技术协作项目792项。①

1984年7月，贵州省六届人大常委会第八次会议通过了贵州省政府提请审议的《贵州省提供优惠条件，引进外资、先进技术、人才的决定》。这个决定对引进兄弟省（区、市）的资金、技术、人才规定了一系列优惠条件。接着，贵州省政府邀请中央和兄弟省（区、市）以及省内一些新闻单位的记者举行记者招待会，介绍了贵州省对外开放实行优惠政策的决定。与全国30个省（区、市）建立了横向经济联系，在经济、技术、物资、人才等方面开展了多层次、多渠道、多形式的联合与协作。1983—1990年，贵州与各省（区、市）累计签订的联合项目有3 099项；引进省外资金7.76亿元，引进省外技术2 100余项，引进省外人才和进行人才交流1.08万人次，物资协作进出总金额47.2亿元。1991年，贵州省物资协作进出口总额（不含大中型企业的对外协作及省与省之间区域性交易会物资协作）达10.13亿元。

---

① 《贵州通史》编委会. 贵州通史：第5卷［M］. 北京：当代中国出版社，2002：216-217.

随着对外开放的进一步扩大，旅游业已作为一项新兴产业逐步发展起来。自 1982 年国务院批准贵阳市、镇宁自治县（黄果树）为乙类开放地区后，1985 年国务院又批准贵阳市、安顺市为甲类开放地区，新增遵义市、凯里市、六盘水市、施秉县、清镇县、镇远县为乙类开放地区。1987 年，贵州省又增加遵义县、安顺县、毕节县、铜仁县、兴义县、织金县、江口县、大方县、黔西县、赤水县（后建市）、独山县、台江县、平坝县、都匀市为对外开放地区。①

1.2.3.3 实施"开放带动战略"时期（1992—1999 年）

20 世纪 90 年代初期，特别是邓小平视察南方重要讲话发表以后，贵州省委、省政府决定，把解放思想、转变观念作为加快改革开放，加速经济发展和推动各项工作的前提。

1992 年 4 月，贵州省委、省政府提出了《关于加快改革开放步伐加速经济发展若干问题的通知》，要求"加强同沿海、沿边和周边省（区、市）的联系，积极发展与东南亚的经济交流。"1992 年 11 月，中共贵州省委六届八次会议作出"南下、北上、西联、东进，以南下为重点"全方位开放的决定。一方面加强同沿海、沿边、沿江地区的联系，开展多形式、多渠道的经济技术协作；另一方面积极发挥结合部的作用，与中西部地区开展广泛联合，使之形成左右逢源的有利态势。为了适应扩大对外开放，在逐步加大交通通信和市政设施等基础设施建设的同时，还建立了一批不同层次、不同规模、各具特色的经济技术开发区。国家级开发区有贵阳新天国家高新技术产业开发区；省级开发区有贵阳经济技术开发区、遵义经济技术开发区等 7 个；此外还有一批州（地、市）级开发区。

1994 年 12 月，中共贵州省委、贵州省政府提出了《关于实施开放带动战略打好扩大开放总体战的决定》，把扩大开放上升到振兴贵州的战略高度，摆到贵州省经济工作的突出位置上。开放带动战略的主要着力点一是按照"以南下为重点的全方位开放"战略，着力抓好南下出海通道建设，积极发展与我国港澳台地区以及与世界各国的联系及合作，走向世界市场。同时抓紧抓好北上入江通道建设，加强与浦东为龙头的长江流域开发带的经济联系，在全方位开放中形成南北两翼齐飞。二是加快贵阳市建设现代化内陆开放城市的步伐，进而抓好包括贵阳、遵义、安顺在内的黔中产业带，办好开发区，发挥对贵州省的带动和辐射作用。三是有计划地抓紧抓好基础设施建设、地方法规及

---

① 《贵州通史》编委会. 贵州通史：第 5 卷 [M]. 北京：当代中国出版社，2002：239.

配套政策建设和涉外队伍建设，提高服务质量，改善投资环境，适应进一步扩大开放的需要，形成多层次、多渠道、多形式的有序推进。[①]

1996年以后，贵州加大了开放力度，广泛开展招商引资活动。1996年7月，贵州省政府招商引资团在我国香港成功地举办了"96贵州（香港）投资贸易洽谈会"，共签约96个项目，总金额达16.2亿美元；1997年5月，又在贵阳成功地举办了"97贵州招商旅游年暨贵阳机场通航庆典活动"；1998年8月，又举办了"98贵州民族风情旅游年"活动；1999年9月，又举办了"99贵州民营企业投资贸易洽谈会"，共签各类经济技术合作项目96项，协议投资金额23.16亿元。

1999年，已有35个国家和地区的投资者到贵州投资，正式注册的"三资企业"发展到1 052家。外商投资领域已扩展到工业、农业、交通、通信、房地产、社会服务等领域。1999年，贵州省进出口贸易总额达到5.48亿美元，其中，出口总额3.57亿美元，进口总额1.9亿美元。由于贵州省大力推行外经贸市场多元化战略，与贵州有经济贸易往来的国家和地区发展到99个。贵州省出口商品由过去的以农副土特产品为主转变为以工矿产品为主，主要有粮油、食品、土产、畜产、茶叶、五金、矿产、化工、纺织、丝绸、医药、保健、冶金、有色金属、机械设备、汽车配件、烟草、包装、电子、技术20个大类。省际区域产业协作更加广泛活跃，与沿海地区区域产业的交往更趋密切。

1.2.3.4 西部大开发时期（2000年至今）

2000年西部大开发战略实施以来，贵州省通过实行税收优惠政策，改革投资体制，加大资金投入力度，实行土地和矿产资源优惠政策，大力改善投资环境，拓宽外来投资渠道，加大科技、教育支持力度，吸引和用好人才等措施，贵州区域产业分工与协作突飞猛进，主要表现在以下方面。

第一，2001年年初就在全国最早开展投资环境综合整治行动活动年，取得了很好的效果。

第二，运用世界银行改善投资环境项目研究成果，在全国最早开展投资环境考核评价工作，用"硬措施"治理"软环境"。贵州省招商引资局与贵州省统计局、企调队、贵州省直目标办连续5年对贵州省市州地和贵州省直单位投资环境进行考核评价，引起新华社内参《国内动态清样》和有关媒体关注，

[①] 《贵州六百年经济史》编委会. 贵州六百年经济史[M]. 贵阳：贵州人民出版社，1998：797.

世界银行、亚洲开发银行、国务院西部开发办公室、商务部及福建、湖北、四川、山西、青海、云南、广西等15个省区市来索取资料和考察学习。20多家新闻媒体进行跟踪报道。

第三，在全国最早出台了《贵州省外来投资者权益保障条例》。让外来企业尤其是外来投资者知道、了解、掌握该条例，对损害投资环境的行为，按照有关规定坚决予以追究。

第四，贵州省招商引资到位资金连续8年保持两位数的增幅。2003年首次突破100亿元大关；2005年突破200亿元大关；2007年突破400亿元大关；2008年以抓招商项目落实年为主线，全面推进招商引资和对外经济协作工作，全年引进国外（境外）、省外到位资金突破预期目标480亿元人民币，达到510亿元人民币，比上年增长23%。8年内实现四次大的突破式跨越。2009年是极不平凡的一年，是贵州省招商引资和对外经济合作工作经受严峻考验的一年，面对金融危机的冲击和机构撤并的状况，贵州省坚持热情招商、科学选商，坚定信心，迎难而上，奋力攻坚，贵州省招商引资及对外经济合作工作取得了新进展。2009年贵州新批外商投资项目（企业）35个，利用外资12 247万美元，同比增长1.2%，全年实际利用外资18 027万美元。招商引资合同资金360.71亿元，实际到位资金187.56亿元，"走出去"保持稳步增长态势。自2001年以来，贵州省招商引资规模、质量和效益同步提高。超过改革开放20年的总和（见表1-1）。引进了一批国内和世界500强企业，结束了贵州没有世界500强企业进驻的历史。这一成绩是来之不易的。但是，与发达省市以及与贵州省经济社会发展的要求相比还有很大的差距。贵州省地处内陆地区，仍属"欠开发、欠发达"地区，区位优势并不突出，硬件环境的改善和产业配套设施也还有一个渐进的过程。从总体上看，对外开放程度不够，利用外资规模偏小，投资环境仍待优化。

表1-1　2000—2008年贵州省招商引资占全省固定资产投资比重表

年份	招商引资到位资金（国外、省外）		全省固定资产投资		招商引资到位资金占固定资产投资比重（%）
	总额（亿元人民币）	同比增长（%）	总额（亿元人民币）	增速（%）	
2000	50.15	50.33	380	13.8	13.19
2001	65.36	30.33	413.42	24	15.80
2002	69.95	6.96	631.5	18.3	11.07

表1-1(续)

年份	招商引资到位资金（国外、省外）		全省固定资产投资		招商引资到位资金占固定资产投资比重（%）
	总额（亿元人民币）	同比增长（%）	总额（亿元人民币）	增速（%）	
2003	113.6	62.51	754.13	19.2	15.06
2004	139.11	22.45	897.16	15.3	16.04
2005	248.25	78.45	1 014.63	17.8	24.46
2006	298.53	20.05	1 193.31	17.2	25.01
2007	410.43	37.48	1 485.31	24.3	27.62
2008	510.12	24.3	1 633.84	10	31.22

备注：2009年6月贵州省机构改革撤销贵州省招商引资局和省对外经济协作办公室，资料截至2008年。

资料来源：贵州省招商局，贵州省统计局统计数据。

一些专家学者对此发表了一些研究论文。但是，对市州地对外经济协作及招商引资体制、环境建设，特别是"十二五"期间，泛珠三角区域产业经济合作、区域产业分工与协作机制方面的研究，仍处于空白阶段，对国家及相关部门决策提供依据尚不充分，这是理论上的一大缺憾。随着投资体制和中央产业政策的调整以及泛珠三角区域产业经济合作步伐的加快，加强区域产业分工与协作的机制建设显得十分重要，这方面的研究是历史的必然。

以上学者关于区域产业分工与协作和区域产业分工与协作模式、运行机制，以及发展趋势与展望的研究，为本书探讨泛珠三角区域产业分工与协作机制及西部贵州融入泛珠三角区域产业经济圈发展的趋势和结局提供了很好的参考借鉴。

1.2.4 简要述评

上述国内外相关研究无疑对本书具有重要的参考价值，为本书提供了许多重要基础性资料和在研究路径与研究方法方面的启示，但相比本书而言，已有研究尚存在不足之处。

其一，无论是传统的国际经济学与区域经济学文献，还是新兴的国际政治经济学文献，都缺乏对国际或国内区域合作内在机理及其影响因素的深入的分析。

其二，虽然国内研究区域合作文献众多，但大多数研究对象都是国内较为发达的地区，而对发达地区与欠发达地区之间的区域合作少有研究。而作为西部经济发展水平较为落后的贵州省如何与经济发达地区实现平等、稳定和持久的合作则是本书关注和解决的主要问题。

其三，国内关于区域合作的研究文献缺乏对不同合作区域的本质特征及其区域间的差异性分析，因此所得出的产业分工、合作机制或对策建议缺乏现实针对性，有放之四海而皆准的嫌疑。

贵州省外对全国与区域产业性的分工与协作机制问题已有不少研究。贵州省在融入泛珠三角区域产业经济圈问题的研究和实务方面做了不少实事。但从总体上看，就全国而言，还缺乏对某个省（区、市）融入泛珠三角产业分工与协作机制的系统研究，就贵州省内而言，贵州省融入泛珠三角产业分工与协作机制研究仍然处于初期、零散、孤立的阶段，主要表现为"四个不足"和"一个缺乏"。

一是"一头一尾"研究不足。对泛珠三角区域产业分工与协作有所研究，但对区域分工与协作机制这"一头"研究不足。具体地说，就是对泛珠三角区域产业分工与协作机制发展的基本理念、模式，以及在"欠发达、欠开发"省情下区域产业分工与协作体制与机制的现状、机制存在的问题分析、投资环境考核评价工作体系、机制创新、西部与中东部机制的借鉴等一系列全新问题研究不足。尤其值得关注的是，对"一尾"即对投资环境引发在"欠发达、欠开发"省情下区域产业分工与协作中的问题研究不足。关于泛珠三角区域产业分工与协作相伴的产业转移、开放带动、招商引资、对外宣传等"四大"问题，以及土地、资金、投资软环境、硬环境等一系列问题的系统研究几乎完全是空白。

二是将贵州省融入泛珠三角产业分工与协作机制研究作为实现贵州经济社会又好又快、更好更快发展和实现贵州经济社会历史性跨越突破契机，作为促进"加速发展、加快转型、推动跨越"的主基调，重点实施工业强省战略和城镇化带动战略，大力推进农业现代化，后发赶超，2020年与全国同步小康，着力保障和改善民生之系统研究，更是不足。

三是理论研究不足。未能从经济规律的深刻机理上，加强研究，主动对接，积极争取发展机遇，把握区域产业分工与协作机制的基本规律、发展趋势、合作特点。

四是结合2005年胡锦涛同志视察贵州工作时指出的"只要符合科学发展观，有条件、有效益，就要努力加快发展"。党的十七届五中全会以后，胡锦涛同志谈到贵州工作时，也明确要求贵州要聚精会神谋发展。按照胡锦涛同志对贵州工作的重要指示精神和中央关于"十二五"时期经济社会发展的重大战略部署，紧密结合贵州实际，提出以科学发展为主题，以加快转变经济发展方式为主线一系列决策部署等的最新方针政策研究不足。

五是缺乏对新的世情、国情、省情，特别是贵州地处西南地区中心，在西部地区的战略地位十分重要的认识。抗日战争时期，贵州是西南大后方；红军长征11个月，红军在贵州开展革命工作达半年之久；"三线建设"时期，贵州是国家的战略腹地。"贵州是我国西部多民族聚居的省份，也是贫困问题最突出的欠发达省份。贫困和落后是贵州的主要矛盾，加快发展是贵州的主要任务。着力深化改革扩大开放，不断增强发展的动力和活力，努力走出一条符合自身实际和时代要求的后发赶超之路，确保与全国同步实现全面建设小康社会的宏伟目标。"在国家实施新一轮西部大开发中加快贵州经济社会发展，对于国家全面建成小康社会，实现和谐稳定，具有十分重要的意义。

针对上述"四个不足""一个缺乏"，亟待进行深入系统，既符合中央精神，又有贵州特色，具备可决策性和可操作性的开拓与创新性研究。

1.3 研究内容和研究方法

1.3.1 研究内容

第1章导论，重点阐述选题背景与研究目的和意义。对国内外相关研究文献进行了综述，对主要研究内容和研究方法进行了简述。

第2章是泛珠三角区域产业分工与协作机制研究的理论基础。对研究泛珠三角区域产业分工与协作机制应用的产业间的投资增长与发展理论、市场结构理论、区域经济一体化理论、比较优势原理理论、要素禀赋理论等经济学理论等进行了综述与评论；对国内泛珠三角区域产业分工与协作机制相关的理论探讨，进行了概括性论述，为后续研究奠定了理论基础。

第3章研究了与泛珠三角区域产业分工与协作机制有关的中国三大经济圈发展现状与态势三个方面问题。首先，研究了三大经济圈发展现状；其次，探讨了三大经济圈发展态势；再次，探讨了三大经济圈发展中的主要问题；最后，对研究三大经济圈发展进行了概括性论述。

第4章研究了泛珠三角区域产业经济合作现状。首先，探讨了泛珠三角经济圈的含义；其次，论述了泛珠三角经济圈的特点；再次，研究了泛珠三角区域产业经济合作对贵州经济发展的影响；最后，探讨了泛珠三角区域产业经济合作问题。

第 5 章研究了泛珠三角区域产业分工与协作模式。经济发展存在的若干问题，特别强调在充分看到泛珠三角区域产业分工与协作经济社会发展中起着越来越重要作用的同时，还必须注意到区域产业分工与协作中存在着若干值得研究、重视的问题。首先，研究了泛珠三角区域产业分工与协作现状；其次，探讨了泛珠三角区域产业分工与协作中的主要问题；再次，研究了泛珠三角区域产业分工与协作的模式选择；最后，研究了泛珠三角区域产业分工与协作模式。

第 6 章研究了泛珠三角区域产业分工与协作的运行机制。对泛珠三角区域产业分工与协作运行机制的现状进行了分析，泛珠三角区域产业分工与协作运行机制有益实践，改善投资环境促进区域产业分工与协作机制创新，西部贵州投资环境考核评价工作机制体系。

第 7 章研究了泛珠三角区域产业分工与协作数学模型。通过影响产业结构形成的因素的不同，将所有的因素划分为 6 个方面作为对产业效益值的衡量指标，根据各个区域的这 6 个指标的不一致，各个产业受不同指标的影响程度不一致，运用数学方法设立效益权重，最终求出各个产业在各个区域产业的效益值来设置各个区域产业间的产业结构。根据模型中所求得的效益值来确定的区域产业分配，这个分配从理论上讲符合各区域根据自身的情况来发展自身的优势产业和主导产业，以带动本区域的经济发展，但是受实际中其他不可量化因素的影响，按照这个效益值来进行该区域产业的产业绝对分配，可能会造成整个大区域的产业分配不合理，这时就需要对产业分配进行调整来达到最佳的区域产业分工。

第 8 章研究了泛珠三角区域产业分工与协作的保障机制。用科学发展观引领区域产业分工与协作，建立区域产业分工与协作拉动经济增长着力点，建立用"硬"措施打造投资"软"环境，扩大投资领域、鼓励多种形式合资合作，建立统一对外运转高效统筹协调区域分工与协作，创新区域产业分工与协作方式、拓宽渠道增强针对性和实效性，加强项目前期工作和加大区域产业分工与协作经费投入，发挥开发区和中心城镇吸引外来投资的载体示范作用，加强对外宣传推介、塑造区域产业分工与协作形象，坚持政府强力推动和积极发挥企业主体作用，积极承接发达国家和国内东部沿海地区的产业转移，实施人才发展战略、提供区域分工与合作的人才保障机制。

第 9 章研究了西部贵州融入泛珠三角区域产业经济圈的对策建议。建立泛珠三角经济圈前贵州的经济格局，融入泛珠三角经济圈的现实性和发展的可能性,贵州与泛珠三角区域产业合作现状分析,贵州与泛珠三角区域产业经济发展比较分析,贵州经济与泛珠三角区域产业优势互补的可行性分析、比较优势及产业布局重点,全面推进六大产业领域的经济合作,概括性地论述了贵州省融入泛珠三角区域产业经济圈的对策建议。

第10章是全书结论与研究展望。总结出本书的七个主要观点。主要创新点有三个方面。提出了"构建泛珠三角区域产业分工与协作的新模式"。提出了西部欠发达地区在泛珠三角区域产业分工与协作中"投资环境考核评价工作体系"的应用和创新。揭示了"鼓励一部分地区和一部分群众先富起来",中西部发展差距拉大,贫困问题依然相当严重和十分突出。一项前瞻性重要提示,即针对本书研究的不足之处,提出需要进一步研究的问题。

1.3.2 研究方法

一是采用大范围实地调查的定量研究与定性分析相结合的研究方法。

二是运用产业经济学相关学科理论,对泛珠三角区域产业分工与协作机制及贵州省融入泛珠三角产业分工与协作机制的政策对策进行系统研究。

三是采用经济、社会、行政管理的多视角研究方法。

四是采用计量经济模型,对泛珠三角产业分工与协作机制进行预测,对泛珠三角产业分工与协作机制存在的问题进行分析,以便给泛珠三角区域党委、政府对泛珠三角产业分工与协作机制趋势的前瞻性判断提供参考。

五是采用经济学、社会学、政治学、民族学等多学科交叉组合、协同攻关的研究模式。

2 区域产业分工与协作机制研究的理论基础

研究发现，到目前为止还没有比较系统深入研究泛珠三角区域产业分工与协作的体制与机制研究理论。然而，有一些经济学专著和文献资料研究过产业投资增长与经济发展、区域经济、市场结构理论、要素禀赋理论、对外开放理论、经济增长理论与经济发展理论等。回顾和评价这些理论，有助于梳理已取得的研究成果和学科发展前沿，了解相关学派基本理论的含义及其局限性，使本书的研究工作有坚实的理论基础和拓展的方向及空间。

2.1 产业投资增长与发展理论

2.1.1 产业投资是一种实业投资

传统的经济增长理论以存在一个具有"竞争均衡"的经济系统为假设前提，在要素充分流动、充分竞争的基础上，依据收益最大化的原则，认为经济增长系统最终可以达到帕累托最优均衡状态，实现资源的有效配置。结构主义理论认为，由于各产业间技术进步速度不同，以及对需求的扩张差异，会导致各产业间劳动力、资本等生产要素收益的差异，这样劳动和资本投入到不同的产业，收益就可能出现系统差别。库兹涅茨认为："在现代经济增长过程中，人口和产值的高速增长总是伴随着各种产业比重在总产出和所使用的生产性资源方面的明显变动。"[1] 1986年，钱纳里与鲁宾逊、赛尔奎因合作，在《工业化和经济增长的比较研究》中，利用多种数学模型，分析比较了第二次世界

---

[1] 库兹涅茨. 现代经济增长 [M]. 戴睿, 易诚, 译. 北京: 北京经济学院出版社, 1989: 76.

大战后准工业国家（地区）工业化发展的经验，明确提出了经济结构的转变与经济增长有密切的关系，经济结构的转变（特别是在市场不完善、生产要素不能充分流动的场合）能够促进和加速经济增长的观点。[1]罗斯托在《从起飞进入持续增长的经济学》中，表明了关于结构转变与经济增长的观点，即现代增长的本质是一个部门的过程，认为"离开了部门的分析，就无法解释经济增长为什么会发生"。[2]

2.1.2 产业投资会带来产业集群现象

产业投资是将投资资金用于购买产业的固定资产、流动资产和无形资产，直接用于生产经营，并以此获得预期收益的投资。产业投资会在某一特定区域下的某一特别领域形成一群相互关联的公司、供应商以及关联产业和专门化的制度及协会，即产业投资会带来产业集群现象。[3]一旦产业集群形成，集群内部的产业之间就会形成互助关系，产业集群内具有国际竞争优势的产业，通过技术转移，与现有企业联手，通过扩散效应，不但可以刺激、提高其他相关行业的发展，而且还可能创造新的产业。

2.1.3 产业投资将促进规模优化与经济增长

产业投资能够促进规模优化与经济增长，促进宏观经济均衡与产业结构均衡。产业结构的均衡有两层含义：一层含义是指各产业在发展速度和进程上保持相对均衡的比例关系，而不是指它们在发展上保持匀速运动的状态；另一层含义是指产业的各部门发展互相协调。[4]《财经》杂志对中国私营经济投资行业的调查，制造业和商业餐饮业是私营经济投资的重点，2001年两者投资比重分别为38.3%、21.4%。在这些行业中，民间投资开始占据重要的地位，这些民间投资较少介入基础设施领域投资。民间产业投资集中容易导致恶性竞争，产品的生命周期普遍较短。[5]1996年之后我国市场结构性过剩的经济特征逐渐显现，民间资本发现在受限制的市场上企业已经很难发现良好的投资项目。

---

[1] 钱纳里，鲁宾逊，赛尔奎因. 工业化和经济增长的比较研究 [M]. 吴奇, 译. 上海：上海三联书店，上海人民出版社，1995.
[2] 罗斯托. 从起飞进入持续增长的经济学 [M]. 贺力平, 等, 译. 成都：四川人民出版社，1988：5.
[3] 杨大楷. 中级经济学 [M]. 上海：上海财经大学出版社，2004：107.
[4] 杨大楷. 中级经济学 [M]. 上海：上海财经大学出版社，2004：110.
[5] 杨大楷根据国家统计局统计数据资料计算而得。

2.1.4 产业投资结构合理化与经济增长

产业投资结构合理化能够促进经济增长。产业投资结构合理化的标志，即衡量产业投资结构是否合理，一方面要以业已形成的产业结构和国家的社会经济发展战略为基本依据；另一方面还要充分考虑产业投资结构运行的特性。同时，产业投资重点对经济增长具有重要作用。①

2.1.5 产业间均衡投资与经济增长模型

结构主义研究认为，经济增长不仅来源于总量投入的增加，而且来源于经济结构的转变。在产业结构转变过程中，部门产业间投资的增长率是不平衡的。一些主导产业的投资增长率在相当长的时期内快于平均增长率，致使总增长率趋近该产业增长率，并且这些主导产业可以通过和其他部门的密切联系而扩散其推动力。从整体上看，经济增长的过程是资源流向生产率更高部门产业投资的过程。

2.1.6 出口部门产业与非出口部门产业之间均衡投资与经济增长

根据前面建立起来的均衡框架，一国经济可以被视为由两个不同的部门组成，一个是国内市场生产部门，另一个是为国外生产的部门。在制造业中可能存在巨大的部门内部的外部经济效果，而在出口部门和非出口部门之间非均衡的情况下，存在着明显的部门间外部经济效果，这些外部效果来自于出口部门通过发展有效的国际竞争管理、引进先进生产技术等活动对其他经济部门产生有益的影响。

2.1.7 产业间投资的国际比较

竞争型、以市场为导向的产业投资。工业国发展的理论和实践都已经证明，市场机制是一种比较有效的资源配置方式。

充分竞争的市场投资环境必然是以企业为主的产业投资。一方面是政府注重营造自由竞争的市场经济环境；另一方面是寡头竞争的产业投资市场格局。

产业投资结构优化。产业投资规模合理化推进了产业结构的优化。1980—1992年，美国政府服务业投资呈逐年上升的发展态势，但是所占比重较少。

---

① 杨大楷. 中级经济学 [M]. 上海：上海财经大学出版社，2004，(11)：109.

产业投资是以企业投资为主的产业投资。①20世纪80年代以来，美国的经济结构以信息技术、航天技术、生物技术、新材料为主导的高技术产业的投资取代了传统的工业产业投资。

2.1.8　以风险投资为主导的美国高新技术产业投资

高新技术产业投资对美国经济增长的作用。以信息产业投资为主体的高新技术产业投资的发展使美国经济发展出现了"两高两低"的新趋势，即经济的高增长率、高生产率与低失业率和低通货膨胀率并存。②以高新技术产业为主体的新经济对美国经济增长的贡献在于劳动生产率快速增长，就业率持续下降，联邦预算由赤字转为盈余，国内生产总值高速连续增长。

风险投资是高科技产业化运作的主要动力来源。

2.1.9　产业间投资均衡与日本经济的兴衰

第二次世界大战后，日本经济飞速发展，在20世纪70、80年代成为举世公认的最具竞争力的国家之一，1994年前连续9年荣登全球国际竞争力第一名，日本战后经济的成功曾经使世界为之震惊，并成为许多国家效仿的对象。

产业间投资结构均衡是战后日本经济创造奇迹的重要原因。③经济学界对战后日本"经济奇迹"原因的理论解释：第一，由于实行了自由市场经济，价格扭曲较少，资源配置得当且效率高；但是，日本经济存在着明显的政府干预和竞争障碍，甚至有些时候价格扭曲和贸易保护也是存在的。第二，由于政府有意识地扭曲价格，限制市场的作用，利用产业政策来扶持某些关键性的战略产业。第三，归结为实行了外向型发展政策，认为国际贸易对于经济发展的成功是至为关键的；但是，最近一些研究也发现出口比重和一个经济总要素生产率的提高并没有显著的关系。第四，林毅夫等在《中国奇迹：发展战略与经济改革》中，从资源禀赋比较优势角度对"东亚经济奇迹"提出一种比较令人信服的理论解释。

产业间投资均衡与第二次世界大战后日本经济增长。以制造业投资为例日本是继英国、德国、美国之后又一个依靠制造业崛起的国家。

---

① 根据联合国发布的国际统计年鉴1999年数据资料计算而得。
② 美国《商业周刊》1996年12月30日首次把这种传统的经济理论无法解释的经济称之为"新经济"，以区别于过去的旧经济。
③ 林毅夫，等.中国奇迹：发展战略与经济改革［M］.上海：上海三联书店，上海人民出版社，1994：102－109.

2.1.10 中国产业投资的现状与趋势分析

中国产业投资发展战略经历了两个阶段。第一个阶段，改革开放以前的自力更生，优先投资重工业战略阶段。从1953年的"一五"到改革开放，产业投资实行的是自力更生下的工业化战略，是一种在较为封闭状况下的全面赶超战略。第二个阶段，改革开放以来开放的、符合资源比较优势的产业投资战略阶段。随着经济全球化发展到一定阶段，全球贸易持续快速增长，私人资本的跨国投资也发展迅速，中国已经成为一个具有比较完善的产业结构体系的大国。

产业投资的现状及发展趋势。产业间非均衡投资仍然十分突出，第二产业投资比重过大，农业产业投资效率极低，大量劳动力滞留农村和第一产业、第三产业投资明显滞后。

产业投资发展的基本趋势。第一产业的收入和劳动力比重将明显降低，农业将注重集约型产业投资，第二产业投资比重将稳中有降，第三产业的投资将较大幅度提高。

工业产业投资的发展趋势。工业结构调整的目标和内容已经发生根本变化，城市化步伐加快对我国工业结构变化趋势的影响，消费结构升级对工业结构调整的推动作用。[①]

2.2 市场结构理论

市场是商品经济发展的产物。市场的概念是随着商品经济的发展而发展的。最初的市场主要是指商品交换的场所，随着生产和社会分工的发展，商品交换日益频繁，交换关系复杂化，人们对交换的依赖程度日益加深，但有些交换不一定在一个固定不变或特定的地方进行。因此，是否有固定不变的或特定的场所，不能算是市场最本质的特征。市场应该是商品交换关系的总和。任何市场都包括两个方面：需求与供给、买者与卖者。没有市场，一切市场经济都无法进行。经济学中把市场区分为完全竞争市场、垄断市场、垄断竞争市场和寡头垄断市场四种类型。不同的市场结构决定了市场运行的效率。

[①] 林毅夫，等. 中国奇迹：发展战略与经济改革 [M]. 上海：上海三联书店，上海人民出版社，1994：112-115.

市场运行效率高低通常以社会总体福利变化作为指标。社会总体福利包括生产者福利、消费者福利和由政府政策导致的转移支付。在计算中，生产者福利通常用生产者剩余来测度，消费者福利用消费者剩余来测度，政府的转移支付包括与该商品有关的税收（由纳税人负担）和支出（由接受对象获得）。就价格变化对福利分配产生的影响而言，作为市场上供给方的生产者和作为需求方的消费者之间存在着利益冲突，政策措施导致对利益的再分配。[①]

2.2.1 市场结构与效率

垄断导致市场价格和数量偏离完全竞争市场均衡。卖方垄断导致较高的价格和较低的产量，从而使消费者利益受到损害。买方垄断导致较低的价格和较低的购买量，使生产者的利益受到损害。虽然垄断企业在两种情况下都可获得高额利润，但整个社会的福利受到损害。从这个意义上说，限制垄断关系到经济效率和社会公正两个方面的问题。

经济效率是指利用经济资源满足社会需要的程度。在不涉及外部性的条件下，商品的市场价格可以被看成是商品的边际社会价值，厂商的长期边际成本可以被看成是商品的社会边际成本。当价格等于长期边际成本时，社会得到最大满足。因而可以用长期均衡时一个行业的商品价格是否等于长期边际成本来判断该行业是否有效率。

在完全竞争市场上，厂商在长期平均成本最低点进行生产，因而满足上述条件。但在不完全竞争市场上，厂商面对的需求曲线向右下方倾斜，这使得厂商的边际收益低于价格，因而利润最大化产量的边际社会价值大于其边际社会成本。这一情况表明，不完全竞争市场通常会造成效率损失。一般而言，市场竞争程度越高，从而边际成本与价格的差异就越小，市场效率也就越高。

需要注意的是，除了上述分析中所指出的社会福利损失外，垄断可能还会导致其他形式的社会成本。例如，垄断厂商可能将大量资源用于保持其垄断地位的游说活动，通过大量广告宣传诱导消费者形成依赖性消费，在某些情况下限制技术传播等。

2.2.2 抑制垄断的市场干预措施

在卖方垄断市场上，价格管制是限制垄断厂商获取高价的一种措施。图2-1反映出政府在卖方垄断行业中实行价格管制产生的效果。没有实行价格

---

① 喻国华，等. 西方经济学原理 [M]. 北京：中国科学技术出版社，1995：209.

管制时，垄断厂商根据边际收益等于边际成本（MR = MC）确定的产量为 Q_m，对应的价格为 P_m。假定政府规定销售价格不得超过 P_G，这使得产量低于 Q_G 段的有效需求曲线成为由 P_G 代表的水平线，垄断厂商面对的边际收益曲线也变成图 2-1 中的折线 P_GMN。在此情况下，边际成本曲线与边际收益曲线交于后者的垂直段，厂商的产量由 Q_m 提高到 Q_G，价格由 P_m 下降到 P_G。由于这一措施限制了垄断厂商的市场势力，市场扭曲程度随之降低，从而使无谓损失减少。从图 2-1 中可以注意到，若政府将管制价格降低到 P_c，那么垄断企业获得最大利润的产出和价格等于完善市场的均衡产出和价格。进一步降低价格则会导致市场上出现商品短缺，无谓损失转而增加。政府干预造成的一个特别有意义的情况是限制价格后垄断者不是降低产量，而是增加产量。

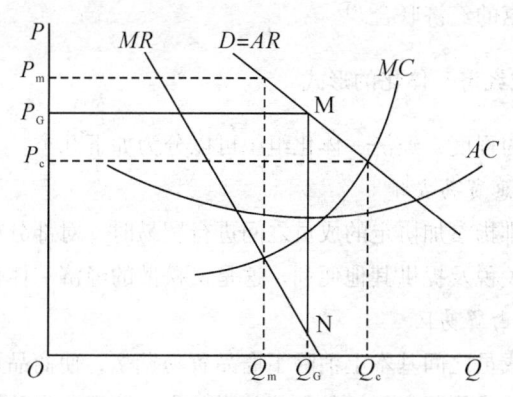

图 2-1 针对垄断企业的价格管制

价格管制适用于已经形成垄断的行业。然而实践经验表明，对于已经形成垄断的行业实行价格管制常常会遇到立法和执行上的困难，更有效的做法是从行业最初开始发展时就防止厂商取得垄断地位。在这方面，国际上通行的做法是实行反垄断法。反垄断法的目的是通过管制那些可能限制竞争的行为来造就一个竞争性的经济环境。受到该法律限制的行为有厂商串通限制产量或将价格固定在高于均衡价格的水平、在合同中限制使用者从竞争对手那里购买商品、采取掠夺性定价阻止别人进入市场或将竞争对手赶出市场、可能形成垄断的企业合并或并购、对同样的商品向不同使用者索取不同价格的价格歧视等。

2.3 区域经济一体化理论

第二次世界大战后,地区经济一体化兴起。地区经济一体化(Regional Economic Integration),"一体化"一词英文为 Integration,它源自拉丁文 Integratio,原意为"更新",后来具有将各个部分结合为一个整体的涵义。区域经济一体化指地理区域上比较接近的两个或两个以上的国家或地区在一个由各方政府授权组成并具有超国家性质的共同机构管理下,通过制定统一的对内对外经济政策、财政与金融政策等,消除国别之间阻碍经济和贸易发展的障碍,实现区域内互利互惠的经济联合。①

2.3.1 区域经济一体化的形式

按照一体化的程度,经济一体化组织可以分为如下几类。

2.3.1.1 优惠贸易安排

优惠贸易安排指参加协定的成员之间进行贸易时,对部分或全部产品实施比非成员更低的关税及提供其他便利,这是最松散的经济一体化组成形式。

2.3.1.2 自由贸易区

自由贸易区成员之间基本上消除了商品贸易壁垒,使商品可以在区域市场内自由流动,但各成员国仍保持各自的关税制度,按照各自的标准对非成员国征税。

2.3.1.3 关税同盟

关税同盟的各成员之间完全取消了关税和其他贸易壁垒,成员内部实现了自由贸易,同时还协调所有成员针对非成员的贸易政策,对来自非成员的进口商品建立统一的关税制度。

2.3.1.4 共同市场

与关税同盟相比,共同市场进一步强化了成员之间的经济联系,除了允许商品自由流动外,还允许资本和劳动力的自由流动。

2.3.1.5 经济同盟

经济同盟指成员之间不但商品和生产要素可以自由流动,建立了对外统一关税,而且要求成员国制定并执行某些共同的经济政策和社会政策,逐步消除

---

① 薛荣久. 国际贸易 [M]. 成都:四川人民出版社,1998:228.

各国在政策执行方面的差异，使一体化程度从商品交换扩展到分配乃至整个国家经济，形成一个庞大的经济实体。

2.3.1.6 完全经济一体化

完全经济一体化是区域经济一体化的最高级形式。它不仅包括经济同盟的全部特点，而且各成员国还统一所有重大的经济政策，如财政政策、货币政策、农业政策，并由相应的机构执行对外经济政策。

2.3.2 区域经济一体化的尝试

经济一体化是第二次世界大战后世界经济发展中出现的新现象。目前，不仅发达国家无一例外地卷入了组建区域经济一体化的新浪潮，而且广大发展中国家出于发展本国或本地区经济和共同对付发达国家经济剥削的需要，也纷纷组建、巩固和发展自身的区域经济合作组织。经济一体化滚雪球式地扩大，目前正朝着"洲际一体化"方向发展。欧洲将成为世界上最先建立全洲性经济共同体的地区。"欧洲联盟"正成为一个强大的经济和政治实体，在国际生活中发挥着日益重大的影响。北美自由贸易区正在向建立"美洲经济圈"的目标努力。亚太经合组织建设进展相对缓慢，近年来正逐步由论坛构想阶段进入务实行动阶段。中亚和独联体国家的经济一体化也在迅速发展。东南亚联盟在加强成员间的经济合作和贸易来往方面已经采取了一系列具体步骤，同时还着手扩大与外部国家的合作，区域经济一体化已经成为全球性的浪潮。反映了随着国际分工日益深化和国家间经济联系日益紧密，国家之间、地区之间经济联系越来越需要更多的协调及相应的制度安排。同时还反映了多边自由贸易体系正在面临巨大挑战及区域贸易保护主义抬头的一种倾向。

2.3.3 典型的一体化组织

2.3.3.1 欧洲联盟

欧洲联盟成立于1958年，欧洲联盟的成立导致工业品贸易扩大，但在农产品上产生了明显的贸易转移效应。

2.3.3.2 北美自由贸易区

1993年11月，美国等国家签署了北美自由贸易协定，最终导致在整个北美地区产品和劳务的自由贸易。北美自由贸易协定将逐步取消许多贸易壁垒，如进口配额，并减少北美三国之间跨国投资的限制。

2.3.3.3 发展中国家的一体化

欧盟的成功，激励了许多发展中国家也采取一体化的方式来提高经济发展的速度,然而其中的大多数尝试仅获得了有限的成功。组织中最发达国家的福利自然而然地越来越大,引起落后国家的退出;许多发展中国家不愿意让渡部分决策权给一个超国家的共同体组织,而这又是成功实现经济一体化所必须的。①

2.3.4 西陶斯基和德纽大市场理论

共同市场的目的就是把那些被保护主义分割的小市场统一起来,集成大市场,通过大市场内的激烈竞争,实现大批量生产等方面的利益。西陶斯基和德纽提出的大市场理论的核心,一是通过扩大市场才能有可能获得规模经济,从而实现经济利益;二是依靠因为市场扩大而竞争激化的经济条件,实现上述目的。两者的关系是目标与实现目标的手段。大市场化机器的充分利用、大量生产、专业化、最新技术的应用、竞争的恢复,所有这些因素都会使生产成本和销售价格下降,再加上取消关税也可能使价格下降一部分。这一切必将导致购买力的增加和实际生活水平的提高。"只有市场规模迅速增大,才能促进和刺激经济扩张。"② 大市场理论对于经济一体化提供了有力的理论基础。但是,其理论不十分完备。对于地区性的经济一体化,除了关税同盟理论、大市场理论外,还要有一种新理论给予补充,这就是协议性的国际分工的原理。

2.4 比较优势原理理论

重商主义是17、18世纪欧洲一些国家在现代化发展过程中产生的一种有关国际贸易的经济哲学。重商主义者的贸易观点是一个国家拥有越多的金银,就会越富有、越强大。使国家富强的途径应当是尽量使出口大于进口,通过贸易顺差使金银等贵重金属流入本国。政府应尽其所能鼓励出口、限制进口。

2.4.1 基于绝对优势的贸易:亚当·斯密模型

2.4.1.1 亚当·斯密模型

亚当·斯密(Adam Smith,1723—1790)在其代表著作《国民财富的性质

---

① 薛荣久. 国际贸易 [M]. 成都:四川人民出版社,1998:222-248.
② 薛荣久. 国际贸易 [M]. 成都:四川人民出版社,1998:249.

和原因的研究》（简称《国富论》）中，提出了国际分工与自由贸易的理论。[①]亚当·斯密认为，两国之间的贸易基于绝对优势。斯密这个理论也称为绝对利益理论（Theory of Absolute Advantage），即当一国在某种商品生产上比另一国有更高效率（或有绝对优势），但在另一种商品生产上缺乏效率（或处于绝对劣势），那么两国就可以专门生产自己有绝对优势的产品，并用其中的一部分交换其处于绝对劣势的商品。这样，资源就可以得到最有效的使用，而且两种商品的产出都会增长。这种产出增长可用于测度两国专业化生产所带来的收益，两国通过国际贸易使这种收益在两国间分配。[②]斯密的理论说明，国际贸易并不像重商主义者所说的那样只能是交易的一方获得利益，而是贸易双方都能获得利益，同时也不一定会导致一国顺差而另一国逆差。

2.4.1.2 绝对优势的分析

以下是一个关于绝对优势的例子，它说明了建立在不同国家所拥有的绝对优势基础上的国际分工能够使双方获益。表2-1表明，1小时劳动在美国可生产出6蒲式耳小麦，但在英国只能生产出1蒲式耳小麦，另外，1小时劳动在美国可生产出4码布匹，但在英国能生产出5码布匹。因此，美国在小麦生产上有绝对优势，英国在布匹生产上有绝对优势。美国可以专门生产小麦，英国可以专门生产布匹，双方通过开展贸易进行商品交换，满足本国消费者对两种商品的需求。

表2-1　　　　　　　　　　　绝对优势

生产项目	美国	英国
小麦（蒲式耳/劳动小时）	6	1
布匹（码/劳动小时）	4	5

如果美国用6蒲式耳小麦与英国交换6码布匹，美国获利2码布匹或是节约1/2小时劳动。类似地，若在英国生产6蒲式耳小麦需要6小时劳动，而6小时劳动可以在英国生产30码布匹。由于可以用6码布匹与美国交换6蒲式耳小麦，英国获利24码布匹，相当于节约了近5小时的劳动。

[①] 陈同仇，薛荣久. 国际贸易 [M]. 北京：中国人民大学出版社，2001：44.
[②] 陈同仇，薛荣久. 国际贸易 [M]. 北京：中国人民大学出版社，2001：44-45.

2.4.2 基于比较优势的贸易：大卫·李嘉图模型

2.4.2.1 大卫·李嘉图模型

大卫·李嘉图（David Ricardo 1772—1823）的主要著作是《政治经济学及赋税原理》(On the Principles of Political Economy and Taxation)。大卫·李嘉图认为，即使一国在两种商品的生产上较之另一国都处于劣势，仍有可能进行互利贸易。因此，出口其具有比较优势的商品，进口其具有比较劣势的商品。

2.4.2.2 比较优势的分析

以英美两国为例，表2-2与表2-1的唯一不同之处是现在英国1小时劳动仅能生产2码布匹而不是5码布匹。因此，与美国相比，英国在小麦和布匹生产上均处于劣势。

表2-2　　　　　　　　　　比较优势

生产项目	美国	英国
小麦（蒲式耳/劳动小时）	6	1
布匹（码/劳动小时）	4	2

可是，由于英国在布匹生产上的劳动生产率是美国的1/2，而在小麦生产上仅是美国的1/6，因此，英国在布匹生产上具有比较优势。与此同时，虽然美国在布匹和小麦生产上都有绝对优势，但由于小麦的绝对优势比布匹的绝对优势更大，因此，美国在小麦生产上具有比较优势。根据比较优势原理，如果美国专门生产出口小麦来换取英国的布匹，英国专门生产并出口布匹来换取美国的小麦，那么两国都会从中获益。[①]

2.4.3 比较优势与机会成本

2.4.3.1 比较优势与劳动价值论

李嘉图的比较优势原理建立在下列的简化假设之上：第一，世界上仅有两个国家和两种商品；第二，双方都实行自由贸易政策；第三，劳动力可以在国家内部自由流动，但不可以跨国界流动；第四，单位生产成本固定；第五，国际贸易活动不发生运输成本；第六，没有技术革新；第七，劳动价值论。对前6项假设很容易修正、放宽，同时仍可以保持比较优势原理的基本内容，依据

[①] 大卫·李嘉图. 政治经济学及赋税原理 [M]. 郭大力，王亚南，译. 北京：商务印书馆，1962：114.

劳动价值论解释比较优势则有很大局限性。这是因为,根据劳动价值论,商品的价值或价格只取决于投入商品生产中的劳动量。这意味着一方面劳动是唯一的生产要素或是在所有商品的生产投入中均占一固定比重;另一方面劳动是同质的,即只有一种类型的劳动。在现实中,这两条假定均不成立。首先,劳动既不是投入生产的唯一要素,也不是以固定比率投入所有商品的生产过程。生产某些商品要比生产另一些商品有更高的资本/劳动比率。其次,在大多数商品的生产过程中,劳动、资本和其他要素之间可以相互替代。最后,劳动并不是同质的,这体现在劳动生产的明显差别上。

2.4.3.2 机会成本理论

机会成本是指为生产某种商品而必须放弃另一种商品生产的价值。1936年,哈伯勒引用机会成本理论对比较优势原理进行解释,从而补充了比较成本学说。根据机会成本理论,一种商品的成本可以用再多生产1单位此种商品时所必须放弃的另一种商品的生产量来衡量。例如,从表2-2中的数据可以得知,要多生产1单位小麦,美国必须放弃2/3单位的布匹,而英国则须放弃2单位的布匹。因此,美国生产小麦的机会成本比英国低,所以美国在小麦生产上具有比较优势。类似的,多生产一单位布匹的机会成本在美国为1.5单位小麦,在英国为0.5单位小麦,因而英国在布匹生产上具有比较优势。利用机会成本理论解释比较优势并不需要进行劳动是唯一的投入要素或劳动是同质的假设,也不需要假定劳动是决定商品价值的唯一要素。机会成本理论的结论是:若一国生产某种商品的机会成本较低,那么该国在这一商品上具有比较优势。

2.4.3.3 固定成本条件下的生产可能性曲线

固定的机会成本建立在下述两个条件上:一是两种商品的生产中各要素比例固定,二是同一要素具有同等质量。

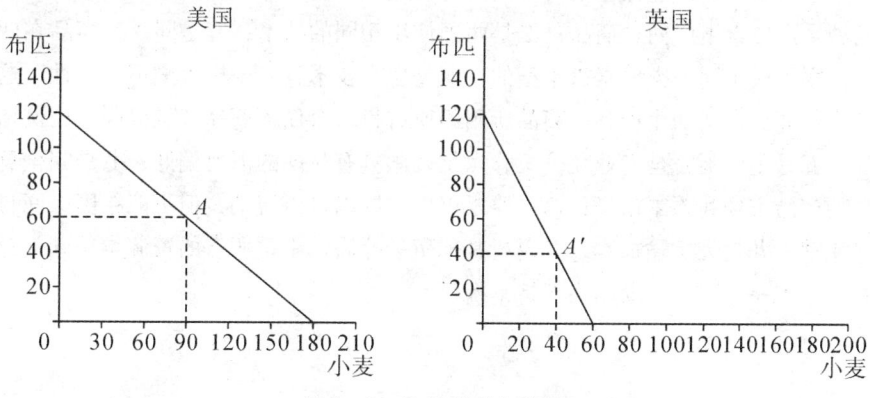

图2-2 比较优势与贸易

生产可能性曲线是指一国使用其所有的资源和最佳技术所能生产出的两种商品的各种组合。仍以英美两国的小麦和布匹生产为例，假定拥有的劳动资源美国为 30 小时，英国为 60 小时。利用表 2-2 中的数据可以得出两国的各种产出组合，并绘出相应的生产可能性曲线（如图 2-2 所示）。美国的生产可能性曲线上的每一个点代表美国可以生产的一种小麦和布匹的产量组合，如 90 单位小麦和 60 单位布匹；英国的生产可能性曲线上的每一个点代表英国可以生产的一种小麦和布匹的产量组合，如 40 单位小麦和 40 单位布匹。曲线以下的点是可行的，但不是高效的；曲线以上的点在现有资源与技术条件下无法达到。生产可能性曲线向下倾斜说明小麦生产的增加必须以布匹产量的减少为代价。生产可能性曲线是一条直线，这表明两种产品的机会成本均固定不变，即每多生产 1 单位小麦，美国必须放弃 2/3 单位布匹的生产，英国必须放弃 2 单位布匹的生产。由于国与国之间的机会成本不同，这使得国际贸易成为可能。

2.5 要素禀赋理论

俄林（Bertil Cotthard Ohlin 1899—1979），主要著作为《域际和国际贸易》（Interregional and International Trade，1933），获 1977 年诺贝尔经济学奖。因其理论采取了其师赫克歇尔学说的主要论点，冠以赫克歇尔—俄林的"要素比例说"（简称赫—俄学说或 H-O 理论）。赫克歇尔—俄林以各国间要素禀赋的相对差异和生产各种商品时利用它们的程度作为国际分工的依据与国际贸易产生的原因。该理论基于一系列简化假设：一是世界上只有两个国家，利用两种生产要素生产两种商品；二是两国使用相同的技术；三是同一种商品在两个国家均属于同一类要素密集型的；四是生产技术具有规模报酬不变特性，这意味着等比例增加生产某一商品所用的所有投入会使该商品产量以同一比例增加；五是生产不完全专业化分工；六是两国具有相同的需要偏好；七是完全竞争的产品市场和要素市场；八是要素可以在国内自由流动，但不能在国家间自由流动；九是无运输成本、关税或其他贸易障碍；十是所有的资源均得到充分利用；十一是双边贸易始终保持平衡。

2.5.1 相关概念

2.5.1.1 生产要素和要素价格

生产要素指生产活动所必须具备的主要因素或在生产过程中必须投入或使用的主要手段。要素价格则指生产要素的使用费用或要素的报酬。

2.5.1.2 要素密集度和要素密集型产品

要素密集指生产某一特定商品所需要的生产要素（如资本与劳动）相对比例。在一个由两个国家（A 国和 B 国）、两种商品（X 和 Y）和两种要素（劳动和资本）构成的世界经济中，如果在两个国家生产 Y 的资本/劳动比率（K/L）大于生产 X 的资本/劳动比率，就说 Y 是资本密集型商品。

2.5.1.3 要素禀赋和要素丰裕程度

要素禀赋是一国拥有各种生产要素的数量。测算要素丰裕程度，某种要素的相对价格是否低于别国同种要素的相对价格。如果 B 国资本的相对价格（利率/工资）低于 A 国资本的相对价格，就说 B 国是资本丰裕的。这样，B 国的生产可能性曲线偏向 Y 轴，而 A 国的生产可能性曲线偏向 X 轴。由于 B 国资本的相对价格较低，相对于 A 国而言，生产者将会使用资本密集型的技术来生产两种商品。如果资本的相对价格下降，生产者也会用资本来代替劳动（资本/劳动比率上升）。如果在任意的要素相对价格水平下，生产 Y 所需的资本/劳动比率总是大于生产 X 的资本/劳动比率，则商品 Y 一定是资本密集型商品。

2.5.2 H-O 理论

赫克歇尔—俄林理论（H-O 理论）指出，不同的商品生产需要使用不同的生产要素比例，而不同的国家拥有不同的生产要素禀赋。H-O 理论的一般均衡特性体现在它将所有的商品市场和要素市场都看成是一个统一系统的组成部分，任何一部分的变化都会影响其他组成部分（如图 2-3 所示）。

在所有可能导致贸易前相对商品价格差异的因素之中，赫克歇尔和俄林认为，要素禀赋（在相同技术和相同需要偏好前提下）的差异是产生比较优势的根本原因。需求偏好和生产要素所有权的分配（即收入分配）共同决定了对商品的需求。不同国家之间商品相对价格的差异决定了比较优势和贸易模式（即一国出口何种商品）。俄林在分析中进一步假设，各国的需求偏好（以及收入分配）是相同的，这使得各国对最终产品和生产要素有相同的需求，因而不同国家在生产要素供给方面的差别成为导致各国相对要素价格不同的唯一

```
        商品价格
         ↑ ↑
        要素价格
       ↗ ↑
      要素的派生需求
      ↑
    商品的最终需求
    ↑
 技术  要素供给  偏好  生产要素的分配
```

图2-3 H-O理论的一般均衡框架

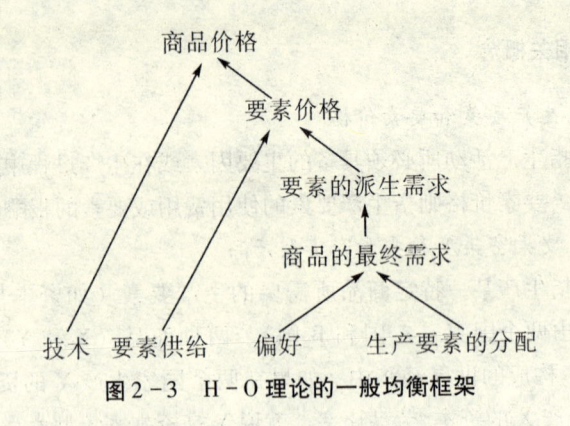

原因。最后，相同的生产技术和不同的要素价格导致了不同的相对商品价格，从而使双方可以开展互利的贸易。

2.5.3 H-O-S理论

要素价格趋同定理（H-O-S定理）认为，即使两国之间生产要素完全缺乏流动性，自由贸易也将导致两国生产要素的绝对报酬和相对报酬趋于一致。根据该理论，自由贸易将导致所有的国家中各种要素的相对价格均等。如果两国间要素的相对价格存在差异，那么商品的相对价格也必然存在差异，贸易将继续扩大；而贸易扩大将会减少两国间商品价格的差别，进而使要素的相对价格趋于一致。

H-O-S理论还进一步论证了两国要素的绝对价格平均化问题。绝对要素价格均等意味着：自由贸易会使贸易双方同类型劳动的实际工资相等，使两国同类资本的实际利率相等。已知贸易导致要素相对价格相等，产品市场和要素市场都是完全竞争的，再补充以下假设：各国使用相同的生产技术，所有商品生产过程均具有不变规模报酬。此时可以证明，贸易会使同质要素的绝对收入相等。

2.6 本章小结

本章主要研究了泛珠三角区域产业分工与协作机制相关的理论基础。由于区域产业分工与协作机制的内涵、结构均源于产业间的投资增长与发展理论、市场结构理论、区域经济一体化理论、比较优势原理理论、要素禀赋理论。因此，比较详细地回顾总结了市场结构理论、区域经济一体化理论、比较优势原理理论、要素禀赋理论的发展历史以及流派观点。对国内泛珠三角区域产业分工与协作机制相关的理论探讨，进行了概括性论述，为后续研究奠定了理论基础。

3 中国三大经济圈发展现状与态势

3.1 三大经济圈发展现状

第二次世界大战以后,随着第三次科学技术革命的兴起,殖民体系的瓦解,资本的国际化与生产的国际化,经济一体化趋势的加强,国际分工向纵深和广阔方面发展。18世纪60年代到19世纪中期,欧洲各国完成了产业革命,建立了大机器工业,改善了交通运输工具,通过国际分工,产生了大市场。[1]大市场理论的代表人物西托夫斯基(T. Scitovsky)和德纽(J. F. Deniau)认为,由于大市场化,使机器得到充分利用,大量生产,以及生产的专业化,所有这些因素都会使生产成本和销售价格下跌,加上取消关税也可能使价格下降一部分。只有市场规模迅速扩大,才能促进和刺激经济扩张。[2]

当今中国,三大经济圈风生水起。按照经济一体化和大市场理论的原理,中国三大经济圈发展良好。三大经济圈就是以广州、深圳为中心的珠江三角洲经济圈,以上海为中心的长江三角洲经济圈和以北京、天津为中心的京津冀经济圈。这三大经济圈是中国经济最具竞争力和活力的三个地区。研究认为,研究泛珠三角区域产业经济圈,就要先了解中国三大经济圈;研究泛珠三角区域产业分工与协作,就要了解泛珠三角区域合作。2003年,从泛珠三角区域提出之初至今,各经济圈的发展呈快速增长态势,尤以珠江三角洲经济圈最为明显。

长江三角洲地区(简称长三角)、珠江三角洲地区(简称珠三角)以及京津冀地区(简称京津冀)是中国经济发展的重要引擎。三大经济圈范围:长江三角洲地区包括上海、南京、苏州、无锡、常州、扬州、镇江、南通、泰

---

[1] 薛荣久. 国际贸易 [M]. 成都:四川人民出版社,1998:42-43.
[2] 薛荣久. 国际贸易 [M]. 成都:四川人民出版社,1998:248-250.

州、杭州、宁波、湖州、嘉兴、绍兴、舟山、台州16个城市，是中国最重要的经济增长中心之一，具有上海这样的金融和物流中心，浙江、江苏这样日益重要的制造业基地。珠江三角洲地区狭义上包括广州、深圳、佛山、东莞、中山、珠海、惠州、江门、肇庆9个城市，广义上的珠江三角洲（"大珠三角"）还包括我国香港、澳门特别行政区，是有全球影响力的先进制造业基地和现代服务业基地，南方地区对外开放的门户，我国参与经济全球化的主体区域，全国科技创新与技术研发基地，全国经济发展的重要引擎，辐射带动华南、华中和西南地区发展的龙头，我国人口集聚最多、创新能力最强、综合实力最强的三大区域之一，有"南海明珠"之称。京津冀地区狭义上指辽东半岛、山东半岛、京津冀为主的环渤海经济带，同时延伸可辐射到山西、辽宁、山东及内蒙古中、东部盟市，占12%的国土面积和20%的人口，是中国历史上主要经济发达地区之一，既大力发展新兴电子信息、生物制药等高新技术产业，又依托原有工业基础，保持了钢铁、原油等产业优势；长三角、珠三角和京津冀三大经济圈在中国东、南、北部乃至全国经济发展中继续发挥着重要的带动作用。

3.1.1 以广州、深圳为中心的珠江三角洲在三大经济圈中潜力巨大

三大经济圈总量约占全国的1/3，长江三角洲总量最大、单位国土面积产出最高，珠江三角洲增速最快、人均国内生产总值最多。据统计，2003年①三大经济圈共实现国内生产总值44 541.1亿元，比2002年增长14.27%，占全国总量的33%。其中，长三角22 774.56亿元，珠三角11 453.1亿元，京津冀10 313.4亿元，同比分别增长14.44%、15.82%和12.24%，分别占全国国内生产总值的17%、9%和8%。珠三角增速比长三角和京津冀分别快1.38和3.58个百分点，人均国内生产总值高13 490.49元和27 315.69元，是京津冀的2.69倍。② 三大经济圈第二产业均快速增长，占产业结构的比重提高，第一产业所占比重明显低于全国平均水平，第三产业明显高于全国平均水平。③ 三大经济圈固定资产投资占全国40%以上，长三角投资量最大、增速最快。④

---

① 使用2003年数据对比是因为2003年12月建立泛珠三角经济圈。
② 资料来源：2004年4月5日国家发改委经济司的简报——《2003年我国三大都市圈经济运行情况分析》。
③ 资料来源：2004年4月5日国家发改委经济司的简报——《2003年我国三大都市圈经济运行情况分析》。
④ 资料来源：2005年国家发改委地区司简报——《地区经济可持续发展简报（2003—2004年度）》。

三大经济圈社会消费品零售总额占全国30%以上,长三角总额最大,京津冀增长最快。① 三大经济圈地方财政收入占全国地方财政收入总量的1/5以上,长三角地方财政收入增长最快、人均最高。② 三大经济圈城镇居民可支配收入远远高于全国平均水平,珠三角最高,长三角增速最快。③ 三大经济圈实际利用外资约占全国总量90%,长三角总量最大,增速最快。④ 三大经济圈进出口贸易占全国总量的3/4以上,长三角进出口总额最高、增速最快。⑤

综上所述,加上港澳,泛珠三角经济圈是一个超级经济圈,是中国最强劲的区域合作。从香港回归10年的经济轨迹分析,香港的经济发展两度蹶而复振。如图3-1所示,2004—2006年间,香港地区生产总值逐年实现4.1%、5.3%、6.7%的增长。其中,2005—2006年的地区生产总值分别达到13 843.23亿港元和14 774.05亿港元,相继突破1997年创下的13 634.09亿港元的记录;2006年的人均生产总值达到21.55万港元,突破1997年创下的21.01万港元的记录。⑥ 更为难得的是,这3年的强劲增长是在较低通胀率的基础上实现的。这表明,香港经济完全复苏,并且进入良性发展的新阶段。探究香港经济复兴的缘由,可以恰如其分地将《内地与香港关于建立更紧密经贸关系的安排》(CEPE)签订、"自由行"开放等中央支持香港特区政策,确认为激发香港经济复苏的有利契机。只有全面了解这些因素,才能准确把握香港经济复兴的效能所在。

---

① 资料来源:2004年4月5日国家发改委经济司的简报——《2003年我国三大都市圈经济运行情况分析》。
② 资料来源:2005年国家发改委地区司简报——《地区经济可持续发展简报(2003—2004年度)》。
③ 资料来源:2004年4月5日国家发改委经济司的简报——《2003年我国三大都市圈经济运行情况分析》。
④ 资料来源:2005年国家发改委地区司简报——《地区经济可持续发展简报(2003—2004年度)》。
⑤ 资料来源:2004年4月5日国家发改委经济司的简报——《2003年我国三大都市圈经济运行情况分析》。
⑥ 莫世祥. 香港回归10年的经济轨迹透析[J]. 经济前沿,2007(7).

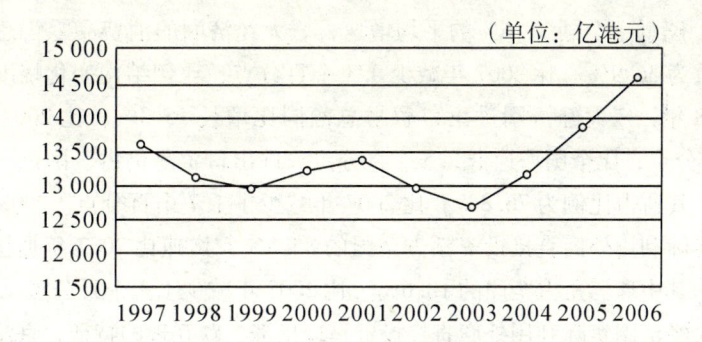

图 3-1　1997—2006 年香港地区生产总值增长示意图

资料来源：莫世祥．香港回归十年的经济轨迹透析 [J]．经济前沿，2007 (7)．

3.1.2　三大经济圈发展态势：中国经济三大龙头

资料分析认为，中国经济将越来越向珠江三角洲、长江三角洲、京津环渤海地区这三个中国经济的三大龙头集中，形成了三大区域经济的核心圈，三个大城市群将在不久的将来成长为具有巨大影响力的经济空间。

笔者根据国家及泛珠三角区域各省（区）国民经济和社会发展统计公报整理得出数据分析结果显示，随着"一揽子"经济刺激计划的实施，中央和地方加大了投资力度，2009 年全国经济增速达到 8.7%，泛珠三角内地省区的经济增长速度均高于全国水平，并有 8 个省区达到两位数的增长。广东以地区生产总值以 39 081.59 亿元的优势，仍保持全国第一经济大省的地位。如图 3-2、表 3-1 所示，2008 年三大经济圈地区生产总值占全国比重（指占地区生产总值总计的比重）为 38.2%，比 2008 年减少 0.7 个百分点，三大经济圈占全国国内生产总值份额首次出现下降，反映出中国其他地区的经济增长速度逐渐加快，同时，也反映出三大经济圈受国际金融危机影响较重。2008 年，三大经济圈经济增长速度全面放缓，地区生产总值同比增长 11%、12.6% 和 11.9%，分别比 2007 年回落 3.7、3.6 和 2.0 个百分点。从绝对增速来看，三大经济圈都超过了全国 9.0% 的平均水平。但是，增长幅度回落较大，特别是长三角和珠三角地区，这除了受国际金融危机影响外，也有区域经济结构和产业结构中深层次矛盾的因素。2008 年，三大经济圈全社会固定资产投资总额同比增长 17.4%，比全国 25.5% 的平均增速低 8.1 个百分点，大大低于全国平均增速；三大经济圈投资总额占全国的比重为 29.6%，比 2007 年减少 2 个百分点。2008 年，三大经济圈的社会消费品零售总额为 4.1 万亿元，同比增长 21%，略低于全国 21.6% 的平均增速；三大经济圈的消费品零售总额占全国的比重为 36.9%，比 2007 年减少 0.3 个百分点，比例结构变化幅度总体较小。2008 年，三大经济圈进出口贸易总额同比增长 15.3%，比 2007 年回落 6.9 个百分点，比全国增速低 2.5 个百分点。进出口贸易仍占全国进出口的主导份额，其所占比例为 76.8%，比 2007 年减少了 1.7 个百分点。2008 年三大经济圈实际利用外商直接投资额占全国的 85.5%，增速比 2007 年加快 4.8 个百分点。其中珠三角占全国的 18.6%，比 2007 年减少 1.7 个百分点。总体来看，三大经济圈实际利用外商直接投资呈现出涨、跌互现的特征，京津冀表现出异军突起的良好态势。产业结构中二产比例过大，从三次产业构成看，2008 年三大经济圈第一、第二和第三产业比例为 4.6%、50.2% 和 45.2%，第一、三产业同比分别下降 0.13 和 1 个百分点，第二产业提高 1.13 个百分点。[①]

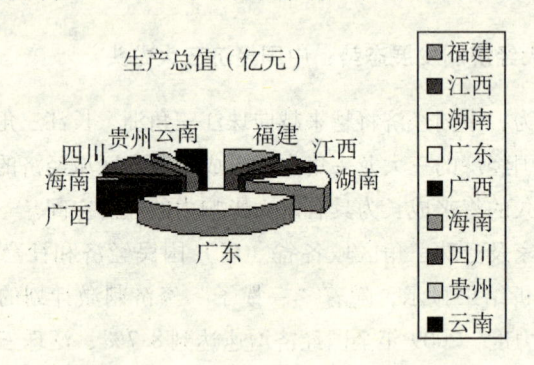

图 3-2 2009 年泛珠三角经济圈内省区生产总值图

表 3-1   2009 年泛珠三角经济圈内省区经济运行情况

省份	生产总值 总值（亿元）	生产总值 增长幅度（%）	第一产业 增加值（亿元）	第一产业 增长率（%）	第二产业 增加值（亿元）	第二产业 增长率（%）	第三产业 增加值（亿元）	第三产业 增长率（%）
全国	335 353	8.70	35 477	4.20	156 958	9.50	142 918	8.90
福建	11 949.53	12	1 182.87	4.70	5 812.42	12.90	4 954.24	12.50
江西	7 589.22	13.10	1 098.31	4.50	3 890.31	17.20	2 600.6	10.60
湖南	12 930.69	13.60	1 969.67	5.00	5 682.19	18.90	5 278.83	11.00
广东	39 081.59	9.50	2 006.02	4.90	19 270.5	8.70	17 805.1	11.00

---

① 资料来源：2010 年国家发展改革委地区司《地区经济与可持续发展简报（2008—2009 年度）》。

表3-1(续)

省份	生产总值 总值（亿元）	生产总值 增长幅度（%）	第一产业 增加值（亿元）	第一产业 增长率（%）	第二产业 增加值（亿元）	第二产业 增长率（%）	第三产业 增加值（亿元）	第三产业 增长率（%）
广西	7 700.36	13.90	1 458.71	5.3	337.72	17.69	2 863.93	13.8
海南	1 646.6	11.70	461.93	7.20	443.43	12.60	741.24	14.10
四川	14 151.3	14.50	2 240.6	4.00	6 711.9	19.50	5 198.8	12.40
贵州	3 893.51	11.2	554.02	4.8	1 474.33	12.0	1 865.16	12.6
云南	6 168.23	12.10	1 063.96	5.20	2 580.34	13.60	2 523.93	13.40

资料来源：根据国家及泛珠三角区域各省（区）国民经济和社会发展2010年统计公报整理。

3.2 三大经济圈发展态势

3.2.1 新三大地带区域经济分析研究

根据刘勇、李宪用2006年和2007年数据，以新三大地带和省区为单位，分析了中国区域经济发展的水平差距、增长差距以及总量差距情况，从新三大地带和省区为单位看出泛珠三角区域经济在中国区域经济发展中的前景。

研究表明：2006年中国三大地带差距扩大趋势继续略有放缓，东西部高、中部低的水平格局，西东部快、中部慢的增长格局和东部大、中西部小的总量格局依然基本保持。2007年上半年中国区域经济继续加速增长，区域增长格局与2006年相同；2007年下半年中国区域经济将继续保持良好发展趋势，全年区域经济将继续保持绝对差扩速放缓、相对差距略有缩小的态势。[①]

2006年中国经济连续第6年保持了上升和高位运行态势，增长率11.1%，国内生产总值总量达20.940 7万亿元，人均国内生产总值达1.597 3万元/人；各地区经济也大多呈同样的发展态势，绝大多数省区主要经济指标均优于全国总体水平，各省区（指省级行政区划单位）经济增长率合计为13.5%（按国内生产总值总量加权平均），比全国统计数高出2.4个百分点，各省区国内生产总值总量合计为22.952 2万亿元，比全国统计数高出2.011 5万亿元，各省区人均国内生产总值合计达1.784 4万元/人（按人口加权平均），比全国统计数高出1 871元/人。区域经济发展总体态势继续表现为，发展水平差距、发

---

① 资料来源：2008年国家发改委地区司《地区经济与可持续发展简报》。

展速度差距和经济总量差距三大地区差距扩大的趋势继续略有放缓,东西部高、中部低的水平格局,东西部快、中部慢的增长格局和东部大、中西部小的总量格局依然基本保持。

3.2.1.1 区域经济发展水平差距继续呈绝对差扩大、相对差略有缩小的态势

新东部(包括东北)与中西部绝对差继续扩大,相对差继续缩小,新三大地带经济发展继续呈东西部高、中部低的态势。2006年,新东部与中西部人均国内生产总值绝对差为14 140元/人,比2005年扩大了1 764元/人,相对差为55.1%,比2005年减少0.3个百分点;新东部与大中部人均国内生产总值绝对差为14 549元/人,比2005年扩大了1 850元/人,相对差为56.7%,比2005年减少0.2个百分点;新东部与远西部人均国内生产总值绝对差为9 002元/人,比2005年扩大了720元/人,相对差为35.1%,比2005年减少2.0个百分点;远西部与大中部人均国内生产总值绝对差为5 547元/人,比2005年扩大了1 130元/人,相对差为33.3%,比2005年增加1.9个百分点。新东部经济发展水平最高,人均国内生产总值达25 663元/人,其次为远西部,达16 660元/人,大中部最低,为11 113元/人。①

3.2.1.2 各省区间同样呈现出绝对差继续扩大、相对差有所缩小的态势,经济发展水平依然呈金字塔分布

从各省区平均差距看,2006年各省区人均国内生产总值平均绝对差(aad)为39.3%,比上年略缩小0.2个百分点,表明西部大开发和中部崛起起到了一定的作用。从各省区最高值与最低值看,2006年各省区人均国内生产总值变化幅度为57 310元(上海)-5 750元(贵州),两者绝对差达51 560元/人,比2005年的46 422元/人扩大5 138元/人(未扣除价格影响),相对差达90.0%,比2005年缩小0.2个百分点,表明贵州人均GDP增速略高于上海。②

根据以上情况和《中国统计年鉴》数据分析,各省区经济发展水平可按人均国内生产总值总体平均、上线平均和下线平均(均以人口加权)三条线分为以下五类。

第一,发展水平最高的省区,指人均国内生产总值既大于各省区总体平

---

① 资料来源:2010年国家发展改革委地区司《地区经济与可持续发展简报(2008—2009年度)》。
② 资料来源:2010年国家发展改革委地区司《地区经济与可持续发展简报(2008—2009年度)》。

均、又大于上线平均的省区。包括上海、北京、天津、浙江和江苏5省区。与2005年相比，增加了江苏1个省区，由较高类进入最高类；排列未变。

第二，发展水平较高的省区，指人均国内生产总值大于各省区总体平均、但低于上线平均的省区。包括广东、山东、辽宁、福建和内蒙古5省区。与2005年相比，减少了江苏1个省区；排列未变。

第三，发展水平较低的省区，指人均国内生产总值低于各省区总体平均、高于下线平均的省区。包括河北、黑龙江、吉林、新疆、山西、河南、湖北、海南和重庆9个省区。与2005年相比，省份和数目均未变。排序变化情况是河南超过湖北上升1位进入第16位，湖北相应降1位到第17位；海南超过重庆上升1位进入第18位，重庆相应降1位到第19位。

第四，发展水平最低的省区，指人均国内生产总值低于各省区总体平均、也低于下线平均的省区。包括湖南、宁夏、陕西、青海、江西、四川、西藏、安徽、广西、云南、甘肃和贵州12个省。与2005年相比，省份和数目均未变。排序变化情况是陕西超过青海上升1位进入第22位，青海相应降1位到第23位；四川超过西藏上升1位进入第25位，西藏相应降1位到第26位。

第五，长三角、京津冀人均国内生产总值较高。从2008年全国四大区域经济主要指标对比分析，长三角的上海市人均国内生产总值高达73 124元，城市化率珠三角高达63.4%，成渝经区低于全国平均水平45.68%仅为43.84%，贵州更低为29.99（见表3-2）。从2009年全国各省区间经济发展差距情况分析，2009年绝对差（aad）11 953元，平均相对差（acd）39.3%，最高值与最低值差距（上海与贵州）绝对差51 560元，相对差90.2（见表3-3）。

表3-2　　2008年全国四大区域经济主要经济指标对比

地区		国内生产总值（亿元）	人均国内生产总值（元）	城市化率（%）
全国		30 670.0	22 698	45.68
长三角	上海市	13 698.15	73 124	59.8
	浙江省	21 486.92	42 214	
	江苏省	30 312.61	39 622	
珠三角	广州市	——	——	63.4
	深圳市	——	——	
	广东省	35 696.46	37 589	

表3-2(续)

地区		国内生产总值（亿元）	人均国内生产总值（元）	城市化率（%）
京津冀	北京市 天津市 河北省	10 488.03 6 354.38 16 188.61	63 029 55 473 23 239	53.5
成渝经济区	四川15个市、重庆31个区县	15 800	——	43.84

资料来源：2009年《中国统计年鉴》、《四川统计年鉴》、《重庆统计年鉴》。

表3-3　　　2009年全国各省区间经济发展差距情况
（人均国内生产总值单位：元/人，当年价）

	2009年（摘要数）	2008年（年鉴数）	2009-2008（未扣除价格影响）
平均差距			
平均绝对差（aad）（元） 平均相对差（acd）（%）	11 953 39.3	10 634 39.5	1 319 -0.2
最高值与最低值差距（上海与贵州）			
绝对差（元）	51 560	46 422	5 138
相对差（%）	90.0	90.2	-0.2

资料来源：《中国统计年鉴（2010）》。

从以上分析可以看出，2007年各省区发展水平排序变动较小，五类省区分布格局略有改善，由2006年的4-6-9-12演变为5-5-9-12，但位于塔尖的省区依然较少，位于塔底的省区仍然较多，落后的"金字塔"分布状态没有根本改变。

3.2.1.3　城乡绝对差和相对差依然呈加速扩大的趋势，扶贫工作继续得到加强，农村贫困状态继续得到减轻

2006年中国城乡绝对差距为8 173元（当年价），比2005年名义增长12.9%；城乡相对差比2005年扩大了0.5个百分点，达69.5%。2006年中国农村贫困人口为2 365万人，比2005年减少245万人，下降9.4%；贫困发生率比2005年下降0.2个百分点，为2.3%；贫困线标准提高了10元/人，达693元/人，如表3-4所示。

表3-4 中国城乡差距变化及农村贫困情况（当年价，单位：元/人）

项目	农村居民家庭人均纯收入	城镇居民家庭人均可支配收入	城乡绝对差	城乡相对差（%）	贫困标准（元/人）	贫困人口（万人）	贫困发生率（%）
1978	133.6	343.4	209.8	61.1	100	25 000	30.7
1980	191.3	477.6	286.3	59.9			
1985	397.6	739.1	341.5	46.2	206	12 500	14.8
1990	686.3	1 510.2	823.9	54.6	300	8 500	9.4
1995	1 577.7	4 283.0	2 705.3	63.2	530	6 540	7.1
2000	2 253.4	6 280.0	4 026.6	64.1	625	3 209	3.5
2005	3 254.9	10 493.0	7 238.1	69.2	683	2 365	2.5
2006	3 587.0	11 759.5	8 172.5	69.5	693	2 148	2.3

注：城乡绝对差=城镇居民家庭人均可支配收入－村居民家庭人均纯收入；城乡相对差=城乡绝对差距/城镇居民家庭人均可支配收入×100%。

资料来源：《中国统计年鉴（2007）》。

3.2.2 区域经济增长速度的差距有所缩小，区域增长重心进一步北移

3.2.2.1 新三大地带间经济增长速度差距有所缩小，速度分布继续呈西东部快、中部慢的态势

2006年，按各省区合计的全国经济增长速度继续比2005年有所提高，提高幅度为0.32个百分点；远西部继续保持最快速度，其次为新东部，大中部最低；远西部比新东部快1.20个百分点，比大中部快2.28个百分点，比2005年有所缩小；新东部比中西部快0.84个百分点，比大中部快1.08个百分点，比2005年扩大。

3.2.2.2 各省区增长速度普遍有所提高，速度差距有所拉大，但增长幅度有所缩小，区域增长重心进一步北移

各省区经济增长幅度为18.0%（内蒙古）－11.0%（新疆），最大值与最低值之差达9.0个百分点，比上年缩小。各省区增长速度分布格局及变化情况如表3-5所示。

表3-5　　全国各省区国内生产总值增长速度的分布格局　　（单位:%）

≥14.0%的省区			13.0%~14.0%之间的省区			12.0%~13.0%之间的省区			<12%的省区		
省区	速度	排序	省区	速度	排序	省区	速度	排序	省区	速度	排序
内蒙古	18.0	1(0)	辽宁	13.8	8(6)	安徽	12.9	15(10)	云南	11.9	27(4)
吉林	15.0	2(14)	浙江	13.6	9(1)	陕西	12.7	16(-3)	山西	11.8	28-16)
江苏	14.9	3(1)	广西	13.5	10(-2)	海南	12.5	17(13)	贵州	11.5	29(-5)
山东	14.7	4(-2)	福建	13.4	11(10)	宁夏	12.5	18(10)	甘肃	11.4	30(-11)
天津	14.4	5(-2)	西藏	13.4	12(6)	江西	12.3	19(-10)	新疆	11.0	31(-2)
河南	14.1	6(-1)	四川	13.3	13(-2)	重庆	12.2	20(6)			
广东	14.1	7(-1)	河北	13.2	14(-7)	青海	12.2	21(-6)			
						湖北	2.1	22(-5)			
						湖南	12.1	23(0)			
						北京	12.0	24(-4)			
						黑龙江	12.0	25(-3)			
						上海	12.0	26(1)			

资料来源:《中国统计年鉴（2007）》。

第一，增长速度超过14.0%的省区，有内蒙古、吉林、江苏、山东、天津、河南和广东7省区，比2005年增加了2个省区。其中，内蒙古速度依然最快，已连续5年保持全国第1位；吉林上升14位跃进第2位，成为增速位次前移最多的省份。

第二，增长速度在14.0%~13.0%之间的省区，有辽宁、浙江、广西、福建、西藏、四川和河北7省区，比2005年增加4省区。其中，福建上升10位进到第11位。

第三，增长速度在12.0%~13.0%之间的省区，有安徽、陕西、海南、宁夏、江西、重庆、青海、湖北、湖南、北京、黑龙江和上海12个省区，比2005年增加2省区。其中，海南上升13位进到第17位；安徽和宁夏均上升10位，分别进到第15位和第18位；江西下降了10位降至第19位。

第四，增长速度小于12.0%的省区，有云南、山西、贵州、甘肃和新疆5个省区，比2005年少了2个省区。其中，山西下降了16位降至第28位，成为增速位次后移最多的省份。增速小于11.0%的省区没有，2005年有4个这样的省区。

3.2.2.3 投资增速差仍然是地区增速差的主要原因，消费和净出口增速差也起着一定的作用

表3-6　　　　全国各省区固定资产投资增长率分布格局

≥40%的省区			30%~40%的省区			20%~30%的省区			<20%的省区		
省区	增长率(%)	排序	省区	增长率(%)	排序	省区	增长率(%)	排序	省区	增长率(%)	排序
吉林	49.1	1 (0)	河南	37.0	3 (1)	黑龙江	28.7	9 (9)	云南	19.7	20 (-15)
安徽	40.4	2 (6)	辽宁	35.4	4 (-1)	内蒙古	27.2	10 (-8)	山东	19.6	21 (-14)
			河北	32.8	5 (4)	湖北	25.0	11 (11)	江苏	19.6	22 (-6)
			福建	32.4	6 (11)	重庆	24.4	12 (2)	贵州	19.5	23 (3)
			广西	32.3	7 (-1)	青海	23.9	13 (15)	北京	19.3	24 (6)
			陕西	31.8	8 (7)	山西	23.7	14 (-1)	甘肃	17.8	25 (-4)
						西藏	23.6	15 (16)	新疆	16.9	26 (-2)
						江西	23.3	16 (-5)	浙江	16.4	27 (2)
						四川	23.2	17 (-7)	宁夏	14.8	28 (-5)
						天津	21.7	18 (1)	广东	14.3	29 (-9)
						湖南	20.4	19 (-7)	海南	14.1	30 (-4)
									上海	11.1	31 (-4)

资料来源：《中国统计年鉴（2007）》。

第一，各省区固定资产投资增速有一定的回落，但增速差有所扩大，是各省区经济发展差距扩大的主要原因。2006年全国固定资产投资增长速度为24.0%（摘要数，各省区合计计算为23.8%），比2005年低2.0个百分点，各省区固定资产投资增长速度在49.1%（吉林）-11.1%（上海）之间，最大值略高于2005年，最小值略低于2005年，幅度略大于2005年。各省区固定资产投资增速格局及变化情况如下（见表3-6）。固定资产投资增速大于40%的省区有2个，较2005年减少1个。其中，吉林固定资产投资增速继续保持全国第1位，达49.1%，确保了其经济增速跃居全国第2位；安徽固定投资增速继续大幅度加快，提升6位跃居全国第2位，使该省份经济增速提升10位。

固定资产投资增速在30%~40%的省区有6个，比2005年多1个。其中，福建固定资产投资增速提升11位进入第6位，使该省经济增速相应地提升10位；陕西固定资产投资增速提升7位进入第8位。

固定资产投资增速在20%~30%的省区有11个，与2005年一样。其中，西藏固定资产投资增速提升16位进入第15位，成为固定资产投资增速位次前

移最多的省份，相应地其经济增速上升6位；青海和湖北分别提升15位和11位分别进入第13位和第11位；内蒙古、四川固定资产投资增速分别下降8位和7位降至第10位和第17位。

固定资产投资增速小于20%的省区有12个，与2005年一样。其中，云南固定资产投资增速下降15位降至第15位，成为固定资产投资增速位次后移最多的省份；山东、广东固定资产投资增速分别下降14位和9位降至第21位和第29位；上海固定资产投资增速最低，仅11.1%（见图3-3）。

	2006年	2007年	2008年	2009年	2010年前三季度
广东省	14.1%	14.5%	10.1%	9.5%	11.6%
四川省	13.3%	14.2%	9.5%	14.5%	15.2%

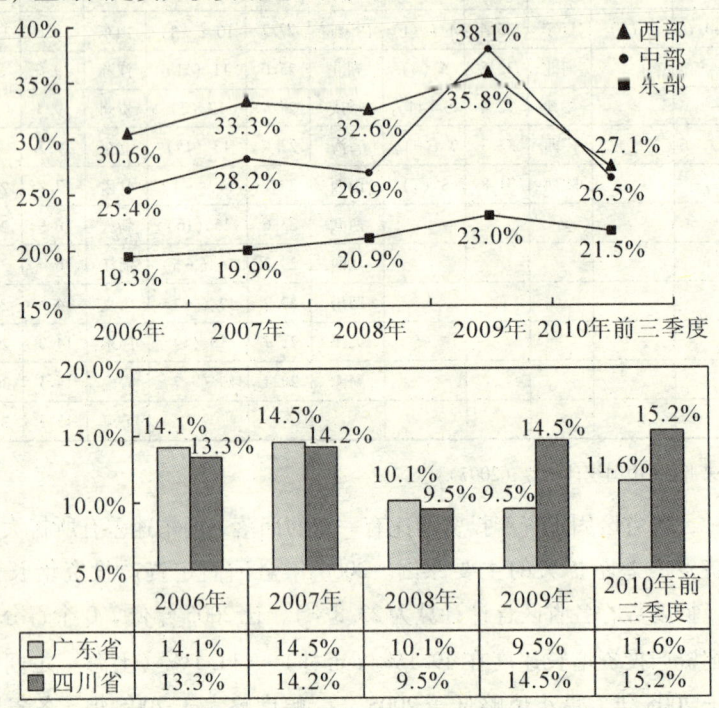

图3-3 2006—2010年东中西部固定资产及
广东四川地区生产总值增幅对比

资料来源：《中国统计年鉴（2011）》。

第二，各省区消费增速普遍有所提高，消费差距拉大，对地区经济发展的影响有所提高。2006年全国社会商品零售总额增长13.7%（摘要数），比2005年提高0.8个百分点，各省社会商品零售总额增长范围是22.7%（西藏）-12.2%（青海），最大值和最小值均大于2005年，增长幅度达10.5个百分点，远大于2005年。社会商品零售总额增速大于16%的省区4个。其中，西藏商零总额增速上升3位，居全国第1位，有力地带动了该省区经济增长；

内蒙古和山东商零总额增速继续列第2、3位，成为带动这2个省区经济增长的主要动力。社会商品零售总额增速在15%~16%的省区12个。其中，湖北商零总额增速上升13位达13位，是商零总额增速位次前移最多的省份；安徽、重庆商零总额增速分别上升9位和7位达第15位和第8位。社会商品零售总额增速在14%~15%的省区9个。其中，云南商零总额增速上升11位达17位；广西、天津商零总额增速均下降11位分别降至第21位和第25位。社会商品零售总额增速小于14%的省区6个。其中，青海商零总额增速下降13位降至最后1位，是商零总额增速位次后移最多的省份。

第三，各省区净出口普遍增长，但差距有所缩小，对区域经济的影响有所提高。2006年全国净出口达1 774.6亿美元，比2005年增加754.6亿美元；各省区净出口量（按境内目的地、货源地分，下同）分布范围为691.0亿美元（广东）－206.8亿美元（北京），最高值和最低值均比2005年高，分布幅度比2005年小。各省区净出口分布格局及变化情况如表3-7所示。净出口大于100亿美元的省区5个。其中，广东、浙江和江苏净出口继续保持前3位，有力地支撑着其经济增长。净出口在10亿美元~100亿美元的省区8个。其中，山西、湖南净出口均上升3位分别进入第9位和第11位，前者靠煤炭出口，后者靠有色金属矿产品出口。净出口在0亿~10亿美元的省区9个。其中，西藏净出口上升5位进入第19位，是位次前移最多的省份；重庆、宁夏和贵州净出口均上升4位分别进入第11、第17位和第18位。净出口小于0亿美元的省区10个。其中，黑龙江净出口下降14位降至第22位，是位次后移最多的省份；天津净出口下降13位降至第28位；吉林、上海和北京净出口继续保持最后3位的位置。区域增长重心进一步北移，突出地表现在位于东北的吉林和辽宁等省份增速位次大幅度提前，而相应地位于华北的天津和山东等省区增速位次有所下降。

表3-7　全国各省区净出口（按境内目的地、货源地）分布格局

（单位：亿美元）

≥100亿美元			10亿~100亿美元			0亿~10亿美元			<0亿美元		
省区	净出口	排序（位）	省区	净出口	排序（位）	省区	净出口	排序（位）	省区	净出口	排序（位）
广东	691.0	1(0)	河北	69.2	6(1)	安徽	9.5	13(3)	黑龙江	-0.5	22(-14)
浙江	551.2	2(0)	辽宁	43.2	7(-1)	重庆	8.7	14(4)	云南	-2.6	23(-3)
江苏	269.2	3(0)	新疆	38.1	8(2)	四川	6.8	15(-2)	湖北	-3.1	24(1)
福建	185.6	4(1)	山西	34.8	9(3)	江西	6.5	16(3)	内蒙古	-7.3	25(3)

表3-7(续)

≥100亿美元		10亿~100亿美元			0亿~10亿美元			<0亿美元		
山东	100.5	5(-1)	河南	34.7	10(-1)	宁夏	5.8	17(4)	海南	-12.0	26(1)
			湖南	23.8	11(3)	贵州	4.9	18(4)	甘肃	-12.2	27(-1)
			陕西	18.6	12(-1)	西藏	1.9	19(5)	天津	-19.1	28(-13)
						青海	0.8	20(3)	吉林	-24.6	29(0)
						广西	0.5	21(-2)	上海	-42.8	30(0)
									北京	-206.8	31(0)

资料来源：《中国统计年鉴（2010）》。

3.2.3 区域经济总量差距进一步拉大，地区产业结构得到优化

3.2.3.1 新东部和大中部经济总量比重略有下降，远西部比重略有上升，各省区经济总量差距进一步拉大

2006年，中国新三大地带经济总量结构变动不大，略呈东中部降、西部升态势，新东部经济总量比重为64.16%，比2005年略下降0.08个百分点，中西部略上升0.08个百分点；其中，大中部下降0.04个百分点，远西部上升0.12个百分点，大中部仍然在"塌陷"。

3.2.3.2 各省区经济总量普遍快速增长，但总量差距也继续扩大

2006年，各省区经济总量分布范围是最大值广东（2.5969万亿元），最小值西藏（290亿元），两者相对差为98.877%，比2005年略扩大0.06个百分点。各省区经济总量排序格局变化不大，若干省区位次发生了一些小变化。地区生产总值超过1万亿元的省6个（2009年西部地区1个）比2005年多1个，包括广东、山东、江苏、浙江、河南、河北和上海。各省区相对位次没有变化。地区生产总值在5 000亿~10 000亿元的省区8个，包括辽宁、四川、北京、福建、湖北和湖南等。各省区相对位次也没有变化。地区生产总值在1 000亿~5 000亿元之间的省区13个。各省区相对位次变化情况是：内蒙古上升2位升至第17位，广西和甘肃均上升1位分别升至第16位和第26位；山西下降2位降至第18位，天津和贵州均下降1位分别降至第21位和第27位。地区生产总值小于1 000亿元的省区3个，包括宁夏、青海和西藏，相对位次没有变化。

3.2.3.3 地区产业结构进一步优化

2006年，全国三次产业结构演变为11.8：48.7：39.5，与2005年相比变化态势为-0.7：1.2：-0.5，总体格局依然呈二、三、一的模式。从各省区

看，除北京、上海、重庆、广西和西藏为三、二、一格局和海南为三、一、二格局外，其余省区均为二、三、一格局。各省区产业结构比重变化情况：第一产业比重除上海持平外，其余省区均有不同程度的下降，比重下降最多的是重庆（-2.8个百分点）、新疆（-1.9个百分点）和湖南（-1.8个百分点）；比重最高的是海南（32.7%）、广西（21.5%）和云南（18.8%），比重最低的依然是天津（2.7%）、北京（1.3%）和上海（0.9%）。第二产业比重除江苏、北京和上海略有下降外，其余均呈上升趋势，比重上升最多的是内蒙古（3.1个百分点）、江西（2.9个百分点）、新疆（2.9个百分点）；比重最高的为山东（58.3%）、山西（57.8%）和天津（57.3%），比重最低的为北京（28.7%）、西藏（27.6%）和海南（27.4%）。第三产业比重升少降多，总体呈下降态势，上升最多的是北京（0.9个百分点），下降最多的是宁夏（-2.1个百分点）；比重最高的是北京（70.0%）、西藏（54.8%）和上海（50.6%），比重最低的是江西（32.8%）、山东（31.9%）和河南（29.3%）。[①]

3.3 三大经济圈发展中存在的问题

薛荣久认为，第二次世界大战后区域经济一体化的特点是地区经济一体化的水平很不一样。[②] 中国三大经济圈发展水平也很不一样。同时也说明，中国三大经济圈发展符合第二次世界大战后区域经济一体化的特点规律：一是京津冀经济圈的发展明显滞后；二是长三角和珠三角经济圈第三产业的比重偏低；三是长三角经济圈固定资产投资增长过快、规模偏大；四是京津冀经济圈进出口逆差偏大。

考察2008年中国三大经济圈的发展情况可以说明：一是经济增速回落幅度过大。2008年中国三大经济圈内的一些省份经济增速回落幅度高于其他地区，回落幅度较大，降幅在全国各省中处于前列。三大经济圈经济增速回落与世界经济形势和我国经济面临的困难有关，也与三大经济圈进入稳定增长期有关，但回落幅度过大产生的负面效应不容忽视。所以，要保持在全国区域经济

[①] 资料来源：2007年4月8日国家发改委经济司简报——《2006年我国三大都市圈经济运行情况分析》。

[②] 薛荣久. 国际贸易 [M]. 成都：四川人民出版社，1998：232.

中的领先地位，起到带动区域经济发展的龙头作用，三大经济圈保持适度较快的经济增长速度是必要的。二是产业结构亟待提升和调整。三大经济圈产业结构呈现出"二三一"的分布特征，第二产业比重过高，2008年长三角和珠三角三次产业结构分别为5：53：42和3：50：47，第二产业比重分别为53%和50%，高于全国48.6%的平均水平。第三产业比重并没有随着经济的发展而提高。此外，在部分区域内部出现了严重的产业同构现象，如长三角核心区的16个城市中，有11个城市选择汽车零配件制造业，有8个城市选择石化业，产业结构没有形成梯度发展，区域内的过度竞争仍十分激烈。三是需求结构有待进一步优化，消费率较低。目前世界发达国家消费率基本在80%以上，而三大经济圈平均只有25%，低于全国28.7%的平均水平，最高的京津冀地区也只有31.9%，与一些亚洲新兴工业国家相比，消费率也明显不足。2008年三大经济圈消费需求比例不但没有增加，与2007年相比反而出现了下降。投资比例尚需进一步优化。长三角和珠三角在经过较长时间的发展后，投资占国内生产总值比例过高的情况有所改善；但是京津冀的投资比例仍然较高，与上年相比还略有增加。对外依存度仍然较高。三大经济圈依靠出口拉动经济增长的情况比较明显，出口占国内生产总值的比重为58.4%，与发达国家出口占国内生产总值10%~15%的比例相比明显偏高，尤其是珠三角地区出口依存度非常大，极易受外部经济变化的冲击。四是经济转型压力加大。受世界经济衰退影响，三大经济圈特别是长三角和珠三角是中国经济转型面临压力最大的地区，迫切需要改变高投入、高能耗、低技术、低效率的粗放型、外源型经济增长模式。[1] 长三角主要以制造业为主体，但低端制造业仍然占据很大比例，其竞争很大程度上来源于低成本的土地、劳动力等要素所带来的成本和价格优势；珠三角以外向型的制造业和劳动密集的加工型产业为主导，经济的内生性不强，建立在自主创新能力和自有品牌基础上的核心竞争力薄弱；京津冀与珠三角、长三角一样，也处于经济增长方式转型的关键时期，需要尽快将以成本为依托的比较优势升级为以知识为依托的竞争优势。

3.4 三大经济圈是带动全国经济增长的火车头

赫克歇尔—俄林的要素禀赋说（Factor Endowment Theory）或赫—俄原理

---

[1] 国家统计局. 中国统计年鉴[M]. 北京：中国统计出版社，2009.

(H-O原理)认为:一是每个区域或国家利用它的相对丰富的生产诸要素(土地、劳动力、资本等)从事商品生产,就处于比较有利的地位;而利用它的相对稀少的生产诸要素从事商品生产,就处于比较不利的地位。二是区域贸易或国际贸易的直接原因是价格差别,即各个地区间或国家间商品价格不同。三是商品贸易一般趋向于(即使是部分地)消除工资、地租、利润等生产要素收入的国际差别,导致国际间商品价格和要素价格趋于均等化。[1]

当前,中国三大经济圈认真贯彻落实一揽子刺激经济增长措施,把工作重点放在扩内需、保增长、调结构、抓改革、重民生和促稳定上。同时,针对三大经济圈的自身特点,需要统筹做好多方面的工作。一是保持一定的经济增长速度。作为带动全国经济增长的火车头,应该保持适度较快的经济增长速度,基本取向应该是比全国平均速度略快,既有利于巩固中国三大经济圈在全国经济中占绝对优势的地位,也有利于充分发挥资源禀赋优势。积极推进产业结构的优化升级,大力发展第三产业,提高第三产业的比重;转移和淘汰落后产业,大力扶持和发展新型产业,提升支柱产业在国际行业中的地位;在资源与产业优势互补的前提下,依靠市场力量推动产业集群,延伸产业链,促进三大经济圈产业的优化升级;把提高企业自主创新能力、加大企业自主创新力度作为三大经济圈突破当前困境的治本之策和保持经济可持续发展的动力之源。二是努力开拓国内市场。加强与周边地区的经济合作,特别是进一步开拓国内市场,适当提高消费率。积极探索新形势下经济发展的新模式,积极开拓国内市场,把适当提高消费率作为整个区域经济工作的一项重要工作来抓,努力提高居民收入,完善社会保障制度,增加有利于扩大消费的投资,为扩大消费创造良好的体制和政策环境。三是加速推进经济转型。面临的外部环境和内部条件正在发生新的变化,加快推进新一轮经济转型,核心是大力推进经济发展方式转变,积极探索新型工业化道路,在传统的产品价格和规模的竞争优势基础上,重塑以技术、人才资源为核心的竞争优势,提升主导产业的发展水平,提高产品的技术含量和附加值,降低资源消耗和环境成本,走可持续发展的道路。四是促进区域一体化纵深发展。区域整体优势关键在于形成发展合力,从区域整体利益着眼,找准在区域内的定位,实现有序竞争和错位发展。通过沟通和协商机制,及时解决发展过程中出现的跨区域重大问题。近年来,三大经济圈在区域合作方面取得了重要进展,三大经济圈在现有基础上,进一步构建多层次、宽领域的区域合作与协调机制,不断拓展合作领域、丰富合作方式,

---

[1] 陈同仇,薛荣久. 国际贸易 [M]. 北京:中国人民大学出版社,2001:49-50.

协调区域发展中出现的产业同构、重复建设、过度竞争以及利益补偿等问题，在区域互动机制建设方面有所创新。

3.5 本章小结

在中国，三大经济圈快速发展。以广州、深圳为中心的珠江三角洲经济圈、以上海为中心的长江三角洲经济圈和以北京、天津为中心的京津冀经济圈，是中国经济最具竞争力与活力的三个地区。研究泛珠三角经济圈，就要先了解中国三大经济圈；研究泛珠三角区域产业分工与协作，就要了解泛珠三角区域产业合作。2003年，泛珠三角区域提出之初，各经济圈的发展继续呈快速增长态势，尤以珠江三角洲经济圈明显。本章重点研究了与泛珠三角区域产业分工与协作机制有关的中国三大经济圈发展现状与态势三个方面问题。首先，研究了三大经济圈发展现状；其次，探讨了三大经济圈发展态势；再次，探讨了三大经济圈发展中的主要问题；最后，对研究三大经济圈发展进行了概括性论述。

4 泛珠三角区域产业经济合作的现状

4.1 泛珠三角经济圈的含义

薛荣久研究认为，第二次世界大战以后，地区经济一体化兴起，导致贸易集团化趋势加强，它对区域分工与协作及世界贸易产生着深远的影响。[①]

泛珠三角经济圈，简称"9+2"，即广东、福建、江西、广西、海南、湖南、四川、贵州、云南9个省区，加上香港和澳门特别行政区形成的区域经济圈。在中国华南、西南地区，这些省区与中国的珠江有关，与珠江的经济和文化历史发展流向有关。泛珠三角区域地域辽阔，面积199.45万平方千米，占全国总面积的20.78%，人口4.46亿人，占全国总人口的34.76%。根据统计，2010年9省区国内生产总值为34 474.2亿元，占全国国内生产总值的33.87%。再加上香港和澳门的地区生产总值1万多亿元，总量是很大的。是中国长三角、泛珠三角、京津冀三大经济圈中最具竞争力与活力，增长速度最快，发展前景最好，人均国内生产总值最多的经济圈。

珠江三角洲的范围：广州、深圳、珠海、佛山、江门、东莞、中山和惠州的惠城区、惠阳、惠东、博罗，肇庆的端州区、鼎湖区、高要、四会，面积共4.15万平方千米，占广东省全省总面积的23.2%，户籍总人口、地区总产值等占广东省总量的比重如表4-1所示。

表4-1　　2002年珠三角占广东省经济社会发展比重

项目	珠三角	广东省	占比（%）
户籍总人口（万人）	2 364.88	7 649.29	30

---

① 薛荣久. 国际贸易 [M]. 成都：四川人民出版社，1998：228.

表4-1(续)

项目	珠三角	广东省	占比（%）
地区生产总值（亿元）	9 418.79	11 769.73	80
人均生产总值（元）	34 295	15 387	
外贸进出口（亿美元）	2 118.65	2 210.92	95.8%
实际利用外资（亿美元）	150.21	189.01	79.5%

资料来源：《广东统计年鉴（2003）》。

在中国历史上，粤港澳属于同一个自然经济区域，21世纪以来，粤港澳三地经济合作日益广泛和密切，2002年，三地地区生产总值总量达到3 118亿美元，进出口总额6 338亿美元，分别占全国总量的22.1%的61.3%（见表4-2）。广东与香港经济总量超过了长江三角洲和京津唐城市地区生产总值的总和。

表4-2　　　　　2002年广东与香港经济社会发展指标

项目	广东	香港
人口（万人）	7 783	680
面积（平方千米）	17.8万	1 100
地区生产总值	11 769.73亿元人民币(2002)	12 710亿港元（2002）
均地区生产总值	13 730元人民币（2001）	187 282港元（2002）
教育	62所普通高等院校，40所成人高等院校	10所高等院校，2所大专学院及1所专业教育学院
投资情况	实际吸收外商直接投资131.11亿美元（2002）	流入直接投资238亿美元（2001）

资料来源：有关地区统计年鉴整理而得。

2003年6月和10月，中央政府分别与香港、澳门特别行政区签署《关于建立更紧密经贸关系的安排》（CEPA）。

早在2003年8月，中共中央政治局常委、全国人大常委会委员长张德江同志在担任中共中央政治局委员、广东省委书记时就在全国9省（区）计委主任联谊会有关材料上批示：“要高度重视与周边省区的合作，优势互补，共同发展。”要求广东省计委早准备早研究，第一次提出了泛珠三角区域合作。

2003年9月，张德江同志在广东省地厅级领导干部学习开班典礼上，明确提出"泛珠三角区域协作"的概念。同年 11 月，广东正式提出建设泛珠三角区域合作构想。张德江同志将其简化为"两广两南加闽赣，香港澳门云贵川"。2004 年 2 月，时任广东省省长黄华华同志在《广东省政府工作报告》中提出把"泛珠三角"区域合作列入政府工作重点"。

薛荣久在《国际贸易》中认为，地区经济一体化兴起，导致贸易集团化趋势加强，它对区域分工与协作及世界贸易产生着深远的影响。有助于一体化区域内部经济发展。区域性的经济结合可导致区域内部的市场扩大，市场扩大势必带来各行业间的互相促进。[①] 随着泛珠三角区域合作受到珠江流域和周边省区的积极回应，纷纷要求全面融入珠三角区域合作战略发展。

社会经济发展的历史证明，一个国家和地区要想快速发展，就离不开实行对外开放政策。邓小平很有针对性提出："要尊重社会经济发展规律，搞两个开放，一个对外开放，一个对内开放"。[②]国内有关经济、社会学方面的领导与专家们对泛珠三角区域合作达成共识，泛珠三角区域省区高层也就区域开放达成共识。

泛珠三角经济圈的背景主要包括国际经济背景、国家经济背景和国内区域经济背景。

4.1.1 国际经济背景

国际经济背景主要是世界经济全球化和区域经济一体化。经济全球化是指各种生产要素在全球范围内自由流动和合理配置，从而使各国在经济发展过程中相互联系、相互依赖、相互渗透，共同参与世界经济整合的过程。其内容主要包括：生产全球化、贸易全球化、金融全球化、投资全球化、区域性经济合作。区域经济一体化是指按照自然地域经济内在联系、商品流向、民族文化传统以及社会发展需要形成的经济联合体。它是建立在区域分工与协作基础上，通过生产要素的区域流动，推动区域经济整体协调发展的过程。以欧盟、北美自由贸易区为代表，许多新的区域一体化组织正在孕育，如东盟十国自由贸易区、东盟与澳大利亚、新西兰自由贸易区和拉美国家自由贸易区等。可见，区域经济一体化在世界经济发展中的地位越来越显著，已成为经济全球化进程中的重要力量。区域自由贸易协定，尤其是发生在国家间的自由贸易协定，对中国构成了挑战。

---

① 薛荣久. 国际贸易 [M]. 成都：四川人民出版社, 1998：234.
② 邓小平. 邓小平文选：第三卷 [M]. 北京：人民出版社, 1993：117.

4.1.2 国家经济背景

国家经济背景体现为中国加入了世界贸易组织,中国经济的高速增长和中国—东盟自由贸易区的建立。中国加入世界贸易组织后,经济取得了迅猛发展,对外直接投资从1990年的35亿美元增长到2003年的535亿美元,增长了10多倍。中国—东盟自由贸易区的建立,有利于推进中国与东盟的技术合作,有利于增进国内竞争,推动产业结构升级等。

4.1.3 国内区域经济背景

与珠三角地区共同崛起的是长三角经济区、环渤海经济区以及国家按照科学发展观的指导,统筹区域发展,实施西部大开发、振兴东北老工业基地,促进中部地区崛起和鼓励东部地区加快发展,形成东中西互动,优势互补,相互促进,共同发展区域战略。泛珠三角区域合作包括了东部、中部和西部的省份。该地区经济发展不平衡,经济发展水平呈现梯度状态;资源丰富,经济的互补性强;具有区位优势,是中国与东盟建立自由贸易区的连接点,是中国经济走向世界的南大门和重要的桥梁。因此,泛珠江三角洲经济区的发展有利于中国区域经济协调发展战略的实施,符合全国经济发展的总体战略。

还有研究认为,促使泛珠三角区域经济合作的原因在于:第一,是来自长三角的竞争压力。第二,《关于建立更紧密经贸关系的安排》和《中国与东盟全面经济合作框架协议》的签订,给泛珠三角概念的出台提供了"想象力"。

与此同时,泛珠三角区域合作为以广东、深圳为中心的珠三角寻找更大的战略腹地,有利于"9+2"产业结构的调整和升级,将大大促进泛珠三角经济协作以及中国与东盟的经济合作。

4.2 泛珠三角经济圈的特点

4.2.1 泛珠三角经济圈的特点

泛珠三角经济圈建立是国内外经济形势发展的历史必然,其特点如下:

4.2.1.1 经济全球化、区域化发展趋势的必然选择

2002年,中国正式加入世界贸易组织,标志着中国经济迈向全方位开放新阶段;与东盟领导人签署《中国与东盟全面经济合作框架协议》,标志着中

国与东盟的经贸合作将进入一个新阶段,标志着亚洲区域经济一体化步伐加快,中国成为推动亚洲区域经济合作的重要动力。

4.2.1.2 泛珠三角区域发展战略符合国家发展战略

泛珠江三角区域涵盖东、中、西部省区市,合作目的是实现生产要素的流动和优化组合。党的十六届三中全会提出了"五个统筹",其中就包括了"统筹区域发展",中央经济工作会议进一步指明要"逐步形成东、中、西部经济互联互动、优势互补、协调发展的新格局"。这实际上已在决策理论层面和战略高度奠定了泛珠三角区域合作的坚实基础。

4.2.2 推动泛珠三角区域合作与发展的重要意义

推动泛珠三角区域合作与发展的重要意义如下:

4.2.2.1 是中国现代化建设的需要

面对国际竞争,中国需要整合地区优势,提升国家整体竞争力。泛珠三角区域覆盖着三个处于不同发展梯级上的地区,经济互补性强,具有垂直分工的广阔前景和资源优化配置的巨大空间,合作有利于增强区域整体经济实力及全球竞争力。

4.2.2.2 是港澳地区长期稳定繁荣的需要

亚洲金融危机的滞后影响,港澳面临着新的较大的结构转型压力。通过合作,将为港澳剩余资本提供便利的"出口",为港澳服务业的发展、降低结构转型的成本和压力、为港澳稳定繁荣提供持久支撑;加强在科技和人才方面的合作,有利于港澳地区高技术制造业的发展。

4.2.2.3 是广东增创地缘新优势、开辟内源新动力的迫切需要

改革开放以来,广东发挥毗邻港澳、便利出口的优势,接纳港澳和国际产业转移,崛起为新兴制造业基地,实现了经济腾飞。但是,目前发展面临市场、能源、劳动力、环境约束等问题。因此,迫切需要开辟内源新动力,发展经济。

4.2.2.4 是内地省区发展取得新突破的需要

全球化趋势下,沿海地区利用其得天独厚的文化和地理区位条件,使对外直接投资的区域分布呈"东高西低"的格局。贵州等内地省区要加快发展,向外突破,就必须加强与先进地区合作,利用先进地区的技术、资金等优势,实现优势互补,使潜在的资源优势转化为经济优势,同先进地区实现双赢。

4.3 泛珠三角经济合作对贵州发展的影响

泛珠三角经济区是一个横贯华南东、中、西三大区域，整合了发达与欠发达地区的大型经济体系，区域经济的一体化是最终的目标，它将对贵州经济发展产生巨大而深远的影响。主要表现在：第一，是经济发展经验、观念和体制方面的影响。第二，是区域市场一体化的影响。第三，是基础设施和产业整合方面的影响。第四，是区域竞争和合作的影响。

泛珠三角区域合作对贵州经济发展的影响，主要有正面的、积极的影响和负面的、消极的影响两个方面，辩证地看，正面的、积极的影响是主要的。特别是贵州经济处于工业化初期，有明显的资源优势，与工业和服务业发达的大珠三角之间经济的互补性很强，容易接受大珠三角的产业辐射，双方通过加强合作，形成新的、更紧密的产业联系。

泛珠三角区域合作对贵州经济发展的影响有以下几点：

一是港澳在金融、物流、信息等许多产业上具有丰富的经验，观念和体制与国际接轨；珠三角在经济体制改革、产业发展和招商引资等方面能效突出。港澳经过长期的发展，在金融、物流、信息、旅游等产业发展上具有丰富的经验，拥有大批具有国际水准的人才，观念与体制与国际接轨。珠江三角洲经过多年的努力，探索出了一条合作共赢、互利互惠的道路。各省的发展经验也会对贵州产生影响。

二是泛珠三角区域合作要建立统一、开放、高效的市场运行机制，打破地方保护主义和狭隘的地方利益观念，使投资贸易便利化，从长远看对贵州的积极意义毋庸置疑。在泛珠三角论坛上，各方行政首长都表示要开放市场，进一步消除人、财、物、信息等流动的障碍。各省区目前的市场开放和发育程度有一定差别，发达地区相对比较开放，市场发育成熟，而欠发达地区市场开放度小，发育不充分。贵州产业结构落后、经济地位和相对竞争力处于绝对劣势，在完全统一开放的市场交易中可能会带来一定的利益损害。

三是随着泛珠三角交通网的统一规划和建设，进一步提高区域交通基础设施的能达性和协同性，对贵州现有交通格局和发展战略将产生重大影响。《泛珠三角区域综合交通运输体系合作专项规划》从综合运输骨干网络，综合运输枢纽，重要港口、机场、管道布局等十方面设计了网络布局规划，提出"十一五"期间泛珠三角区域交通基础设施合作的建设重点。在泛珠三角合作论坛上，交通部提出了"一日交通圈"的概念，在九省区任意两个城市间，绝大多数可以一天内驾车到达。铁路方面将规划建设布局更加合理、技术装备更加先进、运输能力与质量得到大幅度提高、总长达2.9万千米的泛珠三角区域铁路网，使大珠三角至福建、江西、湖南、海南的主要城市实现"朝发夕归"，至广西主要城市实现"朝发夕至"，至云南、贵州、四川的主要城市实现"一日到达"。以交通先行为主的泛珠三角经济区启动，必然对贵州现有交通格局和发展战略产生重大影响。

四是按比较优势、专业分工的原则来规划、协调区域的产业布局，贵州的产业和企业将更多地参与到区域产业的整合中去。大珠三角正在加快的产业升级和调整，必然影响周边省区的产业升级和调整。今后将有很多区域性的大的产业联合体建立起来，如以西电东送为依托的能源产业联合体、矿产开采与加工联合体、区域旅游联合体等。从区域经济整体发展大局出发，产业的合作必须要求降低发展成本，提高经济效益。在这样的背景下，贵州的产业和企业将更多地参与到区域产业的整合中去。

4.4 贵州在泛珠三角经济合作中的优势、劣势、机遇与挑战

国务院《关于进一步促进贵州经济又好又快发展的若干意见》明确指出：贵州战略定位的首要任务是建成"全国重要的能源基地、资源深加工基地、特色轻工业基地、以航空航天为重点的装备制造基地和西南重要陆路交通枢纽。"从区域产业经济发展的角度看，贵州优势和劣势并存，机遇与挑战同在。

4.4.1 贵州自然资源优势突出

4.4.1.1 能源资源富集，水能与煤炭优势兼备，已形成水煤结合、水火互济的良好开发格局

贵州是一个资源大省、国家重要的能源原材料基地，具有明显的资源产业竞争优势。具有煤电结合、水火互济的优势。水力资源蕴藏量为1 874.5万千瓦，居全国第6位，其中可开发量达1 683万千瓦，占贵国总量的4.4%，特别是水位落差较大的河段多，开发条件优越。贵州省水资源总量为910.46亿立方米。贵州省素以"江南煤海"著称，煤炭资源储量达2 419亿吨，保有储量达571.4亿吨，居全国第5位，超过南方12个省（区、市）煤炭资源储量

的总和。2010年煤炭资源量达549亿吨。丰富的煤炭资源为发展火电和煤化工提供了有力的资源保障。贵州省还有十分丰富的煤层气（瓦斯）资源，埋深小于2千米的煤层气达3.15万亿立方米，居全国第2。实施西部大开发以来，贵州省大力实施西电东送战略，电力工业快速发展，2010年年底，贵州省电力装机容量3 447.52万千瓦，规模以上工业企业发电量1 358.69亿千瓦时。[1]丰富的能源资源为贵州建成中国重要的能源和原材料基地奠定了良好的基础。

4.4.1.2 矿种众多、门类齐全、分布广泛、储量可观，为发展原材料工业提供了必要的资源基础

贵州是矿产资源大省，矿种多、储量大、分布广，且成矿地质和组合条件好，易于开发。已发现矿种（含亚矿种）127种，发现矿床、矿点3 000余处。其中有74种（含亚矿种）不同程度地查明资源储量，矿产地（矿区、矿段或井田）3 351处，有41种矿产资源储量排名全国前10位。稀土矿资源储量149.79万吨，占全国总量的47.93%，居全国第2位；磷矿资源储量27.73亿吨，占全国总量的15.85%，居全国第2位；锰矿保有资源储量9 882.49万吨，占全国总量的10.07%，居全国第3位；锑矿保有资源储量26.72万吨，占全国总量的8.07%，居全国第4位；铝土矿资源储量5.13亿吨，占全国总量的16.30%，居全国第4位；重晶石保有资源储量1.26亿吨，占全国总量的30.65%，居全国第1位，矿业经济占工业经济的48.8%。[2]已成为贵州省的经济支柱。

4.4.1.3 生物资源种类繁多，特色鲜明，是中国的生物资源大省

贵州省野生植物种类繁多，有维管束植物近6 000种，其中可供食用的500余种，工业用植物600多种，绿化、美化以及能抗污染、改善环境的植物240种；有大量的珍稀植物，列入国家一级保护的有银杉、珙桐、桫椤、贵州苏铁等15种，是茶产业的故乡，有野生茶树。野生动物资源丰富，列入国家一级保护的珍稀动物有黔金丝猴、黑叶猴、华南虎、黑颈鹤等15种。"夜郎无闲草，黔地多良药"，是中国四大中药材产区之一，贵州省有药用植物3 924种、药用动物289种，享誉国内外的地道药材有32种，其中天麻、杜仲、黄连、吴萸、石斛是贵州五大名药。[3]

---

[1] 贵州年鉴社. 贵州年鉴（2011）[M]. 贵阳：贵州年鉴出版社，2012.
[2] 贵州年鉴社. 贵州年鉴（2011）[M]. 贵阳：贵州年鉴出版社，2012.
[3] 贵州年鉴社. 贵州年鉴（2011）[M]. 贵阳：贵州年鉴出版社，2012.

4.4.1.4 旅游资源独具魅力，有"天然公园"的美誉，是理想的旅游观光和避暑胜地

一是悠久的历史。早在 24 万年前，贵州这块土地上就有人类生息繁衍，是古人类发祥地之一。已发现的旧石器时代文化遗址和地点 80 余处，观音洞旧石器遗址被命名为观音洞文化，对研究中国旧石器时代的起源和发展具有重要的科学价值。二是光荣的革命传统。1935 年 1 月，中央红军长征经过贵州，召开了著名的遵义会议、黎平会议等。三是众多的民族。贵州有民族成分 56 个，其中汉族、苗族、布依族、侗族等 18 个为世居民族。贵州各民族创造了绚丽多姿的贵州文化。四是独特的地理环境。贵州是世界上喀斯特地貌发育最典型的地区之一，喀斯特出露面积 10.9 万平方千米，占贵州省总面积的 61.9%。独特的地理环境造就了贵州的美丽与神奇。五是旅游资源独具魅力。贵州是一个旅游资源富集的省份，全省旅游资源分布广、类型多、品位高，保护完好，旅游业发展的明显比较优势。全省有荔波、赤水世界自然遗产地 2 个，人类非物质文化遗产 1 项，国家 AAAA 级以上旅游景区 18 个，国家级风景名胜区 18 个，国家级自然保护区 9 个，国家森林公园 21 个，国家地质公园 9 个，全国重点文物保护单位 39 个，国家级非物质文化遗产 62 项 101 处，国家历史文化名城 2 个，国家级历史文化名城（镇、村）7 个，国际民族生态博物馆 4 个，中国优秀旅游城市 7 个，民族文化旅游村寨 1.8 万个。形成了度假旅游、乡村旅游、温泉旅游、文化旅游、红色旅游、生态游泳及专项旅游相结合的多元化产品体系，形成 6 大特色旅游区和 10 大精品旅游线路，[①] 可以满足不同层次游客的旅游消费需求，成为了集旅游观光、避暑养生、会展商务及文化体验于一体的休闲度假旅游胜地。

4.4.2 贵州部分产业发展优势明显

贵州是一个资源大省。贵州煤炭居长江以南第 1 位，西部省区第 4 位，全国第 5 位；锰矿居西部省区第 2 位，全国第 3 位；铝土矿居西部省区第 1 位，全国第 1 位；磷矿居西部省区第 1 位，全国第 3 位，如图 4-1 所示。

---

① 贵州年鉴社．贵州年鉴（2011）[M]．贵阳：贵州年鉴出版社，2012．

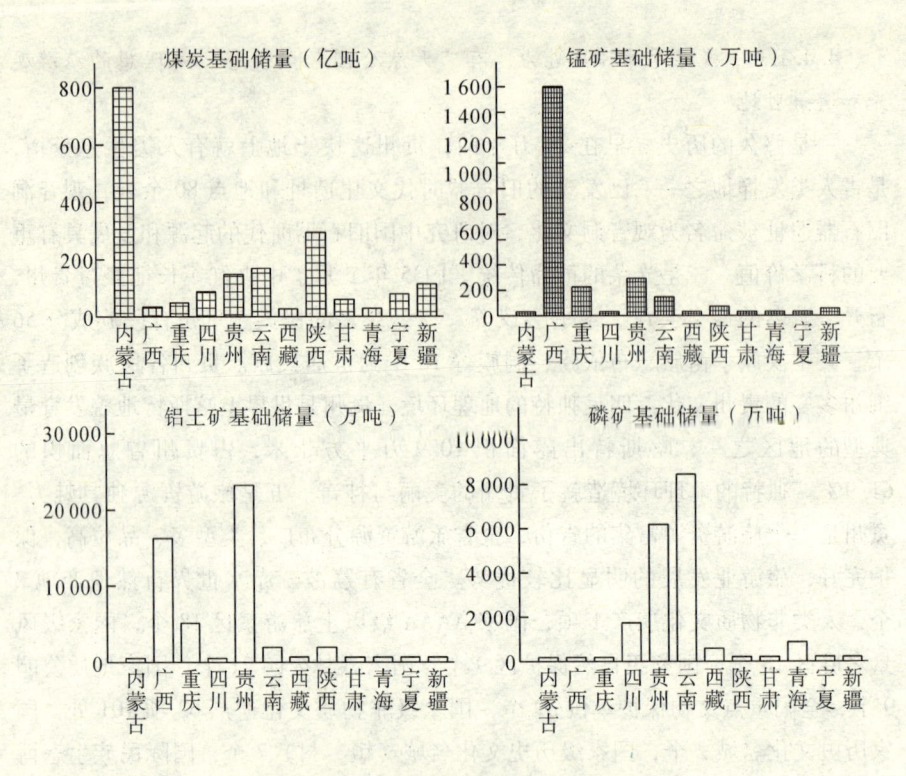

图4-1 西部省区矿产资源

资料来源：中国统计年鉴（2006）。

近年来，贵州能源工业抓住"西电东送"的重大机遇，正迈向跨越式大发展的新里程。2005年，贵州外卖电量达到产量的1/3到1/2，能源支柱产业地位得到进一步强化，南方能源基地的规模基本形成。2009年工业占全省生产总值比重为32.17%，对全省经济增长贡献率达31.7%，其中电力行业拉动力度最大，拉动规模以上工业增长2.2个百分点，电力、煤炭、冶金、装备制造、烟酒等是贵州特色工业。[①] 贵州一些与矿产资源相联系的产业，如有色金属冶炼加工业优势明显，贵州航空工业集团生产的山鹰JL9型高级教练机和山鹰教练机，缩短了我国与国外的差距，贵州航空发动机研究所研发全自动系列燃烧机达到国际先进水平；神七飞船、神八飞船、天宫一号和嫦娥揽月工程方面的许多零部件均出自贵州航天企业生产（见表4-3）。贵州近年崛起民族药品企业100多家，90%以上是民营科技企业，产值50多亿元，贵州神奇、益

---

① 贵州省统计局. 贵州统计年鉴（2010）[M]. 北京：中国统计出版社，2011.

佰制药已成为贵州药界的龙头企业。①

表4-3　　贵州部分在国内外领先的优势企业和工业科技项目

所属产业	企业（项目）名称	领先程度
磷化工业	贵州宏福实业有限总公司	国内磷肥第一品牌
铝加工业	中铝贵州分公司、遵义铝业铝工业技术设备	国内领先
钛工业	遵义钛厂海绵钛生产技术	国际领先
航空工业	贵航集团山鹰JL9型高级教练机	国际领先
航空工业	贵航发动机研究所全自动系列燃烧机	国际领先
航空工业	贵航液压件厂高压大流量液压泵和马达	国内领先
汽车配件业	贵航公司各类橡胶、塑料及复合型密封条	国内领先
化工业	江南航天集团梅岭化工厂锂电池产业化项目	国内领先
物流自动化	普天公司邮政、物流自动化分拣和传输设备	国际水平
信息制造业	南方汇通公司1.0英寸和1.8英寸微硬盘项目	国际水平
信息制造业	振华公司与日本京瓷公司合资码分多址（CDMA）手机	国际水平
信息制造业	振华公司新云器材厂片式元器件生产	国内水平
医疗器械业	风华机器厂医用驻波电子加速器、医用X刀	国内水平
机械制造业	险峰机床厂无心磨床、数控轧辊磨床	国内水平

资料来源：《贵州统计年鉴（2011）》。

4.4.3　贵州基础设施趋于完善

贵州省以交通、水利为重点，着力突破基础设施瓶颈制约。公路通车里程由4.7万千米增至15万千米，5年新增10.3万千米，公路密度达到85.1千米/百平方千米，其中，高速公路由577千米增至1507千米，5年新增930千米；贵州省内9个市（州、地）有5个市（州）所在地已通高速公路，88个县（市、区、特区）已有37个通高速公路；②贵阳至昆明、长沙、重庆已通高速公路，至广州的高速公路（贵州段）已全线贯通；贵州省有贵阳干线机场和安顺、荔波（黔南州）、兴义（黔西南州）、黎平（黔东南州）、铜仁5个

---

① 贵州年鉴社.贵州年鉴（2011）[M].贵阳：贵州年鉴出版社，2012.
② 贵州年鉴社.贵州年鉴（2011）[M].贵阳：贵州年鉴出版社，2012.

支线机场。内河航运里程由3 322千米增至3 563千米,5年新增241千米。退耕还林、石漠化治理等重点生态建设成效显著,森林覆盖率达到40.5%。

4.4.4 贵州经济发展的劣势

4.4.4.1 扶贫攻坚难度最大

一是贫困面大。武陵山区、乌蒙山区和苗岭山区是贵州三大集中连片特殊类型贫困地区,覆盖了全省72个县级行政区。

二是贫困人口多。按照人均年收入2 300元的贫困线标准,2011年贵州尚有贫困人口1 521万人,贫困发生率达45.1%,扶贫攻坚任务还相当艰巨。贫困人口、贫困发生率两项指标均为全国第一。

三是贫困程度深。2011年农民人均纯收入4 145.35元,仅相当于全国平均水平的59.4%,与全国平均水平相差2 832元,比2010年扩大385元,处于西部12省区的11位、全国末位。正如温家宝同志在2010年4月指导贵州工作时指出,扶贫攻坚需要"作为一件大事来抓,纳入西部大开发总体战略来考虑"。①

4.4.4.2 基本生产生活条件最差

一是自然条件相对恶劣。贵州是全国唯一没有平原支撑的省份,贵州省人口占全国的2.59%,国土面积只占全国的1.83%,其中山地和丘陵占92.5%,人多地少的矛盾突出,土地承载压力大。

二是基础设施建设严重滞后。铁路营业里程仅占全国总里程的2.1%,路网密度仅为除新疆、青海、西藏三个地广人稀省份以外其他地区平均水平的80%,处于全国末位。人均供水量仅为全国平均水平的54%,贵州省有1 300万农村人口存在饮水安全问题,农村人口人均有效灌溉面积0.64亩,低于全国1.18亩的平均水平。

4.4.4.3 经济社会发展水平最低

2009年贵州省生产总值、全社会固定资产投资、社会消费品零售总额和财政总收入分别仅为全国的1.15%、1.09%、0.94%和1.1%,人均生产总值仅为全国平均水平40.3%,是新疆的1/2、西藏的2/3,居全国末位。2011年全面小康实现程度是62.4%,分别比全国80.1%、西部地区的平均水平落后

---

① 万群. 温家宝总理指导贵州抗旱救灾工作 [N]. 贵州日报, 2004 - 4 - 26 (1).

大约 8 和 4 年。①

4.4.4.4 少数民族和民族地区发展任务最重

2011年贵州省少数民族人口为1 254.8万人，数量仅比新疆少51.9万人，比内蒙古多749.2万人，比西藏多979.1万人，比宁夏多1 031.6万人；少数民族和民族地区贫困问题尤为突出，在贵州省50个国家扶贫开发工作重点县中，有36个属民族自治地区，在100个一类扶贫开发工作重点乡镇中，有79个属民族自治地方或民族乡，民族地区贫困人口占贵州省贫困人口的60%以上（见表4-4，表4-5，表4-6）。②

表4-4　　　　　　　　贵州的人口密度

贵州的人口耕地密度为每公顷19.88人，比全国平均水平多6.74人，居全国第8位，居西部各省区之首。贵州的人口粮食密度为每万千克47.70人，比全国平均水平多21.17人，居全国第6位，也居西部各省区之首。贵州的人口工业产值密度为每亿元45 981人，比全国平均水平多35 497人，是全国平均水平的4.39倍，居全国第2位（仅低于西藏）。

资料来源：贵州师范大学杨斌所撰写的论文。

表4-5　贵州主要经济社会发展指标（人类发展指数）与全国比较

项目	贵州	全国
人均国内生产总值（2003年）（美元）	424	1 080
每万人在校大学生（1999年）（人）	15.2	32.8
人口预期寿命（2000年）（岁）	67	71.4

资料来源：根据相关统计资料整理。

表4-6　　　　　贵州人口教育水平与全国比较

项目	全国	贵州
人均受教育年限（年）	8	6.2
九年制义务教育人口覆盖率（%）	90	47.7
高中阶段毛入学率（%）	50	25
高等教育毛入学率（%）	15	9

资料来源：根据相关统计资料整理。

---

① 统一思想集中思凝聚力量确保实现经济社会又好又快更好更快发展[N].贵州日报，2010-8-25.

② 陈曦，等.贵州实施新一轮西部大开发主要思路和对策建议[J].贵州民族，2011(3).

著名经济学家胡鞍钢曾经对我国地区发展差距进行过研究，他认为，如果放在国际背景中比较，贵州人均国内生产总值低于世界低收入国家平均水平，在世界排名第 177 位，与上海相差 132 位，与北京相差 113 位，是中国的"第四世界"。有人进行过测算，人均国内生产总值贵州要赶上全国平均水平大约需要 258 年，赶上川、滇、湘省区的增长水平分别约需 187 年、70 年、106 年；人均国内生产总值的占有水平，贵州要赶上川、滇、桂省区分别约需 27 年、26 年、46 年。联合国开发计划署公布的《2005 中国人类发展报告》显示，贵州的人类发展指数仅仅超过非洲的纳米比亚，这是一个"富裕程度"全国倒数第一，文盲数量极为庞大、教育水平极为落后、人民的体质在全国处于末位、贫困人口全国第一、80 多个县中国家级贫困县高达 50% 以上的省份。

4.4.5 贵州经济发展的机遇

贵州具备加快发展的两大比较优势。一个优势是资源富集、生物多样性良好，旅游开发潜力大，区位重要。另一个优势是具备了把优势资源的产出和价值最大化的能力和条件。

4.4.5.1 国家发展战略的重大调整

党的十七届五中全会以后，按照胡锦涛同志对贵州工作的重要指示精神和中央关于"十二五"时期经济社会发展的重大战略部署，以"加快发展、加快转型、推动跨越"为主基调。从历史上看，只有当国家发展战略发生重大变化的时候，大量人力、物力和财力资源的输入，才能对贵州经济发展产生较大的推动作用。全面梳理国家原有的关于西部大开发、支持老少穷边地区发展和发展新能源等各方面政策，真正把国家政策用足用好，努力形成更多的资金来源和项目来源。

4.4.5.2 经济发展已进入蓄势待发、提速跨越的临界期

2011 年贵州省生产总值 5 701.84 亿元，比 2010 年增长 15.0%，这一增速为 1985 年以来最快增长水平。[①]贵州有理由记住这个速度，因为这是正式实行国内生产总值核算以来迄今为止所录得的年度最高增长速度。在进入改革开放以来第 5 个增长周期以后，经济运行表现出一个与以往根本不同的特点，那就是出现了持续、稳定的适度高位增长。贵州省生产总值增长率 2003 年突破 10%，2004—2011 年各年都超过了 11%，即使是在遭受百年不遇的雪凝灾害和全球金融危机的双重打击的 2008 年也是如此。从 2003 年算起，贵州省生产

---

① 张江伟. 贵州 2020 年将与全国同步小康 [N]. 人民日报，2012 - 2 - 13.

总值已连续 9 年保持了 10% 以上的适度高位增长，这不仅在改革开放前是不可想象的，即使在改革开放后也是第一次出现，在有确切统计的贵州经济发展史上是前所未有的。持续的适度高位增长为贵州积累了加速发展的潜力，使贵州经济进入了蓄势待发、提速跨越的临界期。工业化即将由初期向中期过渡，2011 年贵州城镇化率达 35%，固定资产投资 3 734.08 亿元，同比增长 40%，比全国高 21.2 个百分点，在全国排第二位，比西部平均水平高 10.8 个百分点，仅次于青海省，这些都是十分重要的标志性信息。美国 1860 年工业生产占世界总量 17%，位于英国之后，20 年后的 1880 年与英国平分秋色；有分析认为："到 2020 年，中国将成为世界上最大的经济实体，占世界生产总值总量比重将达到 22%，高于美国所占比重（22%）"[①]。中国将用 50 年时间完成美国 100 多年的发展历程。深圳用 30 年的时间完成西方国家 100 多年的发展路程。据统计，1992—2000 年，内蒙古自治区经济增长率连续 9 年保持在 10% 以上的高位，为加速发展积蓄了内生动力。2000 年，内蒙古人均生产总值为 6 502 元，居全国中游，在"十五"时期生产总值年均增长 16.6%，明显高于全国平均增幅，增速居全国前列，2000—2009 年 10 年期间，保持了 30%~40% 的年均投资强度，国家西部大开发战略实施以后，内蒙古不失时机地大力实施工业强区战略，从 2002 年起经济发展开始提速，此后逐年加速，2005 年地区生产总值增长速度达到 23.8% 的最高点。过去 10 年间，内蒙古充分发挥了经济增长潜力，地区生产总值年均增长速度达到了惊人的 17.4%，2010 年人均生产总值达到 47 347 元，跃居全国前列，真正实现了跨越式发展。

国际及兄弟省（市、区）经济发展的历史经验表明，一个经济体一旦进入了工业化中期阶段，城镇化率达到 30% 以上，人均固定资产投资达到 1 万元以上，其经济发展就有可能提速。

4.4.5.3 存在潜在经济增长率

从经济学的角度分析，看一个经济体能不能提速发展，关键要看其潜在经济增长率是如何变动的。所谓潜在经济增长率，指的就是在给定的资源、资本、劳动力等实际约束条件下和不引起通货膨胀加速的情况下所能达到的经济增长率。潜在经济增长率是一个国家或地区制定宏观经济政策和经济发展规划的重要参考依据。正因为如此，国际货币基金组织（IMF）、经济合作与发展组织（OECD）等国际机构以及美、欧、日等都定期公布潜在国内生产总值增长率数据。2003 年，世界银行副行长、首席经济学家林毅夫等首次对我国的

---

① 唐晋. 大国崛起 [M]. 北京：人民出版社，2007.

潜在经济增长率进行了测算，针对我国及相关省市开展了相关研究。有关学者分别用 HP 滤波法、自回归法及生产函数法对 1990 年以来贵州的潜在经济增长率进行了测算，结果有三点值得关注：第一，20 世纪 90 年代以来，贵州超过一半的年份实际经济增长速度均低于潜在经济增长速度，表明长期以来贵州并没有充分发挥应有的增长潜力。第二，"十五"以来，贵州的潜在经济增长率已进入稳定上升区间，并且上升的趋势比较明显。第三，目前贵州生产总值潜在增长速度达到了 15% 左右，与两年前相比加速特征明显。从这些信息综合判断，贵州的确存在加速发展的可能（见表 4-7）。

表 4-7　贵州的潜在经济增长率及与实际经济增长率的比较

时间	潜在经济增长率（%）			实际增长率与潜在增长率的差距（百分点）		
	HP 滤波法	自回归法	生产函数法	HP 滤波法	自回归法	生产函数法
1990	7.87	10.04	8.97	-3.57	-5.74	-4.67
1991	7.80	8.85	8.34	1.40	0.35	0.86
1992	7.81	9.60	8.72	0.29	-1.50	-0.62
1993	7.88	8.75	8.33	2.52	1.65	2.07
1994	7.98	9.04	8.52	0.42	-0.64	-0.12
1995	8.11	9.85	8.99	-0.61	-2.35	-1.49
1996	8.27	10.48	9.39	0.63	-1.58	-0.49
1997	8.46	10.24	9.36	0.54	-1.24	-0.36
1998	8.68	10.31	9.51	-0.18	-1.81	-1.01
1999	8.94	9.73	9.35	-0.14	-0.93	-0.55
2000	9.25	9.71	9.49	-0.85	-1.31	-1.09
2001	9.61	9.81	9.72	-0.81	-1.01	-0.92
2002	10.03	9.69	9.87	-0.93	-0.59	-0.77
2003	10.48	9.63	10.07	-0.38	0.47	0.03
2004	10.96	9.90	10.44	0.44	1.50	0.96
2005	11.43	10.38	10.92	1.27	2.32	1.78
2006	11.88	11.22	11.56	0.92	1.58	1.24
2007	12.31	12.00	12.17	2.49	2.80	2.63

表4-7(续)

时间	潜在经济增长率（%）			实际增长率与潜在增长率的差距（百分点）		
	HP滤波法	自回归法	生产函数法	HP滤波法	自回归法	生产函数法
2008	12.70	13.12	12.92	-1.40	-1.82	-1.62
2009	13.10	13.29	13.21	-1.70	-1.89	-1.81
2010	13.51	13.51	12.83	-0.71	-0.71	-0.03
2011	13.93	13.76	13.65	1.07	1.24	1.35
2012	14.01	14.23	14.45	—	—	—

资料来源：贵州"十二五"规划课题组测算。

4.4.5.4 区域产业经济合作加快

区域经济合作是中国当前经济发展中最重要的现象和趋势之一，几乎每一个省区，都力图通过区域经济合作，努力寻找自己在经济区域中的位置，力图避免被边缘化和局外化。2010年贵州在第六届泛珠三角区域合作与发展论坛暨经贸洽谈会上，签约总投资达126.53亿元的投资项目。出台了《关于加强招商引资工作进一步扩大开放的意见》、《关于加快产业园区发展的意见》和《贵州省领导干部带头招商引资的考核及奖惩办法（暂行）》。抢抓中央企业加速资本扩张机遇，引进央企投资项目47个，总投资2 900亿元，一大批引进项目落地，建设顺利。2011年，引进省外到位资金2 500亿元，增长152%。与深圳、宁波、青岛、大连、苏州等对口帮扶城市的经济合作深入推进，合作领域更加广泛，合作层次不断提高。

根据区域经济增长理论，在经济发展过程中，发达地区和欠发达地区的联系，既有对对方有利的影响，也有不利的影响。前者为扩散效应，后者为极化效应。扩散效应表现为在一定条件下落后地区经济发展可以从与发达地区相互交流中受益，从而加速落后地区的发展。主要原因有：其一，发达地区由于自身发展需要将会扩大对不发达地区产品尤其是原材料等初级产品的购买，并在不发达地区建立自己的原材料等初级产品基地，进行相关性投资和技术转移，同时一些丧失了比较利益的产业会逐步向不发达地区转移，从而带动不发达地区的经济增长。其二，劳动力向发达地区的流动，一般会消除或减轻不发达地区原有的隐性失业现象，也同时提高了不发达地区的人均收入水平和生活消费水平。其三，企业家精神等新社会价值观念的传播会促进不发达地区的发展。

4.5 本章小结

张德江同志首次提出了泛珠三角区域协作的概念。广东要积极推动与周边省区和珠江流域各省区的经济合作，构筑一个优势互补、资源共享、市场广阔、充满活力的区域经济体系。同时，推动9省区与港澳的合作，建立9+2协作机制，形成"泛珠三角"经济区。这一区域所建立起来的共生共赢型经济体系，将成为中国未来经济发展的高速增长极。泛珠三角经济协作是中国最劲区域合作，合作力度前所未有，拓展港澳经济腹地，目光瞄准国际市场。泛珠三角区域产业协作，这个新中国成立以来规模最大、范围最广、在不同体制框架下的区域产业组合，已成为中国区域产业合作与发展中的一个新尝试，也将是中国东、中、西部经济互联互动、协调发展的新突破。

本章重点研究了泛珠三角区域产业经济协作现状。首先，探讨了泛珠三角经济圈的含义；其次，论述了泛珠三角经济圈的特点；再次，研究了泛珠三角区域合作对贵州经济发展的影响；第四，贵州在泛珠三角经济合作中的优势、劣势、机遇、挑战；最后，对泛珠三角区域产业合作进行了概括性论述。

5 泛珠三角区域产业分工与协作模式

5.1 泛珠三角区域产业分工与协作现状分析

小岛清在考察经济共同体后，提出了国际分工新的理论依据。"经济一体化的目的就是通过大市场来实现规模经济，这实际上也就是成本长期递减的问题。通过达成协议，专业化分工生产一种或某几种货物，使彼此的优势能得以发挥，通过规模经济的实现，使生产成本下降，消费者获得利益。"近年来，根据这一经济学理论，贵州抓住泛珠三区域产业合作的机遇，扩大区域产业分工与协作，拓宽利用外来投资的渠道和领域，探索符合贵州实际的泛珠三区域产业分工与协作模式。

5.1.1 区域产业分工与协作在经济发展中的重要战略位置显著

多年来，贵州省高层高度重视对内、对外开放和区域产业分工与协作，在历次省委全会、全省经济工作会和《贵州省政府工作报告》中进行了文字表述体现，先后制定了《关于进一步推动横向经济联合与协作的若干规定》、《关于大连、青岛、深圳、宁波四个计划单列市在我省兴办扶贫协作企业的若干规定》、《进一步放宽政策，改善投资环境的若干规定》、《关于进一步实施开放带动战略，切实做好招商引资工作的决定》、《贯彻落实西部大开发若干政策措施的实施意见》等一系列促进经济协作的文件和政策措施，贵州省委九届四次全会对"深化涉外经济体制改革，全面提高对内对外开放水平"的有关工作提出了具体要求。用改革的办法解决发展中的问题，财税、价格、投融资、行政审批、相对集中行政处罚权等改革深入推进，整顿规范市场经济秩序成效明显。外商直接投资逐年增加（见图5-1），2011年引进省外到位资金2 500亿元，增长152%。

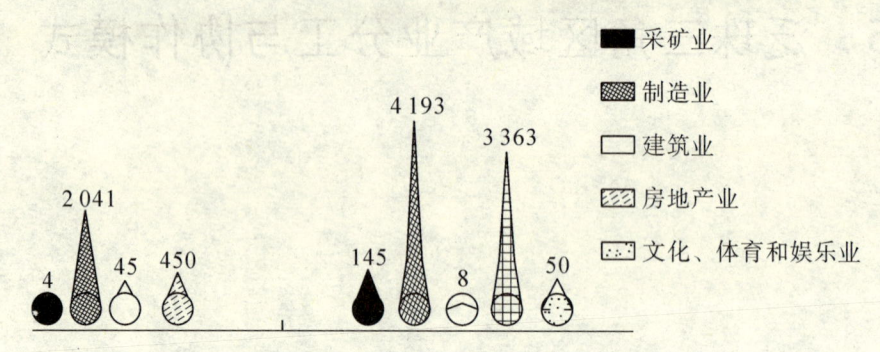

图 5-1　2001—2006 年贵州省按行业分外商实际直接投资额（单位：万元）
资料来源：《贵州统计年鉴》，2007 年。

5.1.2　利用外资总量增大、质量提高，对经济发展发挥了较大的拉动作用

贵州从 1978 年迄今 35 年的对外开放，经历了一个完整、渐近的思想认识过程，走过了从发展商品经济到市场经济体制，再到用科学发展观指导建设小康社会的三个阶段的发展道路。引进并实施了一批重点招商引资项目，美国沃尔玛、普尔斯玛特、日本京瓷、中化集团、山东兖矿、青岛红星发展、海尔、辽宁西洋肥业等一批跨国企业和国内知名企业相继来黔投资兴业，在流通领域、煤电开发、基础设施建设、矿产资源开发利用以及化工、医药、建材、食品、电子等诸多领域建成了一大批项目，对促进经济发展和经济结构调整产生了积极作用。例如，日本京瓷集团投资建成码分多址（CDMA）手机生产项目等，促进了高新技术产业的发展；中国香港瑞安集团进入传统建材行业，以先进的旋窑环保节能生产技术和科学管理方式对水泥生产企业进行改造重组，产生了较好的经济效益和社会效益；贵州地矿系统通过扩大对内、对外开放，助推矿业发展，近 4 年来共引进国内外投资者 34 家，合作项目 42 个，引资合同总额折合人民币 8.4 亿元。贵阳市实施大开放，建设大贵阳，促进了外向型经济发展，现在涉外企业 645 家，上缴税收 3.8 亿元。铜仁地区通过引进外来投资，推动了农业产业化进程，使"一产"下降了 10 个百分点，"二产"上升了 8 个百分点，拉动全区规模以上工业增长 50% 以上。贵阳市市、区、县通过对内、对外开放，引进外来投资培育支柱产业，县级财政每年新增 1 000 万元，外来投资企业对地方财政贡献率在 70% 以上。

5.1.3　改善投资环境，对国内外客商的吸引力不断增强

第二次世界大战结束后，在新古典经济增长理论的引导下，寻求直接投资几乎成了每个国家或地区政府致力于经济发展的重要手段之一,也几乎成了政府实现充分就业的根本抉择。因为任何一项新的投资建设,不仅使经济增长成为可能,也使税收增加成为现实。同时,随着新项目的开工建设,新的就业岗位也相应得到增加。也正是有了这样的认识,构建有效的投资环境便成为经济发展的重要课题。投资环境作为吸引国内外、境内外直接投资条件的总和,其特征概括起来主要有 6 个方面:优劣的相对性,改善的复合性,区位的客观性,个体的差异性,标准的动态性,要素的可塑性。牢固树立"环境是生产力、环境也是竞争力"的观念,不断加强以交通为重点的基础设施建设,省内铁路、高等级公路通车里程大幅度增加,城镇和开发区基础设施得到较大改善,物流配套体系日渐完善。全省大力改善投资软环境,自 2001 年以来,围绕营造良好的法制环境、服务环境、诚信环境和市场环境集中开展了投资环境综合整治行动,强化了投资环境执法监察,连续 6 年对 9 个市(州、地)11 个国家和省级开发区实施了投资环境评价考核,有力地推动了投资环境的改善。① 随着贵州省出台《贵州省外来投资者权益保障条例》,部分市区县相继出台了危害经济发展环境行为责任追究办法。为适应加入世界贸易组织和对内对外开放新形势的需要,全省对地方性法规进行了系统清理,取消了一批不合时宜的规定和收费项目,进一步完善了政策体系,初步建立了投资服务和投诉机构,强化了舆论引导和社会监督。② 2011 年实际利用外资 6.73 亿美元,比 2010 年增长 1.3 倍,引进省外到位资金 2 580.32 亿元,增长 1.6 倍;对外贸易迅速扩大,全年进出口总额 48.84 亿美元,比 2010 年增长 55.2%,增速加快 19.2 个百分点。(见表 5-1)

表 5-1　　　　　　贵州与全国外贸进出口总额对比表　　　(单位:亿美元)

指标	全国		贵州		贵州占全国比重(%)	
	2001	2006	2001	2006	2001	2006
出口总额	5 096.5	17 606.9	6.50	16.17	0.1	0.1
进口总额	2 661.0	9 690.7	4.22	10.39	0.2	0.1

资料来源:《贵州年鉴(2007)》。

---

①　贵阳市哲学社会科学联合会课题组. 在欠发达、欠开发省情下加强贵阳区域分工与协作机制与体制研究 [R]. 2007.

②　中共贵州省委办公厅. 关于进一步扩大对内对外开放,借助外力加快发展的调研报告 [R]. 2004.

5.1.4 创新招商机制，增强引资实效

近年来，贵州在扩大对内对外开放和区域产业分工与协作机制中，结合自身资源状况和招商工作特点，积极探索和实践多种富有实效的招商引资机制。

5.1.4.1 专业化小分队招商

贵阳市及息烽、清镇等市区县都多次组织专业小分队赴"长三角"、"珠三角"、"环渤海"地区开展区域分工与协作和招商引资，白云区还派出专业招商人员赴杭州、苏州、北京、广州等地"蹲点"招商。

5.1.4.2 定向定点招商

通过定向定点招商成功引进了河北新粤、华电集团等一批国内大型煤集团进行煤电和煤化工项目的开发。

5.1.4.3 以商引商

在做好区域分工与协作和安商工作的基础上，充分发挥现有外来投资客商参与招商的积极性，如息烽西洋肥业公司不断延长产业链，成功引进山东环科氯化钡厂及部分国外精细化工企业。

5.1.4.4 网络招商

按照贵州省招商局的统一部署，市区县都建立了区域分工与协作和专业招商网站，促进了一批项目的实施，特别是在 2003 年"非典"期间发挥了积极作用。

5.1.4.5 委托招商

依靠贵州在国内设立的政府办事机构，外国公司驻华机构，国内外各类商会等中介机构收集信息，联络客商，积极开展区域分工与协作和招商引资。

5.1.4.6 载体招商

不少市州地都根据自身资源特点，规划建立了一定规模和特色的工业园区，如清镇市、修文市的医药园区，白云区的新材料工业园区、化工项目聚集区，吸引了成批项目入驻。

5.1.4.7 产业招商

投入专项经费开展项目前期工作，整合水电项目。

5.1.4.8 会展招商

贵州每年都组织各地参加"厦洽会"、"高交会"、"西洽会"、"昆交会"及重庆三峡旅游节等一系列由国家有关部委主办的区域分工与协作和招商活动。同时，也通过举办各类展会对外推介项目，有针对性地邀请国内外一些有实力的外商来黔考察、洽谈投资项目，收到了一定实效，如白云风筝节等，直

接促成了一批项目实施。

5.1.4.9 发挥企业的主体作用，依托国有企业存量开展招商引资

三大军工基地依托自身技术优势、人才优势，多渠道利用外资，对国有企业进行改制重组，成为直接利用外资的主力军。

5.1.4.10 调动各方力量招商

招商、商务、工商联等部门及旅游、建材、轻工、化工、冶金等行业都直接参与了区域产业分工与协作和招商引资工作。市（州、地）建立了招商引资奖励制度、重点项目跟踪服务制度及招商引资工作责任制，广泛调动各级各部门参与招商引资的积极性、主动性、创造性。采取市区县共建工业园区，清镇市打破税收属地管理，强化利益分配机制，增强了基层和部门参与招商的自觉性、灵活性。

5.1.5 推动东西经济协作向宽领域、高层次、大规模发展

贵州招商引资实现到位资金的结构分析表明，省外资金占90%以上，而引进省外到位资金中，80%以上是来自从东部沿海发达省区。东西经济合作，历来就是贵州招商引资和对外经济协作的重点区域。近年来，按照贵州确立的工作思路和新时期招商引资及对外经济协作工作的特点，贵州与深圳、宁波、大连、青岛四个对口帮扶城市正从一般的帮扶关系向按照优势互补、市场动作、共谋"双赢"的原则开展经济合作转变。同时，以"长三角"、"珠三角"、"环渤海"三个大经济圈作为主攻目标，扎实推进与东部发达地区的经济合作，积极做好优势产业和优势资源项目与东部发达地区的对接洽谈工作，共同培育了贵州海信、贵州西洋肥业、贵州娃哈哈等优强企业成功范例。贵州与东部发达地区的区域产业分工与协作已开始向更宽领域、更大规模发展。

5.1.6 建成一定规模和水平的经济技术开发区及特色产业聚集区

贵州已建成国家级和省级11个经济技术开发区以及市、州工业园区，为外来客商提供了一个基础较好的投资场所，实施了一大批有规模、有质量、有效益的投资项目。白云开发区以非公有制经济为主，10年来引进国内外投资项目1 169个，实际到位资金37.09亿元，直接利用外资3 113万美元，初步形成了铝及铝加工、新材料、电子信息和食品医药加工为主的产业工业经济体系。贵阳高新技术开发区创新知识经济平台积极引进国外具有核心技术及知识产权的研发团队到贵阳市创业。与西部7个国家级高新区相比，经济增长速度、增长幅度分别名列二、三位。充分发挥开发区的载体作用，引进了一大批

有规模、有效益，对地方经济具有较大拉动作用的项目，成为东西合作的典范，带动了相关产业的发展，其先进的管理理念影响了一大批省内企业。开发区承接东部企业西移，加快了地方工业化进程。通过招商引资，推动了地方城镇化建设进程。2006年以来，对各类开发区开展了清理整顿，保留了2个国家级和9个省级开发区，撤销了省级以下政府批准的开发区，使开发区的管理逐步走上了规范化的轨道。2011年，贵州省年主营业务收入在500万元及以上的工业企业中有969户入驻各类园区，实现工业增加值459.67亿元，比2010年增长26.5%；园区实现增加值占全省规模以上工业的比重达到28.1%，超过1/4的工业经济总量在园区集聚发展，使产业园区成为当前转变工业增长方式的重要抓手。

5.2 泛珠三角区域产业分工与协作存在的主要问题

中共中央《关于制定国民经济和社会发展第十二个五年规划的建议》明确提出："今后五年促进区域协调发展要着力实施区域发展总体战略和主体功能区战略。"产业转移让区域发展更协调，"十一五"期间，国家促进区域协调发展的政策力度前所未有，特别是随着一系列区域规划和政策文件的密集出台，东部地区的发展支撑带布局进一步完善，中西部地区新的增长极不断涌现，中国区域经济版图日趋清晰，沿海与内地竞相奋进、良性互动的发展格局基本形成。"十二五"期间中国在区域发展上将坚持抓两头、带中间这个基本路径，一方面继续鼓励和支持条件较好地区加快开发开放步伐，另一方面继续着力解决革命老区、民族地区、边疆地区和贫困地区在发展中面临的特殊困难，进一步完善促进区域产业协调发展的长效机制。在区域产业分工与协作机制和对内对外开放中还存在一些问题，主要表现在以下几个方面。

5.2.1 产业转移和区域产业分工与协作发展不协调

产业转移和区域产业分工与协作不协调，表现在改造提升传统产业、加快培育战略性新兴产业、加快工业经济由粗放型增长向集约型发展转变、实施产业园区建设行动计划，引导企业向产业园区集中，推进产业集群、企业集聚、资源集约节约利用方面。在土地、资源能源、劳动力等方面的后发优势没有完全显现。主动地、大规模地承接东部地区的产业转移，聚集优势资源，这是加快科学发展的有效举措。同时，也为西部地区发展提供了更多的资源和开辟了更大的市场，实现了一种大协调。① "十一五"以来，产业转移正成为中国中西部地区发展的重要契机，成为中国区域协调发展的强劲动力。分析显示："十一五"期间，通过对口支援、开发区异地合作、设立"产业转移促进中心"等形式，区域间合作机制日趋完善，促进了产业梯度转移。西部地区经济增速加快，在全国经济总量所占比重有所提高，一些经济指标增幅甚至超过东部。2009年西部地区经济增速首次超过东部。2009年，西部地区增速22.1%，比2005年提高了2.2个百分点。② 区域产业发展差异呈现逐步缩小的趋势。近年来，国家对西部地区的财政扶持政策效果开始凸显，由于西部地区都还处在工业化的初期，加之装备制造业等基础工业和基础设施建设的逐渐推进，为经济发展带来了强大的动力；中央在农业财政政策上的倾斜，推动了西部地区的农业较快发展，这也得益于西部地区抓住自身资源优势，在产业转移中找到了发展的契机。由于地理区位、自然禀赋以及社会历史条件等差异，东西部区域发展不平衡。发展不平衡不仅是经济问题，也是社会问题和政治问题。"十一五"以来，中央加大了对西部地区的支持力度，中央财政转移支付80%以上投向了中西部地区。③ 西部多项经济指标高于东部，东部和西部的协调发展意义十分重大：第一，这将减少中国能源、资源、人口的远距离流动带来的成本，使能源、资源、劳动力能得到更好的配置和利用。第二，西部贵州的快速发展，有利于挖掘内需潜力，转变经济增长方式。第三，西部贵州的快速发展也对东部地区提出了更高的要求，促进东部沿海地区加快转型升级的步伐，从而推动了中国经济整体的转型升级。④ 产业转移成为东西部协调发展的纽带和助推器，国务院颁布的《关于中西部地区承接产业转移的指导意见》明确提出：中西部要发挥资源丰富、要素成本低、市场潜力大的优势，积极承接产业转移，完善承接产业转移体制机制等。

5.2.2 对开放带动战略在全局工作中的重要性认识不足，力度不大

一些地方、一些领导干部处理对内发展与对外开放的思路不清，对开放带动战略在全局工作的地位作用认识不够，开放意识不强，不能很好地统筹对内发展与对外开放的各项工作，对于在坚持自力更生的基础上，如何扩大开放，

---

① 贵州省社会科学院课题组. 贵州进一步加大对外开放研究 [R]. 2011.
② 李文锋. 积极推进新一轮对外开放 [N]. 经济参考，2007-7-14.
③ 李文锋. 积极推进新一轮对外开放 [N]. 经济参考，2007-7-14.
④ 中共贵州省委办公厅. 关于进一步扩大对内对外开放，借助外力加快发展的调研报告 [R]. 2004.

运用"两种资源、两个市场"借助外力，加快发展，研究不够，解决实际问题不够。相当一部分干部、企业经营管理者不愿、不敢、不会参与国际国内竞争，缺乏加入世贸组织后融入经济全球化的紧迫感和责任感。立足基本省情和加快发展的实际需要，面对世界金融危机的严峻形势和挑战，当前和今后一个较长时间内经济仍然依靠扩大内需消费和投资出口拉动。而在贵州这样一个经济社会发展相对落后、消费水平不高，进出口比重较低的省份，投资拉动仍然是一个主攻方向。缺乏进一步充实职能，真正建立起统一对外、运转高效的区域分工与协作机构，实行吸引利用内外资职能合并管理，以改变贵州直接利用外资多年偏低的落后局面。① 统筹贵州省内发展和对外开放，进一步转变思想观念，切实把思想和行动统一到开放带动战略上来。在新的历史条件下，就是要牢固树立和落实全面、协调、可持续的科学发展观，开放的观念，在考虑省内发展时，必须有世界眼光扩大对外开放。

5.2.3 投资环境仍待改善，社会政务、法制、信用和市场环境还不适应进一步扩大对内对外开放

在商务部投资促进事务局 2003 年组织的一次全球投资促进年会上，一家国际知名评估机构对全国投资环境进行的调查评估结果显示：贵州的投资环境在全国仍处于靠后位置。② 投资软环境还存在一些薄弱环节，尤其是在政务、法制、信用和市场环境建设方面还存在不少问题，突出表现在：一是服务不到位，审批繁琐，办事较难。尤其是一些部门过多强调部门利益和条条管理规定，缺乏大局观念和对外来投资企业服务的灵活性，造成条块分割，办事效率不高，一定程度上影响了对内对外开放形象。行政审批改革滞后，管理交叉重复，事前审批多，事后服务少，部门相互推诿，相互扯皮，政出多门的现象屡见不鲜，交叉审批及其他行政不作为、乱作为现象时有发生。特别是对土地规划、环保建设等审批事项至今没有下放，客商意见较大，很多项目迟迟不能落实。二是国务院和省政府关于西部开发的优惠政策落实不到位。一些涉及切身利益的部门本位思想严重，借故拖延执行，或用过时的"红头文件"应对。许多外来投资者反映"实施西部大开发的政策好，但在基层很难落实"。三是土地储备不足，投资成本高，国有企业改制重组协商难，电力供应紧张，运力

---

① 中共贵州省委办公厅. 关于进一步扩大对内对外开放，借助外力加快发展的调研报告 [R]. 2004.
② 中共贵州省委办公厅. 关于进一步扩大对内对外开放，借助外力加快发展的调研报告 [R]. 2004.

不足，金融服务跟不上扩大对外开放和吸引外来投资的需要。尤其是对近两年连续限电，外来投资企业普遍反映强烈。四是个别地方基层政府和业主单位依法行政、依法办事的意识不强。随意承诺、乱表态的现象时有发生，造成外来投资者投诉增加。

5.2.4　对外宣传不够，在国际国内的知名度不高

对外宣传不够，名气不大，对外交往的渠道不畅，贵州在国际国内的知名度不高。在调研中，各市区县普遍反映党政领导率团到国内外开展专题招商也较少，港澳政协委员也普遍反映在国（境）外难以听到贵州的"声音"。在市场发育程度不高，企业竞争力不强的背景下，贵州应该打造一个像贵阳市风筝节式的全省性招商活动平台，集中推介全市资源和项目，推动市内企业"走出去"，吸引有实力的投资商到西部泛珠三角省区来。① 2005 年 2 月 7 日至 11 日，胡锦涛同志在贵州考察工作时很有针对性地指出："贵州作为欠发达地区，坚持引进与消化、吸收、创新相结合，实现市场开拓、技术创新和生产经营一体化。""开放带来的活力，在一定意义上将比改革带来的活力还要大，更要扩大开放。""投资环境的压力不亚于基础实施投资不足的历史。"② 地处西部的贵州应紧紧抓住中央第二轮西部大开发和"十二五"规划实施的历史性机遇，加大对外宣传力度，改善投资环境借助外力加快发展。

5.2.5　尚未形成统一对外、运转高效的工作机制

尽管成立了专门招商引资和经济协作机构，但多头管理、内外分离、运转低效的现状依然存在，造成力量分散和资源浪费，工作难协商，人、财、物等资源整合性很差。在对外开放中，尚未形成统一协调对外、运转高效、整体推动的格局。加快转变管理机制，在扩大开放中统筹省内发展和对外开放，必须加快管理体制和工作机制的转变，形成更加完善的开放型经济管理机制。③一是未形成内外经、内外资一体化的管理机制。从管理体制、企业主体、商品经营等，加快内外融合。二是没有适应加入世贸组织的长效应对机制。"入世"

---

① 中共贵州省委办公厅. 关于进一步扩大对内对外开放，借助外力加快发展的调研报告[R]. 2004.

② 中共贵州省委办公厅. 关于进一步扩大对内对外开放，借助外力加快发展的调研报告[R]. 2004.

③ 中共贵州省委办公厅. 关于进一步扩大对内对外开放，借助外力加快发展的调研报告[R]. 2004.

后，应加快制定和完善可能受到冲击的重点行业的应对策略。三是未形成维护经济安全的风险防范机制。应建立有效的统筹省内发展和对外开放的工作机制，主动地转变政府职能，改进服务方式，提高服务水平，为外来投资企业开拓省内市场提供有利条件。与此同时，发挥市场机制的作用，正确引导企业市场主体平等有序竞争，让企业充满活力，其实保护好、引导好、发挥好企业的积极性。

5.2.6 项目前期工作深度不够，缺乏经费保障

一是每年推出的有竞争力、有吸引力的招商项目不多。作为市场融资的竞争性招商项目由于缺乏前期工作经费保障，推出的招商项目可行性研究尝试不够，缺乏科学的信息数据支撑，缺乏吸引力和竞争力。二是没有充分整合各地人力物力技术资源，没有做好招商项目前期工作，没有严把招商项目论证筛选关，没有用好项目吸引外来投资。招商部门没有集中人力物力和财力，没有整合好管辖区内的资源，没有认真做好招商项目统筹筛选论证和集中发布工作。三是没有把分散在发改部门的基本建设项目、经贸部门的技改项目、涉农部门的农业产业化项目、商务部门的现代物流项目以及旅游文化等各行各业所掌控的产业化项目进行充分整合，没有分级建立和完善招商引资项目库，没有集中统一对外发布，没有用好项目吸引外来投资。[①]

5.2.7 执行国家产业政策不严，盲目引进小而全、低水平重复建设项目

部分市区县对本地资源存在掠夺性开发的倾向，急于求成，饥不择食，拿来主义，不加选择，吃子孙饭，在招商引资过程中对国家产业政策执行不严，项目把关不够，在产业发展规划上重点不突出，盲目引进一些小而全、低水平重复建设项目，造成资源浪费，不利于可持续发展。跨国公司世界500强企业以及中国500强企业来西部泛珠三角省区投资较少。

5.2.8 引进来、走出去的办法不多，针对性、实效性不强

"引进来、走出去"的思路还比较窄，渠道不宽，办法不多，主动出击不够，实施性不强，招商引资还习惯于一些传统方式和方法，难以适应新一轮西部大开发形势下的泛珠三角区域产业分工与协作的新特点。在鼓励发挥贵州有

---

① 中共贵州省委办公厅. 关于进一步扩大对内对外开放，借助外力加快发展的调研报告[R]. 2004.

比较优势企业对外投资，在扩大国际国内区域产业分工与协作的领域方面有待进一步加强；应逐步进行外承包工程和劳务合作尝试，鼓励有竞争实力的企业开展对外加工贸易，带动产品、服务和技术进行出口贸易；应鼓励有条件的企业学习和利用国外智力资源，在境外设立信息、科研机构；应扶持贵州有较强实力的企业跨国经营，实现国际化发展；应发挥驻外办事处等涉外单位和商会、社团的桥梁和窗口作用，为贵州企业实施"走出去"战略创造条件。①

5.2.9 开发区下放权限不到位，发挥吸引利用外来投资的载体作用不够

从贵州省内国家级和省级 11 个开发区 10 余年的运作过程分析，开发区的管理体制不顺，管理职能赋予不充分，服务功能不健全，缺乏相对独立的管理权限和法制保障，缺乏相对优惠的政策措施和灵活有效的服务机制，自我积累、滚动发展的功能弱，新的竞争优势不明显。与发达省区相比，国家和省级开发区经济总量小，定位针对性不强，吸引外来投资的规模还不大。开发区不是一个独立的行政区域单位，开发区的管理机构（管委会）在行政序列中并没有明确的地位，不是一级独立的行政机构，不具备相应的法律地位和权限。职能部门部分职能未到位，基础设施落后的问题，个别经济开发区存在工商部门未到位和建设部门的房管、质检等职能未到位。特别是因工商部门职能未到位，使得投资者办理工商手续需跑地区和上省城，影响了开发区形象和服务效率的提高。②

5.3 国内外区域产业分工与协作的模式借鉴

关于模式的概念，它的内涵与外延，中国专家们从不同的角度进行了定义。

第一种解释是：模式是解决某一类问题的方法论。把解决某类问题的方法总结归纳到理论高度，那就是模式。它标志了事物之间隐藏的规律关系。

第二种解释是：模式是理论的一种简化形式。

第三种解释是：模式是一种认识论意义上的确定思维方式。

第四种解释是：每个模式都描述了一个在我们的环境中不断出现的问题，

---

① 中共贵州省委办公厅. 关于进一步扩大对内对外开放，借助外力加快发展的调研报告 [R]. 2004.

② 陈曦，等. 贵州经济开发区发展经验面临的主要困难与对策 [J]. 贵州经济，2003（1）.

然后描述了该问题的解决方案的核心。

第五种解释是：模式是一种参照性指导方略。

综合上述各家对"模式"的解释，模式即是从不断重复出现的事件中发现和抽象出的规律，是人们经验的理性升华。模式包含具体的方式，但又不仅仅是"方式"，它还包括事物内在机制、事物主要因素之间相互关系的规律性东西。模式具有可复制性，具有推广价值。

5.3.1 国内外区域产业分工与协作经验模式分析

5.3.1.1 国外区域产业分工与协作经验模式

第二次世界大战后区域经济一体化的模式。薛荣久认为，第二次世界大战后从1948年到1994年年底，地区经济一体化协议有109个，1995年1月仍然生效的有24个，参加的国家有140多个区域经济一体化的模式。1958年欧洲联盟和1960年欧洲自由贸易联盟的产生，推动了欧洲国家内部同其他地区国家扩大地区经济一体化范围的过程。在1948—1994年109个一体化协定中，西欧国家就占去76个，这与20世纪70年代和80年代初西欧国家外部环境的恶化有一定关系。20世纪80年代以前，地区经济一体化主要由领土相接、经济发展水平相近、社会制度相同的国家组成，20世纪80年代以来，地区经济一体化突破了上述基础，成员领土不一定相连，如以色列与美国建立了"以色列—美国自由贸易区"；经济发展水平差距较大的国家可以成立地区经济一体化组织，如美、加、墨的"北美自由贸易区"；随着中国积极参与亚太经济合作组织活动和越南成为东南亚联盟的成员，地区经济一体化组织内的成员的社会制度出现异化。出现了跨越洲区经合组织。包括不同社会制度、不同经济发展水平和意识形态的众多国家和地区的松散式经济合作组织，如亚太经济合作组织。[①]

国际上区域产业分工与协作典型模式分析。除国内区域产业分工与协作模式外，国外区域产业分工与协作模式也很多，具体模式如下：

欧洲联盟。欧洲联盟成立于1958年，实现工业品自由贸易，并实行共同的农业政策；形成统一市场，开始允许商品、劳动和要素的自由流动；启动欧元，向经济同盟发展；导致工业品贸易扩大，但在农产品上产生了明显的贸易转移效应。

北美自由贸易区。北美自由贸易区成立于1993年11月，导致在整个北美

---

① 薛荣久. 国际贸易 [M]. 成都：四川人民出版社，1998：231-232.

地区产品和劳务的自由贸易,逐步取消许多贸易壁垒,如进口配额,减少三国间跨国投资的限制。

发展中国家的一体化。欧盟的成功,激励了许多发展中国家也采取一体化的方式来提高经济发展的速度,然而其中的大多数尝试仅获得了有限的成功。许多发展中国家不愿意让度部分决策权给一个超国家的共同体组织,发展中国家的基础设施落后,经济互补性差等也可能对其成功有不利影响。①

美国模式。美国一直以来都是吸引外国直接投资最多的国家,2004 年有 1 224 亿美元的外国直接投资流入美国;2005 年达到 994 亿美元的规模;2006 年外国直接投资猛增 78.2% 达到 1 773 亿美元;2007 年美国以 1 929 亿美元的总流入规模继续保持全球最大资本流入国的地位;2009 年继续以 1 350 亿美元遥居首位。取得如此骄人的成绩,与其得天独厚市场经济条件和政府的积极参与是分不开的。美国宏观经济条件好、基础设施完备、科技水平发达、市场开放程度高、投资环境透明等,这些条件为投资者提供了一个理想的外部环境。政府通过实施外国企业与本国企业平等的投资政策,并协助企业培训员工;通过对外国企业实施税收优惠政策,以及通过设立企业园区等政策措施,努力为国外企业提供良好的政策环境;同时,还通过设立区域产业投资促进机构,并向世界上的有关国家派出招商引资办事处等办法,以积极主动地引进外资。

英国模式。英国是国外直接投资的主要流入地,2005 年英国对外直接投资流入量 1 650 亿美元,世界排名第 1;2006 年英国吸收国外直接投资 1 698 亿美元,世界排名第 2;虽然近几年英国在全球对外直接投资中的地位有所下降,但仍然是全球对外直接投资流入和流出的主要国家。突出特点是十分重视信息工作在区域产业中的作用。英国注重相关信息的收集、分析和利用,充分发挥信息在区域产业中的作用。政府在伦敦设立伦敦第一信息中心,在伦敦以外的一些大城市设立北英格兰发展公司(North England Development Company),收集各种经济信息信息,吸引国际性企业直接投。注重因地制宜,合理引导外资投向,极大地避免了各地区产业结构的雷同。

法国模式。根据联合国贸发会议(UNCTAD)的初步统计,2006 年法国吸引外国直接投资达 884 亿美元,比 2005 年增长 39%,在吸引外国直接投资总额的世界排名中位列第 3,在欧元区排名第 1。法国的吸引力在于其拥有世界前列的经济实力、完善的海陆空运输网络、高素质的劳动力资源、优惠的税收政策、投资促进政策以及健全的投资促进机构体系等。

---

① 薛荣久. 国际贸易[M]. 成都:四川人民出版社,1998:233-235.

瑞典模式。瑞典成为世界上最重要的外商直接投资市场之一，其增长率超过了德国、美国、英国和其他国家，吸引外资全球排名11位，人均吸引外资全球排名第1。瑞典最典型的特征是拥有一流的区域产业分工与协作机构——瑞典政府投资促进署。瑞典政府投资促进署连续多年被世界银行评为全球最佳投资机构。从1995年起，瑞典政府投资促进署及其地区合作者已经参与了在瑞典和世界范围内的大量投资项目，为投资者提供了一站式的全方位服务。2004年瑞典政府投资促进署参与了165个项目，2003年时这个数字为132个。这是中介机构成功参与区域产业分工与协作的典范。

新加坡模式。2007年新加坡的人均国内生产总值达到35 163美元，超过了世界经济强国日本，在亚洲排名第1。纵观新加坡经济发展历程，其巨大的成功，很大程度上归因于区域产业分工与协作。政府设立专门的机构，对外商实行政策优惠，加强基础设施建设，开展专业招商，打造产业集聚区，降低企业人工成本，调整劳资关系，建立规范的法律体系，明晰产权，打造廉洁政府，这一系列改善投资软、硬环境的措施，使新加坡很快吸引了世界各地的投资者。

5.3.1.2 国内发达地区的模式与经验

中国经济总量跃居全球第2，区域产业分工与协作"北京模式"正得到越来越多国家的认可与推崇，取得了世人瞩目的成就。中国区域产业分工与协作30多年，各地结合自己的区域产业特征创造了很多成功的区域产业分工与协作模式，造就了中国三大城市群落：珠江三角洲、长江三角洲、京津环渤海城市群。这三大城市群的形成，不仅得益于区域产业分工与协作的蓬勃开展，同时也创造了各具特色的区域产业分工与协作模式。

长三角模式。长江三角洲是中国经济实力最强的地区之一，横跨苏、浙、沪三省（市）16个大中城市。"长三角"已处在向工业化后期发展的阶段，不仅成为中国区域产业经济发展的重要增长极和亚太地区经济发达地带，成为具有较强国际竞争能力的外向型经济示范区，而且还极有希望成为下一轮世界经济复苏的引擎。长江三角洲地区区域产业分工与协作主要以上海、苏州、昆山模式为主要特征。其中，在20世纪90年代及21世纪前几年，上海主要实行以浦东为代表的强势政府规划引导的区域产业分工与协作模式，这种模式取得了巨大的成功。当前，上海正积极地向市场化区域产业分工与协作的模式过渡，通过运用"有形之手"和"无形之手"相结合，以"政府为主、向市场化过渡"的运作模式已成为长江三角洲地区区域产业分工与协作的显著特点。昆山的"产业集群化"引资模式（产业招商）和讲究"人文和亲商"的引资模式。江苏的昆山围绕其外向型的战略，建立了以产业集群化模式与人文和亲商模式为主的区域产业分工与协作模式，这两种模式应该是目前国内最高端的区域产业分工与协作模式，并且经过一个时期以来的验证，其在实际区域产业分工与协作工作中是切实可行的，值得各个经济区域借鉴和学习。

珠三角模式。珠江三角洲地区是中国改革开放的先行地区，是重要的经济中心区域，在全国经济社会发展和改革开放大局中具有突出的带动作用和举足轻重的战略地位。当前，珠三角最主要的区域产业分工与协作模式是"市场主导、政府为辅"模式。珠三角的区域产业分工与协作模式大致经历了三个阶段：第一阶段，主要利用国家给予的政策优势，借助自身的区位优势，充分发挥市场主导作用，实现了区域产业分工与协作的迅速发展，在区域产业分工与协作的前十多年里，基本上是依靠政策和地缘优势取得成功的；第二阶段，面对政策优势的逐步缩小，珠三角开始了市场经济条件下的新定位，利用第一轮区域产业分工与协作积累的财富和经验，开始了发展高新技术产业、以创新求发展的新思路；第三阶段，大力发展金融服务业和文化产，取得了巨大的成功。

京津唐都市圈模式。京津唐都市圈是中国重要的集科技创新中心和北方重要的现代制造业基地，根据这种优势，当前京津唐都市圈实施了总部经济的区域产业分工与协作模式。这种因袭模式大大促进了城市化进程和市场化进程，加速了现代经济的信息化的沟通。

山东半岛模式。山东半岛作为目前国内第四极的最热门区域，结合自身的地缘优势和企业资源，目前正在逐步推进"鲁日韩"区域产业分工与协作和"国资外嫁"模式的区域产业分工与协作。

5.3.2 广东、内蒙古、重庆与贵州四省（区、市）区域产业分工与协作模式比较

5.3.2.1 主要经济指标比较

地区生产总值及其构成。地区生产总值是反映一地区全部生产活动最终成果的重要指标，是该地区在一定时期内所生产和可提供使用的产品和服务的价值，从生产角度看，地区生产总值等于第一、第二和第三产业增加值之和，其构成可以反映出该地区产业发展水平。以 2010 年为例，广东地区生产总值为 45 472.83 亿元，内蒙古为 11 655 亿元，重庆为 7 894.24 亿元，贵州为 4 593.97亿元。从四地 2009 年地区生产总值构成比示意图总值构成来看（见图 5-2），仅有贵州第二产业低于第三产业，由此可以看出贵州实施工业强省

战略的重要性和紧迫性。

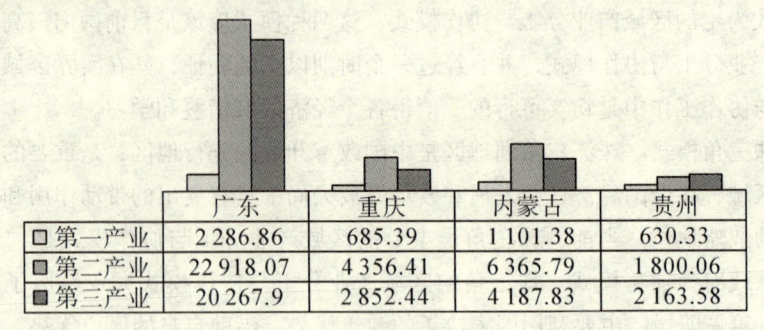

	广东	重庆	内蒙古	贵州
第一产业	2 286.86	685.39	1 101.38	630.33
第二产业	22 918.07	4 356.41	6 365.79	1 800.06
第三产业	20 267.9	2 852.44	4 187.83	2 163.58

图 5-2 四省（区、市）2010 年地区生产总值构成比示意图（单位：亿元）

进出口总额与实际利用外资额。进出口总额是反映该地区参与世界经济的程度，与该地区的外开放程度呈正相关关系，对地区生产总值有着很大的影响。从 2010 年统计数据来看，广东全年进出口总额 7 846.63 亿美元，实际利用外资金额为 202.61 亿美元；内蒙古全年进出口总额为 87.19 亿美元，实际利用外资额为 33.85 亿美元；重庆全年进出口总额为 124.26 亿美元，实际利用外资额为 63.44 亿美元；贵州全年进出口总额为 131.38 亿美元，实际利用外资额为 2.95 亿美元（见图 5-3）。由此可以看出，贵州对外开放度低，吸引外商投资严重不足，单纯地依赖东中部地区产业梯度转移存在产业聚集耗时长，资源配置耗费多等困难。因此，可以优先通过吸引资本和技术的移入，以更加节约的资源和时间达到先进地区的水平和状态。

	广东	重庆	内蒙古	贵州
进出口总额	7 846.63	124.26	87.19	31.38
实际利用外资额	202.61	63.44	33.85	2.95

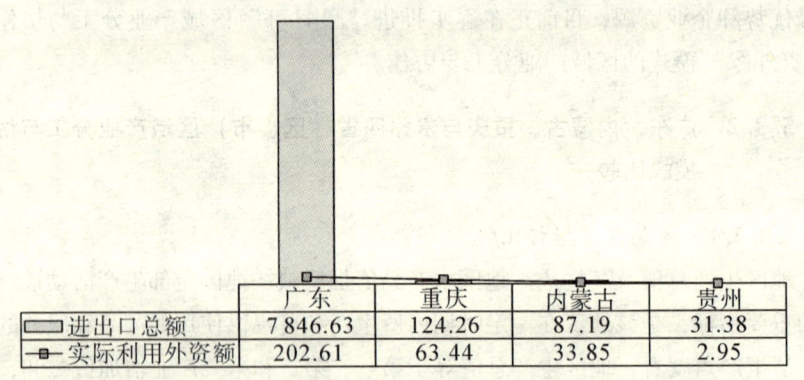

图 5-3 四省（区、市）2010 年进出口总额与实际利用外资额比较示意图（单位：亿元）

人均地区生产总值及人均可支配收入。人均可支配收入是个人消费开支最重要的决定性因素,与生活水平成正相关关系,一般用来表示该地区居民的购买力或富裕度。从2010年统计数据来看,按常住人口计算,城镇居民人均可支配收入为23 897.8元,农村居民人均可支配收入为7 890.25元;内蒙古这两项数据分别为17 698元与5 530元;重庆两项数据分别为17 532元与5 277元;贵州两项数据分别为14 142.74元与3 472元。同期,全国城镇人均可支配收入为19 109元(见图5-4)。由此可以看出,贵州经济发展相对滞后,城乡发展差距大,城镇化战略的推进任重道远。

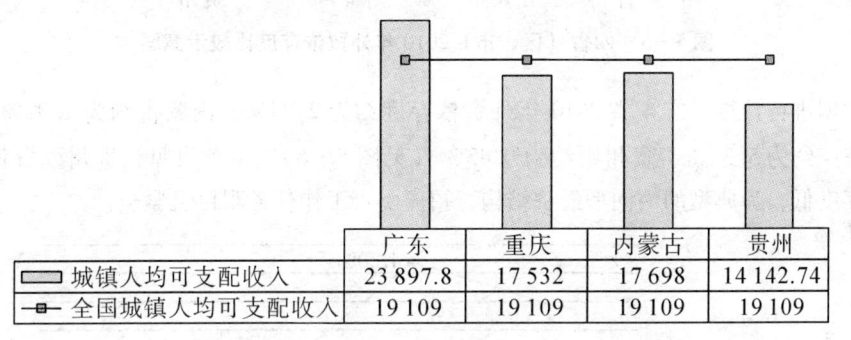

	广东	重庆	内蒙古	贵州
城镇人均可支配收入	23 897.8	17 532	17 698	14 142.74
全国城镇人均可支配收入	19 109	19 109	19 109	19 109

图5-4 四省(区、市)2010年人均地区生产总值与城镇居民
人均可支配收入比较(单位:元)

5.3.2.2 对外开放相关核算数据比较

外贸依存度。外贸依存度是反映一个地区的对外贸易活动对该地区经济发展的影响和依赖程度的经济分析指标,它不仅用来衡量该地区的经济对国际市场的依赖程度,也同时反映了该地区的经济开放程度。按照普遍采用的外贸依存度测算方式,即外贸依存度=地区对外贸易总额(进出口总额)×当年汇率/国内生产总值×100%进行计算,广东省2010年外贸依存度约为114.28%,内蒙古约为4.95%,重庆约为10.42%,贵州为4.52%[①](见图5-5)。由此可见,贵州省经济发展与国际市场接轨程度不深,产业结构、出口商品结构、加工水平落后,经济增长粗放、增长质量低,最终产品竞争力不强等特征,但同时也显示了贵州经济受外部经济形势影响弱,市场潜力很大,发展空间大的特征,亟须将进一步提高对外开放水平作为重要的战略决策。

外资依存度。外资依存度是指该地区当年实际利用外资额与同期该地区生产总值的比值,是衡量该地区资本开放程度的重要指标之一。按2010年统计

---

① 按2010年年末1美元兑换约6.622 7元人民币比值进行计算,下同。

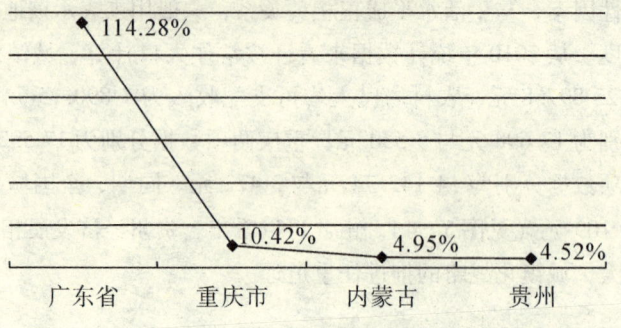

图 5-5　四省（区、市）2010 年外贸依存度比较示意图

数据进行计算，广东省 2010 年外资依存度约为 2.95%，内蒙古约为 1.92%，重庆约为 5.32%，贵州则约为 0.43%（见图 5-6）。由此可见，贵州外资依存度低，为典型的内向型经济结构，招商引资工作任务艰巨且紧迫。

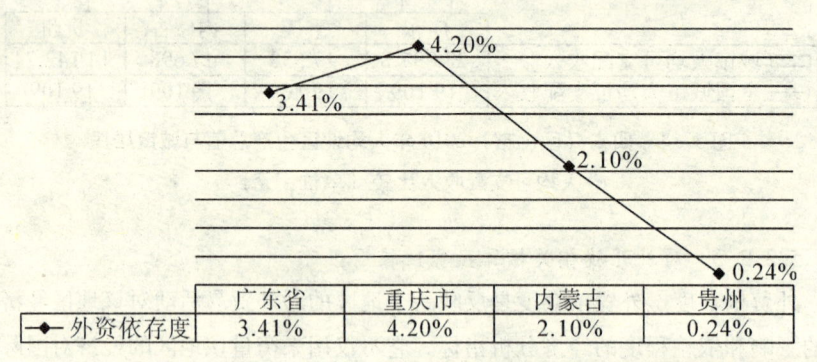

	广东省	重庆市	内蒙古	贵州
外资依存度	3.41%	4.20%	2.10%	0.24%

图 5-6　四省（区、市）2010 年外资依存度比较示意图

对外开放度。对外开放度是衡量地区经济对外开放规模和水平的主要指标，具体表现为市场的开放程度，对地区对外开放政策的制定与实施具有指导作用，对外开放度测算方式为：对外开放度=（外贸依存度+外资依存度）/2。按照上述外贸依存度与外资依存度计算结果进行计算，广东省 2010 年对外开放度为 58.62%，内蒙古为 3.44%，重庆为 7.87%，贵州为 2.48%。由此可以看出，贵州省对外实际开放度低（见图 5-7）。

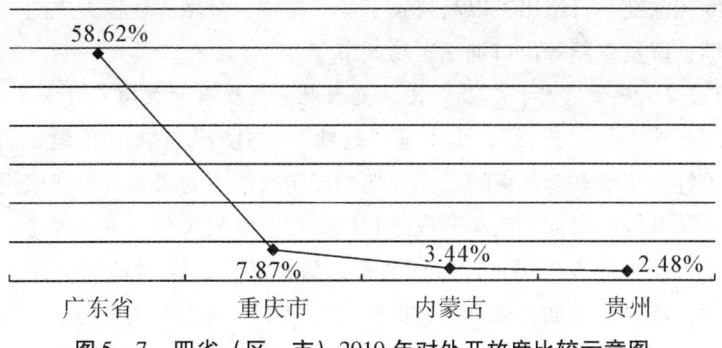

图 5-7 四省（区、市）2010 年对外开放度比较示意图

5.3.3 广东区域产业分工与协作的基本经验

广东省地处中国南部，南与香港、澳门特别行政区接壤，全省大陆海岸线长 3 368.1 千米，居全国第 1 位，地理位置优越。辖副省级城市 2 个，地级市 19 个，67 个县，54 个市辖区。2009 年全省户籍人口 8 365.98 万人，人口密度为每平方千米 536 人（为常住人口密度）。广东省作为我国最早对外开放的地区之一，经过 30 多年的发展，已然成为全国的第一经济大省。

广东对外开放比较优势突出。一是作为先行者与探路人，获得中央大力支持，具有"先走一步"的政策优势；二是地理位置优越，毗邻港澳，历来是我国对外开放的门户，具有承载和吸引外商投资的地缘优势；三是人脉优势明显，作为侨乡，吸引华侨回国投资的人脉优势明显；四是智力优势明显，经济社会发展迅速，具有人才集中和信息发达的智力优势等。党的十一届三中全会以后，广东充分运用中央赋予的"特殊政策、灵活措施"，大力弘扬"勇为天下先"的精神，解放思想，以改革促发展，以开放活经济，硬是"杀出一条血路来"，经济社会建设取得巨大成就。广东区域产业分工与协作的基本经验如下：

5.3.3.1 立足实际，因地制宜，实施比较优势发展战略

"弯道超车"的追赶战略依赖于三个先决条件，一是车（相关硬件资源）的质量要过硬，二是弯道（政策与环境）够宽松，三是司机（改革开放决策者与执行者）的技术要过硬，三者缺一不可。在内外环境不具备"超车"的前提下，比较优势战略是改革开放的首选。广东正是立足实际，因地制宜，扬长避短的成功典范。改革开放之初，广东根据各地不同的地理位置、投资环境和经济发展水平，采取区域推进的开放战略，从办特区到沿海开放城市，再扩展到珠江三角洲经济开放区，继而向东西两翼和山区拓展，有效提升了对外开

放的广度和深度，打造出了以高科技工业、旅游、金融、运输为主的国际港口城市深圳，以及东莞等出口加工贸易城市等。

5.3.3.2 确立目标，不搞争论，更新观念是改革开放的有力保障

改革开放不是"折腾"，也不是"姓社"、"姓资"的本质问题，而是为了生活更美好。传统观念的束缚，比有形的经济改革更为艰难，墨守成规，就难以打开改革开放的局面。改革开放过程中，广东解放思想，更新观念，不在一些细枝末节问题上争论不休，目标明确，脚踏实地，同时敢闯敢试，不搞冒进。经济特区建设之初，遇到多方面阻力，其中对马克思主义的某些原则和观点的教条式理解，对传统社会主义理论和社会主义初级阶段的片面认识等阻力最为典型。在争论最为激烈的时刻，邓小平同志不搞"姓社"、"姓资"争论以及"三个有利于"的提出为广东对外开放奠定了理论基础，广东对外开放摆脱了旧的思维模式，形成了以市场经济和现代化大生产为基础的全新的价值观念，如时间观念、效益观念、竞争观念、信息观念、人才观念等，开放交流的社会心态逐渐成型。这些新观念成为广东对外开放发展的精神力量和重要保障，为社会主义现代化建设注入了巨大的活力。

5.3.3.3 不断创新，保持活力，坚持走可持续发展道路

创新是一个地区经济社会发展的不竭动力，尤其是在不再具备优先发展政策环境下，要保持经济发展活力，走可持续发展的路子更需要以创新为引领。改革开放之初，陈云同志的"摸着石头过河"和小平同志的"要坚决地试，大胆地闯"、"杀出一条血路来"都是对改革开放中创新工作的充分肯定。广东对外开放的历史，也是一个个创新范例组成的历史。在深圳经济特区建设的初期，建设资金严重缺乏，无法对特区基础设施进行全面建设，特区建设者们于是决定先贷款开发0.8平方千米的面积，待开发成功后再出租来进行招商引资，然后利用回收的20亿港元进行特区的后续开发。在引进外资的初期，不仅遭遇到思想观念上的阻力，而且最初外资利用的效果也不尽如人意，但决策者们不断根据实际情况进行调整，大胆创新，并最终在外资利用上取得丰硕成果，为广东经济社会发展积累了宝贵的经验，并对之后的可持续发展作出了重大贡献。

5.3.3.4 以改革促发展，以开放促改革，不断消解前进中的体制性障碍

改革与开放并举，是广东实行经济改革的典型特点。对内改革，解放了束缚生产力发展的僵化的计划经济体制，逐步建立社会主义市场体制，外向型经济逐步成形，与国际市场紧密接轨，促进了生产力的发展。对外开放，在与国际社会的经济交往和活动中，充分吸收和借鉴当今世界包括发达资本主义国家

在内的一切反映现代生产规律的先进经营方式、管理方式，进一步发现问题，促进国内的经济体制改革，不断克服各种体制性障碍。与此同时，对外开放与对内开放两手抓，确保经济协调稳定发展。把两种资源、两个市场有机结合起来，实行对内对外全方位开放，充分调动国内资源和国际资源，充分开发国内市场和国际市场，这是推动广东经济高速增长的重要动力。

5.3.4 内蒙古区域产业分工与协作的基本经验

内蒙古自治区毗邻俄罗斯和蒙古。在"十五"时期国内生产总值年均增长16.6%，明显高于全国平均增幅，增速居全国前列。如今，这里已经变成我国向北开放的经济热土和欧亚大陆桥的重要枢纽，是中国北部对外开放的重要前沿阵地。

内蒙古对外开放比较优势突出。一是地理优势。边境线长达4 221千米，是国家对外开放重要的前沿阵地。内蒙古境内的满洲里和二连浩特是全国最大的两个陆路口岸，发展国际贸易十分便利。二是矿产资源优势。内蒙古境内矿产资源储量居全国第3位，探明储量居全国第1的矿产有5种，65种矿产保有量居全国前10位。三是农牧业发展优势。畜牧业综合生产能力居全国五大牧区之首。四是交通优势。内蒙古境内有14条国有干线，12条国有支线，5条地方干线，总营运里程为12.5万余千米，是中国北方货物通往中亚、西亚、欧洲的便利通道。内蒙古区域产业分工与协作的基本经验如下：

5.3.4.1 充分发展口岸经济，拓展对外开放广度和深度

内蒙古境内满洲里和二连浩特是全国最大的两个陆路口岸，特别是满洲里口岸，是国务院首批批准的4个沿边开放城市之一，也是中国最大的综合型内陆口岸，加上策克、甘其毛道、珠恩嘎达布其等口岸，内蒙古发展口岸经济条件优越。与此同时，境内铁路年货运能力400余万吨，公路货运能力强，有"欧亚第一大陆桥"之称，是中国东北和内蒙古地区通往俄罗斯和东欧各国的交通枢纽。内蒙古依托口岸多、交通便利，边境贸易发达优势，大力发展口岸经济，对外开放在口岸经济引领下，不断向纵深推进。

5.3.4.2 坚持投资拉动发展战略，不断优化和改善投资环境

与国内很多内陆省份一样，内蒙古的对外开放起步较晚，西部大开发和中国加入世界贸易组织之后，对外开放格局才得以进一步形成。其中，坚持投资拉动是内蒙古经济发展取得巨大成就的主要法宝之一，据统计，2000—2009年10年期间，内蒙古保持了30%~40%的年均投资强度，推动实现了内蒙古经济社会的大发展、快发展。在招商引资工作中，内蒙古坚持吸纳内外资并举

的方略，并着力优化和改善投资环境。在硬环境建设上，进一步改善道路、交通、通讯和城市基础设施建设；在软环境建设上，抓好鼓励外商投资各项优惠政策的落实，制定配套的投资政策，简化审批手续，提高办事效率等。与此同时，创新招商引资方式，开展多种形式的招商引资活动，努力实现外资来源多元化，加强与国际知名跨国公司和国内大公司的联系，尤其是重视发展在区内有较大投资的跨国公司和国内著名公司的关系；利用内外资同产业结构调整相结合，注重优化出口商品结构，促进出口商品结构调整等。

5.3.4.3 不断提升对外贸易层次和水平，"走出去"战略成效显著

内蒙古充分发挥毗邻俄、蒙的优势。一是积极引导一些实力比较雄厚的企业在毗邻的蒙古、俄罗斯的矿产聚集区进行勘探开发合作，并安排适当的项目资金及贴息补助，以提高企业实力和扩大规模。二是提升与俄蒙贸易的水平和规模，以在俄的森工采伐企业为龙头，促进森工产品的深加工，带动其他产业的发展。三是建立起面向国内外的贸易区和加工区，优化口岸产业结构。四是发挥民间资本在开发俄蒙资源中的作用。对经营规范、具有发展潜力的外向型民营企业，在申报项目、贴息、信贷、进出口配额、出口退税等方面给予政策支持，提高其对外投资和外贸出口的比重。五是支持对外投资和对外工程承包业务，鼓励有条件的企业积极开发海外资源，利用国际国内两个市场、两种资源，投资开发建立国外能源、原材料基地，缓解国内经济发展的资源瓶颈制约。

5.3.4.4 积极引导与合理利用外资，不断优化外资利用结构与质量

近年来，内蒙古人均生产总值及地区生产总值增速一直名列中西部地区前列，经济结构和外资利用质量不断优化。在对外开放过程中，不仅注重技术引进的消化吸收创新，注重学习借鉴跨国公司先进的企业治理结构和管理经验，而且转变观念，将引进外资的观念从重视数量转向重视质量，调整利用外资政策。一是鼓励外商投资转移到高技术产业，并积极培育与外资相关产业的发展，形成有效的产业关联和聚集效应。二是结合区内发展农牧业的比较优势，鼓励外商投资进行中低产田改造，完善农田基础设施，引进现代化种养技术，引进新品种，提升农牧业发展水平。三是对投资额度达，回报周期长，民间资本难以有效进入的领域，诸如矿产资源开发、交通基础设施建设、水利等领域，制定优惠财税政策积极引导外资投入。

5.3.5 重庆区域产业分工与协作的基本经验

重庆市地处西南腹地，承东启西，在国家战略中发挥着重要的枢纽传递功

能。重庆抓住中国实行西部大开发战略的历史性机遇,按照建设"三中心、两枢纽、一基地"(即商贸中心、金融中心、科教信息文化中心;交通枢纽、通信枢纽;以高新技术产业为基础的现代产业基地)的战略构想,加快经济社会发展,发挥对外窗口和经济辐射作用,推动西南地区和长江上游地区的发展。

重庆比较优势突出。一是区位条件优越。重庆地处长江上游经济带核心地区,中国东西结合部,是中国实行西部大开发的重点开发地区。二是政策优势明显。重庆作为中国最大、最年轻的直辖市,在发展经济社会方面具有政策扶持。例如,2007年国务院正式批准重庆成为全国城乡统筹综合改革试验区,成为继上海浦东新区和天津滨海新区后又一国家级改革实验区,重庆在政策方面获得了前所未有的全面支持。三是工业基础雄厚。重庆是中国老工业基地之一,在汽车、建筑等行业优势明显。四是智力资源富集。例如,重庆拥有1 000多家科研机构,34所高等院校,60多万科技人员等。五是基础设施功能完备。重庆是中国西部唯一集水陆空运输方式为一体的交通枢纽。六是市场潜力巨大。重庆消费需求和投资需求旺盛。重庆市充分发挥比较优势,创新发展,"以资源换项目,以市场换技术,以产权换资金,以存量换增量,用大开放促大开发",对外开放成效显著。重庆区域产业分工与协作的基本经验如下:

5.3.5.1 制定政策,为对外开放提供体制机制保障

1997年刚刚成为直辖市,重庆便出台了61条吸引外资的优惠政策。随后出台一系列招商引资的优惠配套政策,主要包括4个方面。一是人才政策。从1998年开始重庆就相继出台了《重庆市引进人才优惠政策规定》、《重庆市海外留学回国人员专业技术资格认定办法》、《重庆市引进国(境)外智力专项经费管理办法》等促进智力引进的相关规定,并加深与港、澳人才合作。此外,以创建留学人员创业园、高校科技园等为载体,在税收、信贷、资金、出入境签证、永久居留资格等方面制定优惠政策,解决了留学人员创业难、起步难的问题。这些政策为重庆市引进智力、服务对外开放营造了良好的社会环境。二是金融及保险政策。重庆着力优化投资和资本市场环境,引进外资银行和保险机构,为重庆金融发展注入活力。三是财税政策。重庆出台《重庆市国际市场开拓资金管理暂行办法》、《重庆市出口信用保险补贴暂行办法》、《重庆市外贸企业融资担保贷款担保费补贴暂行办法》等法规和办法,对重庆市的国际市场开拓、技术引进、新产品开发、出口信用保险等方面提供了有力的保证。四是产业技术政策。重庆提出并启动实施研究开发、资源共享、成果

转化三大科技平台建设,以鼓励和促进优强企业信息互通、成果共享、共同做大做强增强竞争力。

5.3.5.2 创新发展,增强对外开放的活力与可持续性

重庆在不断加大基础设施建设基础上,注重法制、诚信等软环境的打造,在软硬两个环境强有力的保障下,尤其注重创新带来的活力与可持续性。例如,为了解决中小企业投融资难的问题,创新思维、出台系列优惠政策引进金融集团,如日本住友、香港宝生、香港恒生等已在重庆设立了分支机构,汇丰银行、东亚银行、中美大都会保险公司等外资金融机构也纷纷进入重庆,国内各种所有制银行更是纷至沓来,为重庆的发展注入了活力。同时,为了达成银企之间"供需"的相得益彰,金融主管部门实时举行招商引资协调会,对表现优异的金融机构颁发奖励及优化服务承诺等。与此同时,重庆创新方式"引进来",制定了一系列税收优惠政策,为吸引外资投入起到关键作用,如今已与世界100多个国家和地区建立了经济贸易关系,近30家世界500强企业在重庆设立开厂,一大批国际知名跨国公司相继落户重庆。此外,施行进出口银行政策性贷款,为出口型企业提供流动资金贷款,施行外经贸融资担保政策,成立重庆市外经贸融资担保有限责任公司,制定出口信用保险政策等,有力增强了重庆对外开放的活力与可持续性。

5.3.5.3 宣传推介,为对外开放营造大环境

时至今日,宣传在发展地方经济社会中的功能作用正越来越被人们认可。而早在重庆设立直辖市之初,就已经非常重视宣传带来的积极影响。直辖之后,利好消息和特殊政策的吸引,重要外宾来渝考察访问持续增多,工商企业界来渝考察投资十分活跃,境外金融机构也纷纷抢滩重庆,借此诸多"机遇"齐集之机,重庆主动出击、通过多种形式对投资环境、特色产业、优惠政策等进行宣传介绍。与此同时,借助强势媒体积极宣传介绍,为对外开放营造良好的舆论氛围和塑造积极向上的城市形象。一时间,重庆成为国内外新闻媒体关注的焦点,国际新闻媒介对重庆直辖后的发展前景、三峡工程及移民问题等进行了大量翔实和较为客观的报道,宣传了重庆,提高了重庆知名度,树立了新重庆的形象,直接或间接助推了重庆的对外开放工作。

5.3.6 贵州区域产业分工与协作的基本经验

贵州地处祖国西南腹地,东接湖南,南邻广西,西连云南,北接四川和重庆,分属长江、珠江两大流域,是全国唯一没有平原支撑的省份。全省国土面积中喀斯特地貌占61.9%,可耕地少、土地贫瘠、石漠化严重。全省辖4个地

级市，3个自治州和2个地区，共有88个县（市、区、特区），总人口3 955.3万人，其中少数民族人口占总人口的38.98%，由于境内喀斯特地形地貌，人口聚集密度大。

贵州比较优势突出。一是资源富集。具备承接能源矿产开发和精深加工产业的优越条件。二是地理位置优越。随着以交通为代表的基础设施建设的不断完善，为西南乃至西部地区人流、物流及产业转移奠定了坚实的基础。三是装备制造业基础较为雄厚。具有航空、航天、电子三大军工基地的人才、技术和产业基础，为相关产业的集群发展和军转民用奠定了基础。四是特色产业基础雄厚。酒业、茶业、农产品加工业等产业基础好，具有吸引国内外龙头企业参与合作发展的实力。五是政策优势。发展决心大、力度大，以2010年为例，贵州首次召开了全省工业发展大会，对黔中经济区、能源矿产等产业发展进行了专项规划，中共贵州省委、省政府出台了《关于加强招商引资工作进一步扩大开放的意见》等，对外开放制度化、法制化局面进一步形成。贵州区域产业分工与协作的基本经验如下：

5.3.6.1 解放思想，更新观念，历来重视营造改革开放大环境

综观历次省委、省政府重大会议，解放思想、更新观念屡屡被提及，观念先行共识已然达成。"近代贵州生产方式普遍落后、经济基础十分薄弱与思想观念早熟，改革和革命运动超前的矛盾十分突出。"[①] 渴求变革和发展的贵州在书写自己的历史时，解放思想、更新观念事例及各种创新举措频现，为经济社会的发展书写了浓墨重彩的一笔，一些思想和观念更是为其他省市所借鉴并运用。具体到对外开放，早在胡锦涛同志在贵州工作期间，就提出过"开发扶贫"发展方式，"以开放促开发、以民生带发展"成为贵州各个时期的执政理念，思想观念的重视和更新润育出丰硕的果实。例如，除2009年受金融风暴影响之外，新千年以来，贵州省招商引资到位资金连续10年保持两位数的增幅，使贵州招商引资工作发生了可喜的变化。

总而言之，历史上长期处于封闭状态的贵州，虽然整体而言思想较为落后，但各级政府及民众推动经济社会发展的决心和勇气却从来没有动摇过，只是那些闪光的思想和创新的观念总是缺少一些实干作支撑，也不具有持久性。"醒得早，起得晚，走得慢"就是真实写照，在遇到改革开放等新生事物时，有想法、有措施，只是由于诸如交通不便等硬环境的制约以及体制机制不健全或执行不力等软约束，思想观念超前却始终没有催生改革开放的丰硕果实。

---

① 熊宗仁. 思想观念常超前经济社会总滞后 [J]. 当代贵州，2004（12）.

5.3.6.2 高度重视，齐抓共管，着力改善对外开放硬环境和软环境

第一，由于市场这只"看不见的手"力量不足，加之企业力量相对较弱、中介组织不发达等，对外开放工作中政府既"搭台"又"唱戏"的局面延续至今。为了有效弥补市场及非政府组织功能发挥的不足，各级政府高度重视对外开放、尤其是招商引资工作，心思统一、力量凝聚并以硬约束规制软行为，齐抓共管对外开放的氛围浓烈。例如，加入世贸组织、尤其是西部大开发以来，贵阳市、六盘水市、黔南州等把招商引资工作作为经济工作的"生命线"和实施开放带动战略的核心内容，党政"一把手"亲自抓，目标任务分解落实到部门，引入了考核激励机制等，如黔西南州党政领导亲自督办外商投诉案件、协调重大招商引资项目，贵阳市主要领导2006年以来带领有关部门多次到长三角、珠三角、环渤海等经济发达地区开展招商活动等。

第二，基础设施建设滞后与诸如诚信缺失、法治不健全等软环境约束是制约对外开放纵深推进的主要障碍。物通、交通、信息通以及人才环境等的改善才能吸引并留住投资者，虽受客观条件限制，但在区域产业分工与协作中，各级政府都将两个环境的改善作为重点来抓。硬环境建设方面，抢抓机遇，路、水、电、气等领域在西部大开发十年间明显改善，尤其2006年以来，快速铁路、高速公路、航空、黔中水利枢纽等基础设施建设更是取得了突破性进展，是全国唯一提出县县通高速的省份，区位优势进一步凸显，为承接产业转移奠定了坚实的基础，为加工贸易和物品流通"大进大出"、"快进快出"创造了条件。

第三，软环境建设方面，由于硬环境建设长期滞后，尤其注重软环境的建设。例如，打造"诚信贵州"、"法治贵州"、"整脏治乱"、"三创一办"、"满意在贵州"以及近期"三个建设年"的推行等，亲商、爱商、敬商、安商的发展环境和良好氛围进一步形成。

5.3.6.3 抢抓机遇，搭建平台，强调招商引资与特色优势紧密结合

机遇稍纵即逝，在贵州发展史上，由于瞻前顾后、犹豫不前或观念老套、错失机遇的事例偶有发生，如三年困难时期湘渝铁路绕过铜仁、20世纪80、90年代卷烟、白酒错失发展良机等惨痛经历等。但总的来说，贵州抢抓机遇意识浓烈，如在获悉渝怀铁路立项后，通过努力争取到该铁路过境铜仁以改善铜仁投资环境等。为促使机遇转变成现实的生产力，历届政府有组织、有重点地搭建与利用各种平台。一是加大对重点企业的招商引资力度。如利用到京开会期间召开恳谈会，邀请央企共谋发展等，迄今引进了诸如花旗银行、沃尔玛、家乐福等外资企业以及大批央企，成效显著。二是加大对重点地区的招商

引资力度。利用各种平台和机会，加大对东部发达地区招商引资力度，拓展与对口帮扶城市大连、深圳、宁波、青岛等之间的经济合作力度，不断深化与成渝经济区的合作力度等。三是主动出击、搭建平台。以筹办"多彩贵州"、酒类博览会、茶叶博览会、省旅游产业发展大会、黄果树瀑布节暨投资贸易洽谈会、贵州经济论坛、黔商论坛等活动，为投资者创造更多的考察、了解、合作和投资的机会。特色禀赋优势是促进贵州对外开放的出发点与落脚点，区域产业分工与协作注重与特色优势结合，因地制宜，并在此基础上集思广益、统筹规划。针对经济总量小、底子薄的状况，区域产业分工与协作坚持稳步推进、适度超前的原则，产业布局紧贴各地特色优势和交通"大动脉"，充分发挥集聚效应、孵化效应、示范效应和带动效应，经过多年努力，形成或正在形成一批特色产业区，如以贵阳为中心的高新技术、文化创意及循环经济示范区，以遵义为重点的酒业等轻工聚集区，以安顺为基础的航空航天工业区，以黔东南、黔南等地为主体的生态产业区等。

5.3.6.4 营造氛围，创新方法，不断完善对外开放的体制机制

贵州是欠发达的，但也是思变的。改革开放以来，各级政府领导和人民争取一切时机改善环境、宣传贵州、塑造良好形象的努力从来就没有停止过，如在基础设施跨越式发展中，为防止"通道经济"沦落为"过路经济"，承接产业转移异化成"村村点火、户户冒烟"、"老大黑粗"产业的"填埋场"，在着力制定规划、配套政策、提升执行力等的基础上，通过新闻发布、专题访谈、系列节目、开辟专栏、异地宣传等多种形式，为区域产业分工与协作的纵深推进营造良好的舆论氛围。与此同时，积极开展公共外交活动，如充分发挥外事侨务部门、驻黔机构、商会等的桥梁和纽带作用，推动交流与合作，提高贵州知名度，增强对外来投资者和旅游者的吸引力。如前所述，贵州的区域产业分工与协作创新思想频现，有些做法甚至走在全国前列，如"三个率先"的提出与落实，为区域产业分工与协作的纵深推进提供了环境与制度保障。与此同时，近年来，区域产业分工与协作体制机制也不断得以健全完善，建立了诸如重大项目协调机制，解决重点项目推进中的重点难点问题；继续完善实施投资环境考核评价制度，积极营造促进招商引资扩大开放的法制环境；建立领导干部招商引资目标责任制，明确领导干部在招商引资工作上的任务，定期进行年度考核等。这些体制机制的健全完善有效促成了对外开放工作从以优惠政策为主向以法治为主转变，从非理性的招商引资逐步向以理性招商引资转变，从临时的招商引资逐步向以制度化招商引资转变等。

5.4 泛珠三角区域产业分工与协作的模式选择

中国东中部地区已经实施了多种区域产业分工与协作的模式。从内容看，有资源、产业、科技、人才招商模式等；从形式看，有园区、中介、走出去引进来的"敲门"、组团、洽谈会招商模式等；从范围看，有区域、面向欧洲、面向亚洲重点区域产业分工与协作模式，也有对跨国集团直接招商模式；从手段看，有企业、海外华侨、传媒、网络招商等；从优惠政策看，有零地租（土地）模式、税收优惠模式等。在众多区域产业分工与协作模式中，各地为了互相竞争，各出奇招，各种模式很多。为了在纷繁复杂的区域产业分工与协作模式当中理出一条清晰的线路，更好地分析区域产业分工与协作模式，便于在理论上归类、提升和分析，将各种区域产业分工与协作模式归类为最基本的政府区域产业分工与协作和市场区域产业分工与协作两种基本模式。其中零地租（土地）模式、税收优惠、资源、组团、洽谈会招商等模式可以归类为政府区域产业分工与协作模式，产业、中介、企业、网络招商等可以归类为市场区域产业分工与协作模式。

5.4.1 政府区域产业分工与协作模式

所谓政府区域产业分工与协作模式，是指政府直接介入并运用各种优惠政策进行区域产业分工与协作活动的方式，是一种以行政资源换取经济资源的运作模式。从实际效果来看，以政府为主导的区域产业分工与协作模式曾经发挥过巨大的作用，对各地经济的启动有积极的影响，创造了许多经济奇迹和财富神话。但是，在近几年的实践中，以政府介入为主的区域分工与协作模式与市场经济之间的矛盾日益显现。

5.4.1.1 政府区域产业分工与协作的三种模式

第一，政府直接区域产业分工与协作模式。[①]政府直接区域产业分工与协作，即将区域分工与协作指标任务直接下达到各级政府，地方各级政府直接插手区域产业分工与协作工作，走到区域产业分工与协作工作的第一线。有的地方将区域产业分工与协作多少万美元规模以上的外商投资项目作为政府工作的重点，由地方政府主要领导直接挂钩联系，并考核奖励，如绍兴、苏州等地。

---

① 谭朝晖. 地方政府在招商引资中的行为模式分析 [J]. 黑龙江科技信息，2010 (30).

同时，将区域分产业工与协作指标和任务以及完成情况与各级政府官员的年终目标考核直接挂钩，对区域产业分工与协作工作成绩显著者实行物质奖励，由地方政府根据本身实际出台一系列诸如土地优惠、税收优惠、改善投资环境和加快园区建设等方面的优惠政策，直接对外资进行优惠。该模式由于能动用地方政府的全部资源，包括政府财政、人力、时间、信息、政策资源等，因而能在短期内取得较好的效果。这也是政府直接区域分产业工与协作模式被很多地方政府重视主要原因。但是，政府直接区域产业分工与协作也存在一些问题：一是政府职能越位，企业缺位，使市场环境的公平受性到损害。作为区域产业分工与协作主体的企业位置与政府倒置，政府包办。二是政府寻租及权钱交易。三是政府之间过度竞争。有些地方政府将土地等不可再生资源低成本出让，在资源价格上互相压价，甚至零成本奉送，或以牺牲自然环境或农民利益为代价进行区域分工与协作。四是许多地方往往将区域分产业工与协作数量作为政府绩效考核的主要指标，这可能会导致只顾眼前区域分工与协作的数量，而较少考虑长远利益，如招来的资金是否安全、招来的产业是否已经淘汰等，从而带来更大的损失。

第二，政府主导型区域产业分工与协作模式。政府主导型区域产业分工与协作模式是指在区域分工与协作过程中，地方政府通过运用各种优惠政策来介入招商活动，而不是直接参与其中。这是一种以行政资源换取经济资源的运作模式。该模式中，地方政府的主要职责是规划、项目推介、环境保护和基础设施建设，通过实施以上职责来全面介入区域产业分工与协作活动，包括项目选择、土地供给、能源供应、产品销售等，成为地方经济发展的领导者和组织者。政府主导型区域产业分工与协作模式的主角是地方政府，在地方具有较大的资源配置的权力，并且逐渐成为相对独立于中央政府的行为主体和利益主体。随着地方政府经济自主空间的扩展，发展地方经济、增加地方财政收入责任的加重，使地方政府具有积极推动本地经济发展的动力，从而形成了地方政府主导本地区域产业分工与协作的动力机制。政府主导型区域产业分工与协作模式能比较有效地解决建设资金不足的问题，促进经济增长、增加就业。能促进投资环境优化、提高政府服务效率。还能够通过区域产业分工与协作促进产业结构调整等。但政府主导型区域分工与协作模式也不可避免地存在一些弊端，如盲目招商，降低政府信用度；造成严重的土地占用问题；地方产业结构趋同现象日益突出等。

第三，政府引导型区域分工与协作模式。政府引导型区域产业分工与协作模式要突出政府的引导作用，即政府不直接参与区域产业分工与协作活动，而是通过制定经济发展规划、发布相关经济及法律政策，对经济进行调节、对市场进行监管、提供社会管理和公共服务。政府的本质是服务，在区域分工与协作活动中，政府主要是通过服务营造一个良好的投资环境。投资环境的好坏，尤其投资软环境的好坏主要体现在政府的服务方面。例如，经济政策导向及政策的连续性和严肃性；法律的完善程度、稳定性和法规执行情况；劳动力的综合素质及价格水平；管理水平、办事效率等。从经济层面上而言，政府存在是为了纠正"市场失灵"，为社会提供市场不能有效提供的公共产品和公共服务，制定公平的规则，加强监管，确保市场竞争的有效性，确保市场在资源配置中的基础性作用。经验证明，哪里的政府管理规范，服务到位，办事高效，哪里就能更多地吸引到资金、人才和技术。因此，政府适当干预经济具有合理性。在区域产业分工与协作中，政府不能不参与区域产业分工与协作，也不能直接参与区域产业分工与协作。政府参与区域产业分工与协作的主要方式应该是提供良好的政治环境、经济环境、法制环境，并在政策上把握和引导区域产业分工与协作的发展方向、发展速度，支持民间部门包括企业组织、金融中介等的发展，为它们进行协调服务。总之，政府应把主要职能集中到宏观调控、市场监管、社会管理和公共服务上来，这也就是政府引导型区域产业分工与协作模式的内涵。①

5.4.1.2　政府区域产业分工与协作模式的优点

第一，政府由于拥有各种行政资源，在区域产业分工与协作活动中，政府在宣传品牌，塑造形象方面具有不可替代的作用。

第二，地方政府凭借自身的权力优势和较高的视野，掌握了大量信息，具有信息中枢作用。由于政府是公权行使部门，具有不可替代的权威性和可信度，可以增强投资方的信任感，从而有利于区域产业分工与协作活动的展开。

第三，地方政府有权以提供市场机会和利润空间为导向，为区域产业分工与协作活动制定优惠政策。这种政策导向在经济发展相对落后的地区，在区域产业分工与协作初期不可或缺。

第四，政府能够更加有效地利用行政手段和法律手段，切实保证外来投资者的合法权益，打击和制止对外来投资者的不法侵害。

5.4.1.3　政府直接区域产业分工与协作带来的问题

第一，容易导致权力寻租及腐败、地区之间过度竞争。

第二，出现不顾经济社会发展需要而盲目区域产业分工与协作、重复引进

---

① 程蓓蕾. 我国区域分工与协作现状与主要模式分析 [J]. 中国商界, 2010 (9).

现象。政府在自身利益驱动下，对外商投资既不考虑地区自身产业布局和产业特色，也不考虑其产业属性和专业特长，引进一些高污染、高能耗企业，不惜以牺牲生态环境为代价，最后损害的是自己的利益。

第三，不计成本，竞相采取各种优惠政策与优惠手段，加大基础设施建设的财政补助，对土地、矿产等自然资源采取低租金出让，零成本奉送，甚至不顾实效，不惜财力举办各种各样的节、会，耗费了大量人力物力，却很少计算回报。

第四，由于政府区域产业分工与协作的后续追踪力度不够，往往导致履约率低，甚至被骗。①

5.4.2 市场区域产业分工与协作模式

市场区域产业分工与协作模式是指依靠市场机制发挥作用，通过市场配置经济资源，由企业和其他社会组织为主体进行的一种区域产业分工与协作模式。从市场化的角度来考虑区域产业分工与协作，就必须考虑供求双方的利益和需求。在这里，供应方即投资方，需求方即接受投资方。投资方包括国外投资者、省外投资者和企业及民间投资者。对于投资者来说，投资都有一个共同的目的，就是寻求效益、寻求市场。但对于不同的投资者，其投资的目的还是有所不同或有侧重点不同的。例如，国外投资者投资的目的是寻求资源、市场、效益、战略资产（并转移出去）。国内政府投资的目标是推动和引导地区经济发展、实施经济社会发展战略目标、改善国家或地区经济环境、政治方面的需要、占领市场并尽可能提高效益。政府投资不仅要考虑经济因素，更要考虑社会因素；国外投资者和民间投资者更看重投资的回报率和市场。另外，大规模投资与小规模投资所考虑的重点也不一样，虽然有许多因素是他们共同要考虑的。一般来说，无论投资者投资的目的是什么，投资项目有多大，他都要考虑投资的安全性、盈利性、政策及服务的配套完善性、政策的优惠性。作为区域产业分工与协作的主体和需求方，不仅要考虑本地区和自身的需求，还要了解投资方的需求和意图，切不可以自我为中心。分析自己、了解对方，才能作出正确的市场判断。

5.4.2.1 已实施的市场区域产业分工与协作模式

一是企业招商模式。企业招商模式以龙头企业为主体的区域产业分工与协作模式。企业作为经济主体最了解市场，知道市场需要什么产品、目前的技术

---

① 杨晓航. 政府招商引资模式与市场招商引资模式研究 [J]. 贵州信息与未来，2011 (4).

状况，企业明白自己需要什么样的投资伙伴。企业是区域产业分工与协作活动中的主角，主动地，有目的、有选择地参加区域产业分工与协作的全过程。东部地区一些大型企业就直接与外商进行联系，成功引进了大量资金和技术。

二是产业招商模式。产业招商就是依托当地产业基础的比较优势，基于合理的产业定位，围绕主导产品及其上下游产品来区域产业分工与协作的一种区域产业分工与协作模式。通过引进高端技术来拓展技术链，通过填补产业链上的空白来延长产业链、调整产业结构，从而提高综合竞争力。通过产业招商，外来投资者与当地产业间会发生垂直的和横向的各种经济联系，从而实现产业资源的全面整合和充分利用，使产业内交易成本最小，整体上实现资源效益和产业发展的最大化。在产业发展的同时会形成产业集群，从而推动区域产业经济的良性循环和健康发展。作为区域产业分工与协作方，从产业发展的角度入手，考虑整个产业链条，从原材料的获取、初级产品、中间产品、横向产品、到最终产品、进行全方位的市场考虑，一条龙的产业设计，可以最大限度地降低产业配套协作成本。

三是市场区域产业分工与协作新模式——中介招商。中介招商即企业通过在市场上委托中介公司作为其代理人，专门为其从事对外招商工作而与其他各方产生的经济联系。中介公司接受企业委托为其区域产业分工与协作，同时取得服务费。这是世界上绝大部分市场经济国家实行的招商机制。专门从事区域产业分工与协作活动的中介公司，处于招商单位和投资商之间，对双方情况比较了解，更加专业。中介机构实行独立经营，自负盈亏，其宗旨是为投资、引资双方服务，实行双向收费，以契约形式，通过公正的合同来约束三方的经济行为。中介公司在区域产业分工与协作活动中所提供的服务包括提供信息、联系客户、接触外商、代理谈判、签约、代办审批手续、起草合同与章程、直到资金到位。由中介公司代理招商，是区域产业分工与协作实行市场化运作的核心内容。中介招商是市场经济发展的必然产物。在国外，专事招商的中介公司的作用是不可替代的。中介公司实力强、信誉高、业务精、门路广，委托他们招商，可以少走或不走弯路，招商成本更低，效率更高，容易产生事半功倍的效果。在深圳、上海、广东等发达地区均有中介招商模式的实施。[①]

5.4.2.2 市场区域产业分工与协作模式的优点

一是竞争机制是市场机制的基础性机制。市场化区域产业分工与协作允许多种区域产业分工与协作主体参与其中，通过竞争实现区域产业分工与协作效

[①] 吴廷述，杨晓航，等. 新形势下政府招商引资模式与政策研究 [R]. 2011.

率的提高和资源配置的优化。这种竞争主要体现在区域产业分工与协作主体之间的竞争，可以促使投资环境优化，提高服务质量；投资方之间的竞争，可以使受资方选择更适合、更有效的投资者；各区域产业分工与协作中介之间对佣金的竞争，可以提高效率，降低成本。

二是企业作为区域分工与协作的主体，能够对区域产业分工与协作结果承担责任，并且深谙市场法则和客观经济规律，区域产业分工与协作与企业自身的经济效益紧紧联系在一起，不至于出现盲目招商或重复招商。

三是市场化招商模式中，从事区域产业分工与协作的队伍更加专业化，可以使区域产业分工与协作少走弯路，降低招商成本，提高区域分工与协作效率。

5.4.2.3 市场区域产业分工与协作存在的不足

一是在地区发展战略方向及规划方面不够清楚，容易导致引进项目不符合地方经济发展战略的方向，不顾生态环境，只重企业经济利益的现象。

二是企业对宏观政策以及宏观信息量的掌握不够，不利于企业区域产业分工与协作。

三是企业的协调能力有限，一些需要多方协调的事，需要通过政府才能解决的问题比较棘手。[1]

5.4.3 权衡利弊的泛珠三角区域产业分工与协作的模式选择

政府与市场相结合的综合模式。

市场和政府不是两个相互绝缘的独立体，更不是互相对立或排斥的，它们相互依赖，相互补充，相互作用，共同支撑着经济的发展。市场需要有政府的有力支持，政府需要有市场的激励，当市场机制在配置资源方面失灵时政府可以进行有效的控制和调节。同理，区域产业分工与协作如果仅仅依靠政府或仅仅依靠市场都是不完整的，而应该将政府区域产业分工与协作模式和市场区域产业分工与协作模式结合起来。让企业成为区域产业分工与协作的主体，政府可以发挥行政资源等优势，把主要精力投入到做好战略规划，制定适合的产业发展政策，营造良好的投资环境，维护市场竞争秩序，包括简化审批流程，创新管理理念，推进依法行政等工作上去，进行间接调控和服务。区域产业分工与协作的主体应该由企业来承担。[2]具体可以采取以下模式。

一是小分队模式，这是这些年特别有效的政府区域产业分工与协作的一种

---

[1] 袁寒梅．论地方政府在区域分工与协作中的角色定位 [J]．湘南学院学报，2006（1）.
[2] 吴廷述，杨晓航，等．新形势下政府招商引资模式与政策研究 [R]．2011．

形式。这种形式短小精悍，费用小，目标准，效果好。

二是网上模式。随着信息技术的发展，网上招商逐渐被使用。在有限时间内，可以把所有投资者需要了解的信息图文并茂地在网上展示出来，让全世界投资者知晓；速度快，效率高，成本低，效益大，使用简单，交互性强。但是缺乏实物真实感觉。

三是会展模式。会展可以是政府举办，也可以是企业集团举办或两者联合举办。会展招商是广为运用的一种方式，通过对项目和产品的集中展示，广泛吸引人气，从而达到区域产业分工与协作目的。会展业的发达，与区域产业分工与协作有直接关系。贵州应总结已经尝试过的各种会展经验，注重以特色会展为基础，如国际（贵阳）"酒博会"的举办打造大型区域产业分工与协作暨投资贸易活动平台，推动区域产业分工与协作工作形成惯例。

四是旅游模式。贵州要发挥旅游资源优势，通过发展旅游区域产业分工与协作，既能吸引游客、又能吸引投资者，一举两得，最大限度地把游人和投资者都聚集过来。

五是以商招商模式。以商招商主要是通过商会、亲朋好友投资者，以自己的亲身经历证明某地的项目、投资环等商机，选择投资发展，并通过他们引进更多的资金和商家。

六是资源、产业综合区域产业分工与协作模式。贵州是资源大省，经济的发展离不开资源，区域产业分工与协作也绕不开资源。同时，对外资和外商，资源也是最有吸引力的。开发资源，又要保护好资源，以最少的资源消耗、最小的生态破坏和环境污染，达到最大的经济效益。资源开发要考虑产业链的发展，目光要长一点，宽一点，将上、中、下游产业作为一个产业整体去考虑，从而有利于深加工，有利于当地产业结构调整。从产业发展的角度考虑区域分工与协作，根据实际情况，确定哪些是优势产业，哪些是重点产业，哪些产业最具有招商潜力，比如贵州的旅游业、能源化工产业等，做成区域产业分工与协作产业地图，按图索骥，这是一种最节约成本的方法。归纳起来，资源、产业综合区域产业分工与协作模式就是以资源为依托，以产业发展为先导，以产业开发区为平台，充分发挥政府与市场的作用的区域产业分工与协作。

5.5 本章小结

本章主要研究了泛珠三角区域产业分工与协作模式。经济发展存在的若干问题，特别强调在充分看到泛珠三角区域产业分工与协作经济社会发展中起着越来越重要作用的同时，还必须注意到区域产业分工与协作中存在着若干值得研究、重视的问题。首先，研究了泛珠三角区域产业分工与协作现状。其次，探讨了泛珠三角区域产业分工与协作中的主要问题。第三，研究了泛珠三角区域产业分工与协作的模式选择。最后，对泛珠三角区域产业分工与协作模式进行了概括性论述。

6 泛珠三角区域产业分工与协作的运行机制

区域产业分工与协作的运行机制问题,也经常是经济理论中争论得最为激烈的问题。早在16世纪,西欧重商主义者就开始对区域产业分工与协作问题进行了探讨。亚当·斯密(Adam Smith,1723—1790)是国际分工与国际贸易理论的创始者。他提出了国际分工与自由贸易的理论。①自由贸易会引起国际分工,国际分工的基础是有利的自然禀赋。② 有利的自然禀赋又称为绝对利益理论(Theory of Absolute Advantage)。大卫·李嘉图(David Ricardo,1772—1823)其代表著作是《政治经济学及赋税原理》,在其著作中他提出了比较成本说③:"在商业完全自由的制度下,各国都必然把它的资本和劳动用在最有利于本国的用途上,这种个体利益的追求很好地和整体地普遍地结合在一起。"④这些理论对区域产业分工与协作运行起到指导作用。

6.1 泛珠三角区域产业分工与协作运行机制现状分析

《珠江三角洲改革发展规划纲要》对珠三角地区作出"全国重要的经济中心"的战略定位。在产业、投资等领域进行了全方位的分工与协作。

6.1.1 泛珠三角区域产业合作有两大平台机制

泛珠三角区域产业合作的两大平台机制分别是泛珠三角区域合作与发展论

---

① 陈同仇,薛荣久. 国际贸易 [M]. 北京:中国人民大学出版社,2001:44.
② 薛荣久. 国际贸易 [M]. 成都:四川人民出版社,1998:55.
③ 薛荣久. 国际贸易 [M]. 成都:四川人民出版社,1998:56.
④ 大卫·李嘉图. 政治经济学及赋税原理 [M]. 郭大力,王亚南,译. 北京:商务印书馆,1962:113.

坛和泛珠三角区域经贸合作洽谈会机制。6届泛珠论坛暨经贸洽谈会先后在香港、澳门、广州、成都、昆明、长沙、南宁、福州等地成功举办，泛珠三角区域合作深入推进，取得了丰硕的成果，各方共举办论坛70余场次，涉及20多个领域，洽谈累计签约项目近1.5万个，总金额超过1.8万亿元。

6.1.1.1 合作架构日渐成熟

泛珠三角区域合作是包括港澳在内的11个省区联手策动的区域合作，也是中国首个横跨"一国两制"地区和内地东中西部地区的异质性区域合作。泛珠三角区域合作建立了区域产业分工与协作架构和运行机制。合作框架，是制定《泛珠三角区域合作框架协议》并经中央批准实施；搭建了两个平台，是每年举办泛珠合作论坛和经贸洽谈会，以共同主办、轮流承办方式具体实施；调动三方面力量，是发动政府、企业及民间广泛参与泛珠一体化进程；构建泛珠政府自上而下的四大对接机制，是行政首长联席会议制度、政府秘书长协调制度、日常工作办公制度以及部门衔接落实制度等的行政协调运行机制。

6.1.1.2 泛珠合作架构和运行机制不断完善

合作各方通过论坛及多层次的行政协调机制，确定了区域合作框架协议、基本原则、合作思路和合作重点。并在每一届论坛上不断补充、完善和发展。合作各方第一年签署框架协议、达成共识；第二年制定规划纲要、进一步明确方向；第三年制定专项规划、认真组织实施；第四年扩大合作领域、务实推进项目实施。泛珠三角区域合作一年迈出一大步，七年跨上一个大台阶。

6.1.2 合作机制及缺陷

随着区域合作的推进，一些深层次合作的阻碍和问题也逐渐显现出来。合作走到了攻坚克难的关键时期，这甚至关系着合作在未来能否真正成为经济发展的高地和成为拉动区域经济增长的引擎。来自各省区的多方建议都提及泛珠三角合作机制正在向规范化、制度化合作机制的创新与完善的方向发展。但是，泛珠三角区域合作由于具有自己的特殊性而使得合作进程较为艰难，也给区域合作的机制建设带来了较大的挑战。一是实施建设和构建一个公平、开放、竞争的市场体系，合作目标还有待于进一步规范和细化，缺乏明确的动力机制。二是泛珠三角区域合作的组织机构还有待进一步完善。《泛珠三角区域合作框架协议》中规定了区域合作的运行机制，提到行政首长会议、秘书长会议、部门衔接会议，显然远远不够。三是泛珠三角区域合作运行机制缺乏约束力。区域合作是由区域内成员自愿参与，缺乏一个权威的组织机构，协议也没有形成较强法律约束，只是由成员自主执行，一旦有某个成员不能够达成协议，则可能会影响整个区域的合作。

6.1.3　泛珠三角区域产业合作机制及缺陷分析

泛珠三角区域合作机制及缺陷需要通过5个方面予以弥补。一是进一步明确区域目标，激发互补性带来的合作动力。二是完善泛珠三角区域合作的决策机构和执行机构。三是根据自愿参与原则，将各种协议作为区域性合作法规进行建设。四是建立具有权威性的中央协调机构。五是着力推进合作体制机制创新。

6.2　泛珠三角区域产业分工与协作运行机制有益实践

胡锦涛同志在党的十七大报告中指出："加强东、中、西部经济交流和合作，实现优势互补和共同发展，形成若干各具特色的经济区和经济带"。地处西部欠发达地区的贵州紧紧抓住历史性机遇，在泛珠三角区域产业分工与协作运行机制中做了一些有益实践。与中、东部地区经济合作，是缩小地区差距，促进区域产业协调发展的载体。与中、东部地区产业经济合作，是培育新的经济增长点，是促进共同富裕的重要举措。其成效及经验有4个方面：积极推行定点定向招商机制，把吸引中、东部地区资金作为重点来抓，出现高速增长势头；积极支持在黔各种商会及办事机构，实现"以商引商"机制；推动与大连、深圳、宁波、青岛四个东部沿海对口帮扶城市经济合作；努力改善投资环境，吸引中、东部地区优强企业来黔投资。

推进与中、东部区域产业经济合作机制。一方面，东部地区沿边沿海，发展快，随着西部大开发进程的推进，东部地区来西部欠发达地区找市场，找资源的趋势发展迅猛。另一方面，中部地区是东西部经济合作的"扣眼"和"桥头堡"，要做好有关链接工作。21世纪头20年，是与中、东部地区产业经济合作大有作为的时期。应重点把握以下几个方面：坚持政府推动，坚持市场主导，坚持统筹规划，坚持机制创新，坚持环境营造。加快建立和完善良好的政策环境，加快建设和完善公平竞争的市场环境，加快和完善法制环境，加快建立和完善优质的服务环境，加快建立和完善优质的诚信环境。

6.3 改善投资环境促进区域产业分工与协作机制创新

近年来，贵州把实施大开放促大开发战略作为促进大发展的根本动力和促进区域产业分工与协作机制创新的途径，放到关系全省经济社会发展的全局性、战略性、长期性的高度，不断加大工作力度，不断创新工作机制。主要做法如下。

6.3.1 对外开放是促进跨越式发展的根本动力

2000年，中共贵州省委七届三次全会出台了《关于切实改善投资环境，扩大招商引资的决定》，明确提出了"一下一上"的工作目标（把人口过快增长降下来，把招商引资水平抓上去），把扩大对外开放作为全省经济发展的战略措施来抓，不断增强加快对外开放的紧迫感和责性感。牢固树立起"三个理念"，做到了"三个并举"。

6.3.1.1 三个理念

一是牢固树立起以更加宽广的眼光审视自己，以更加开阔的胸怀博采众长的理念。拓展对"开放"的理解，充分认识到开放是对国外、省外、市外、县外、乡外、村外的开放，是对各种所有制的开放，是向一切有利于发展方面的开放，要把开放贯穿于整个经济建设的全过程。

二是牢固树立起大开放大发展、小开放小发展、不开放不发展的理念。深刻认识到谁在开放上主动，谁就在经济发展上赢得主动，抢占先机；谁在开放上被动，谁就在经济发展上陷入被动，步步落后，贻误发展的良机。

三是牢固树立起"投资者是上帝，服务也是生产力"的理念。规范公共服务的内容和形式，不让投资者多跑一个门、多找一个人、多花一分钱、多操一点心，切实增强贵州的亲和力、舒适感、安全感。

6.3.1.2 三个并举

三个并举即对外开放与对内开放并举；"引进来"与"走出去"并举，双向开放，实现双赢；政府协作与民间合作并举，形成了全方位的开放格局。

一是一步树立全球战略意识，积极参与国际经济技术合作和竞争。

二是继续发挥比较优势，力争成为劳务出口的大省。劳动力资源十分丰富、价格低廉，这种比较优势不应仅仅体现在出口和吸收外资中，还应该充分体现在"走出去"之中。规范对外劳务合作经营秩序，维护外派劳务人员的合法权益。

三是转变外经贸增长方式，推进高新技术产品和服务业出口。以数量增加为主的增长方式受到越来越多的制约，必须加快外贸从数量增长为主向以质取胜转变。

四是提高"入世"后的应对水平，营造对外开放的外部环境。引导企业有序出口，防止盲目投资和重复建设，鼓励行业自律。

五是着力提高利用外资的质量和水平。根据经济发展的需要，按照市场经济规律，进一步完善利用外资的法律法规和政策措施，不断优化引进外资的结构，提高利用外资的水平。①

6.3.2 "取他山之石，攻贵州发展之玉"是对外开放的重大举措

贵州作为"不沿海、不沿江、不沿边"的西部内陆欠发达、欠开发省份，需要努力学习和借鉴先进地区的做法和经验，"取他山之石，攻贵州发展之玉"。2001年起，每年都组织贵州党政代表团到外省城市学习考察、招商引资。（表6-1）

表6-1　　　　2006—2009年贵州省对外经济合作情况

对外经济合作指标	2006	2007	2008	2009
境外经济合作					
签订合同项目（个）	2	4	3	10
签订合同金额（万美元）	2 419	7 576	43 804	16 461
实际营业额（万美元）	6 608	4 193	31 064	28 287
年末在外人员（人）	775	620	874	1 649
省外经济合作					
引进省外项目（个）	2 086	2 056	2 157	
引进省外资金（亿元）	286	401	510	187.56

资料来源：2010年7月《贵州统计年鉴》、《贵州经济蓝皮书·2010年》。

6.3.2.1 建设优美舒适的居住环境

围绕建设"两个最适宜"（最适宜创业发展、最适宜居住生活），加大了

---

① 陈政. 欠发达欠开发贵州实施与中、东部地区区域经济合作创新发展战略的思考[J]. 社科新视野，2007（4）.

以道路、供水、污水处理、垃圾处理、停车场、文体设施等为重点的基础设施建设力度，不断增强城市服务功能；不断改善城市环境，提高城市品位，改善人居环境；开展创建"文明林城"活动，提高城市文明程度，增强城市的竞争力、凝聚力、吸引力。①

6.3.2.2 营造开明优惠的政策环境

先后制定了《关于改善投资环境，扩大招商引资的决定》、《关于进一步做好招商引资工作的意见》、《贵州省招商引资政府奖励办法》、《贵州学子回乡创业园优惠政策》、《贵州留学人员创业园优惠政策》等一系列政策和措施，为改善投资环境提供了良好的政策支持。《贵州省招商引资目标考核及奖惩试行办法》将招商引资工作纳入年终目标考核体系，全省75个涉及的单位和部门都承担了相应的招商引资任务，极大地推动了改革开放和区域产业分工与协作。

6.3.2.3 营造优质高效的服务环境

转变政府职能，建设服务型政府，建立"一站办"，对投资项目审批提供"一条龙"服务，对项目建设过程提供全方位服务，对项目建成投产后提供经营性服务，对解决企业生产经营中遇到的困难提供"全天候"服务；深化行政审批制度改革，清理了新中国成立以来发布施行的规范性文件，取消行政审批事项，废止了30部政府规章，宣布了一批文件失效，对59部政府规章进行修改。实行政府职能部门为外来投资者和企业服务公开评议奖惩制度。

6.3.2.4 营造公平竞争的市场环境

加快社会信用体系建设，构筑良好的社会信用基础，始终坚持不搞地方保护主义，树立保护地方就是保护落后的观念，大力整顿和规范市场经济秩序，严厉打击各种假冒伪劣产品和坑蒙拐骗行为，打造"诚信贵州"形象。

6.3.3 招商引资工作机制是经济工作的生命线

近年来，始终把对外开放和区域产业分工与协作纳入全省的工作大局，把招商引资机制作为经济工作的生命线。

6.3.3.1 明确重点，创新思路，实现招商引资大突破

一方面，抓住国际、国内产业大规模转移的机会，在目标产业和目标企业的选择方面，重点考虑将铝加工、磷化工、新型材料、现代中药、特色食品、旅游以及循环经济等优势产业通过招商引资形成产业集群。另一方面，创新招

---

① 贵州省统计局，等. 贵州统计年鉴 [M]. 北京：中国统计出版社，2010.

商的机制和方式。集中力量搞低成本招商，积极开展小团队招商、专业化招商、主题招商、定向招商、委托招商和网络招商，下大力气加强民间管道建设，发挥行业协会和中介机构的信息网络和专业优势，通过证券公司、投资公司和专业咨询顾问公司的平台和渠道实现以商招商。

6.3.3.2 降低投资商务成本，增强招商竞争力和吸引力

在降低生产要素成本（硬成本）和投资软成本两个方面下功夫，增强招商引资的竞争力和吸引力。尽量通过把工业用地与经营性房地产用地等区别开来，把实际土地成本与招商引资供地价格区别开来，积极探索赢利性土地和非赢利性土地出让的补偿标准，通过"抽肥补瘦"，较好地解决了土地成本问题。大力发展现代物流，解决好供水、供电等方面存在的问题，帮助企业降低生产要素成本。

6.3.3.3 突出自身优势，在利用资源和存量招商上狠下功夫

加大推介优势资源的力度，采取以资源换资金、以市场换项目的办法，有效缓解了全市资源开发资金不足的问题，给全市经济发展注入了生机与活力。把招商引资与推进国有企业改革结合起来，充分吸引外资和民间资本参与全市国有企业的改革和调整，加快国有资本从一般竞争性领域有序退出，充分利用企业现有的资产存量，吸引外部资本力量。

6.3.3.4 强力推进开发区和工业园区建设，打造一流平台吸引投资者

加强科学规划，增强园区的可持续发展能力，形成合理的产业布局。大力发展高新技术产业，提高高新技术对经济发展的贡献率。紧紧抓住微硬盘、光机电、数字电视这几个产业项目，把这几个项目做大做强，成为全省经济的强劲增长点。

6.3.3.5 坚持把大开放始终作为建设贵州的有力支撑

党的十七大报告指出：新时期最鲜明的特点是改革开放。从农村到城市，从经济领域到其他各个领域，从东部到中西部，对外开放的大门毅然决然地打开了。贵州是西部内陆山区省份，实施开放带动战略，借助外力加快发展极其重要。建设大贵州，需要大投入；实现大投入，必须大开放。拓宽利用外资渠道、开拓利用外资新领域，采取和探索国际通行的建议—经营—转让（BOT）融资、移交—经营—移交（TOT）融资、项目融资、股权投资等利用外资新方式，大力推动国外大型跨国公司参与贵阳金阳新区的开发建设和国有企业的改制重组，形成区域产业分工与协作新的增长点。

6.4 贵州省投资环境考核评价工作机制体系

贵州省运用世界银行改善投资环境项目研究成果，率先在全国开展投资环境考核评价工作，坚持用硬措施治理软环境。2001—2006年贵州省招商引资局与省统计局、省企业调查队、省直属目标管理领导小组办公室连续5年对全省市（州、地）和省直属单位投资环境进行考核评价，引起新华社《国内清样》和有关媒体关注，世界银行、亚洲开发银行、国务院西部开发办公室、商务部及福建、湖北、四川、山西、青海、云南、广西等15个省、区、市有关人员来考察学习和索取资料，20多家新闻媒体进行跟踪报道。5年来，每年都根据《贵州省政府工作报告》和贵州省经济工作会议重大工作部署贯彻落实情况的要求，贵州省投资环境考核评价工作办公室（设在贵州省招商局）会同贵州省统计局、国家统计局贵州调查总队、省直属机关目标管理领导小组办公室、省招商引资局，组织18家省直属单位组成4个考评组，分赴全省9个市（州、地）、9个县级市、11个国家和省级开发区进行集中考评。考评中组织了30多场外来投资企业座谈会，与近300家外来投资企业进行面对面座谈，直接听取外来投资者的意见。同时，向1 400多户外来投资企业中随机抽取的900多户企业发放"贵州省投资环境评价调查表"。按照公开、公正、公平和科学合理的原则，组织实施了年度全省投资环境考核评价工作，贵州省投资环境考核评价工作办公室上报贵州省人民政府后，将年度全省投资环境考评结果情况在贵州日报等新闻媒体上公布（见表6-2）。2006年以后，贵州省的投资环境得到进一步改善，确定每两年进行一次考核公布（因为2008年初启动了机构改革工作，撤销了贵州省招商引资局，此项工作就停止了）。

6.4.1 年度全省投资环境考核评价综合分析

按照贵州省委九届七次全会和《贵州省政府工作报告》关于"坚持和改善投资环境监测、评价、考核、公示和整改制度，大力改善投资软硬环境"的要求，贵州省投资环境考核评价工作办公室在总结前几年投资环境考核评价工作经验的基础上，进一步贯彻落实科学发展观，完善考核评价指标体系和考评办法，按照公开、公正、公平和科学合理的原则，组织实施了每年度全省投资环境考核评价工作。

6.4.1.1 组织实施情况述评

贯彻科学发展观，进一步完善了考核评价指标体系。一是根据中央和贵州省关于建立和谐社会、节约型社会，强调生态环境建设等方面的要求，为加大对社会环境的建设和治理力度，在9个市（州、地）、9个县级市、11个国家和省级开发区指标体系中增加社会和谐1个二级指标；在9个市（州、地）和9个县级市指标体系中增设城乡居民收入比、城镇基本养老保险覆盖率2个三级指标；在11个国家和省级开发区指标体系中增设基本社会保障覆盖率、万元增加值安全事故死亡率2个三级指标（见表6-2）。

表6-2 2006年度贵州省各地投资环境综合考核评价结果一览表

	部分分值		部分分值		综合得分		
权数	70	位次	30	位次		位次	
一、9个市（州、地）							
贵阳市	87.30	2	85.20	1	86.67	1	
六盘水市	86.43	5	79.00	3	83.20	5	减1分
遵义市	86.99	4	80.15	2	84.94	2	
安顺市	85.12	7	78.03	4	82.99	6	
铜仁地区	85.38	6	72.25	8	81.44	7	
黔西南州	84.40	9	74.15	7	81.32	8	
毕节地区	85.08	8	70.09	9	81.29	9	加0.5分
黔东南州	87.07	3	76.08	5	83.78	4	
黔南州	87.45	1	75.29	6	83.81	3	
二、9个县级市							
清镇市	89.17	2	78.70	3	86.03	2	
赤水市	86.38	7	74.39	8	82.78	7	
仁怀市	88.18	5	76.57	6	84.69	6	
铜仁市	83.61	8	77.00	5	81.62	8	
兴义市	87.69	6	79.67	1	85.28	4	
毕节市	83.22	9	69.03	9	78.96	9	
凯里市	88.36	4	78.47	4	85.39	3	
都匀市	89.23	1	79.26	2	86.24	1	
福泉市	88.75	3	75.87	7	84.89	5	

表6-2(续)

	部分分值		部分分值		综合得分	
权数	70	位次	30	位次		位次
三、11个国家和省级开发区						
贵阳国家经济技术开发区	88.39	3	77.09	2	85.00	2
贵阳国家高新技术产业开发区	88.26	4	76.69	3	84.79	4
贵州白云区经济开发区	88.99	1	82.36	1	87.00	1
贵阳钟山经济开发区	87.70	6	74.46	7	83.73	6
贵州红果经济开发区	87.50	7	71.11	11	82.58	8
贵州遵义经济技术开发区	88.91	2	75.50	4	84.89	3
贵州安顺经济技术开发区	86.60	8	73.12	9	82.55	9
贵州大龙经济开发区	86.30	9	75.26	5	82.99	7
贵州顶效经济开发区	84.48	11	74.28	8	81.42	10
贵州凯里经济开发区	85.16	10	72.32	10	81.31	11
贵州都匀经济开发区	87.82	5	75.19	6	84.03	5

资料来源：2007年7月贵州省投资环境考核评价办公室。

对指标体系中的招商引资到位资金进行了统一规范和界定。招商引资到位资金是指在一定统计时期内，各地从本级行政区划外吸引到本地的非政府计划安排资金。外来投资具有下列情形之一的，均可视为招商引资到位资金。一是当地银行出具的资金证明，二是工商机关认定的注册资本，三是有资质机构出具的验资证明，四是公司财务报表所反映的新增投入。

为贯彻落实贵州省委、省政府关于把招商与选商结合起来，严禁引进技术水平低、能耗物耗高、污染破坏大的项目，切实提高招商引资质量，不断扩大招商引资规模的要求，规定各考核对象上报招商引资到位资金数时要附相应的项目清单，并按第一产业、第二产业（能源、电力、交通、制造业、其他）、第三产业（文化、旅游、其他）分类汇总，以便考评组织单位查验。通过这些规定，引导各地注重把招商引资的经济效益和环保生态效益结合起来，部门利益和社会利益结合起来，从而提高招商引资的质量和效益。

增加了企业样本量，扩大了抽样覆盖面，使调查结果更加接近客观实际。2006年贵州省共组织全省各考评对象上报企业1 400多户，比2005年增加40%；随机抽取908户样本企业寄发调查表，比2005年增加27%；通过大量深入细致的催报工作，回收有效调查表809份，比2005年的404份增加100%，回收率为89.1%，较2005年提高21个百分点。①

6.3.3.2 根据实际逐步改进考评办法

一是提高了考评组成员准入门槛，从2006年度起，参加投资环境集中考评工作组的成员，一方面必须熟悉投资环境建设，另一方面必须是副处级以上的领导或副高级以上职称的专家、学者。二是扩大了考评组成员单位范围，2006年有贵州省监察厅、省发改委、省经贸委、省商务厅、省高院、省委政策研究室、省公安厅、省政府发展中心、省中小企业局、国家统计局贵州省调查总队、省直属机关目标管理领导小组办公室、贵州财经学院、省工商局、省统计局、省乡镇企业局、省工商联合会、省招商局、省法制办公室18家单位参与投资环境考评工作。三是进一步规范了考评程序和考评环节，各考评组对29个考评对象统一动作，以体现和保障公开、公平。四是进一步加大了对考评组成员的培训力度，对考评指标体系、程序、内容、环节、注意事项进行了详细介绍，以使考评组每一位成员都熟悉考评的所有标准、环节、细节，以缩小主观误差。

6.3.3.3 建立健全反馈、督查、指导制度

按照中共贵州省委、省政府关于"不断完善对各市州地投资环境综合考核办法，加快建立改善投资环境长效机制"的要求，在总结前几年考评工作经验和对当前改善投资环境工作情况调研的基础上，制定了《关于进一步强化投资环境建设，建立改善投资环境长效机制的若干意见》，下发全省各地执行，以加强对各地投资环境建设日常工作的指导。主要内容是高度重视当前投资环境存在的突出问题、进一步强化投资环境建设；进一步完善投资环境考核

---

① 贵州省统计局，等. 贵州统计年鉴 [M]. 北京：中国统计出版社，2009.

评价制度和考评结果公示、奖惩制度;完善考核评价结果反馈制度,加强对全省各地改善投资环境工作的指导;建立健全损害投资环境责任追究制度;建立投资环境适时监测制度;建立改善投资环境有关工作的简报制度、抽查制度、通报制度;建立健全宣传培训制度;进一步完善考评结果反馈制度。按照这些规定,每次年度考评结果经省政府批准公示后,省考评办公室还将根据考评组赴全省各地对每个考评对象考核情况、与企业座谈纪录及回收调查表,对每个考评对象,按考评组评价及建议、企业评价及建议分类等反馈给考评对象,以便让考评对象清楚地知道做得好的方面在哪里,需要改进的是哪些。同时,加大对落实反馈意见的督促、检查和整改。

6.4.2 企业问卷调查情况分析

根据《贵州省投资环境评价指标体系及评价方法》的要求,省考评办公室对被考评单位的样本企业,直接寄发了"贵州省投资环境评价调查表",回收率达到89.1%以上。企业对问卷调查的评价情况如下:

第一,对当地政府及有关部门鼓励外来投资的引导措施的评价。

809户企业参与评价,评价结果如下:

好	581 户	占 71.82%
较好	180 户	占 22.25%
一般	43 户	占 5.32%
差	1 户	占 0.12%
说不清楚	4 户	占 0.49%

第二,对当地舆论环境的满意度的评价。

809户企业参与评价,评价结果如下:

满意	534 户	占 66.01%
较满意	181 户	占 22.37%
基本满意	79 户	占 9.77%
不满意	11 户	占 1.36%
说不清楚	4 户	占 0.49%

第三,对当地政府及有关部门对外来投资者扶持政策的宣传及落实情况的评价。

809户企业参与评价,评价结果如下:

好	542 户	占 67.00%
较好	181 户	占 22.37%

一般	68 户	占 8.41%
差	11 户	占 1.36%
说不清楚	7 户	占 0.87% 。

第四，对当地法制、治安环境的评价。

809 户企业参与评价，评价结果如下：

好	439 户	占 54.27%
较好	231 户	占 28.55%
一般	113 户	占 13.97%
差	24 户	占 2.97%
说不清楚	2 户	占 0.25%

第五，对当地政府及有关部门办事效率的评价。

809 户企业参与评价，评价结果如下：

满意	526 户	占 65.02%
较满意	158 户	占 19.53%
基本满意	102 户	占 12.61%
不满意	15 户	占 1.85%
说不清楚	8 户	占 0.99%

第六，对当地政府及有关部门服务方式的评价。

809 户企业参与评价，评价结果如下：

满意	525 户	占 64.90%
较满意	177 户	占 21.88%
基本满意	93 户	占 11.50%
不满意	6 户	占 0.74%
说不清楚	8 户	占 0.99%

第七，对当地招商引资服务体系的评价。

809 户企业参与评价，评价结果如下：

满意	592 户	占 73.18%
较满意	135 户	占 16.69%
基本满意	65 户	占 8.04%
不满意	8 户	占 0.99%
说不清楚	9 户	占 1.11%

第八，对当地诚信环境的评价。

809 户企业参与评价，评价结果如下：

  满意   486 户   占 60.07%

  较满意   196 户   占 24.23%

  基本满意 94 户   占 11.62%

  不满意   15 户   占 1.85%

  说不清楚 18 户   占 2.23%

第九，对当地政府及有关部门工作人员廉洁情况的评价。

809 户企业参与评价，评价结果如下：

  好的   530 户   占 65.51%

  较好的   200 户   占 24.72%

  一般   64 户   占 7.91%

  差   6 户   占 0.74%

  说不清楚 9 户   占 1.11%

第十，对本地人力资源供给满意度的评价。

809 户企业参与评价，评价结果如下：

  满意   442 户   占 54.64%

  较满意   181 户   占 22.37%

  基本满意 133 户   占 16.44%

  不满意   43 户   占 5.32%

  说不清楚 10 户   占 1.24%

第十一，对当地社会服务环境的评价。

809 户企业参与评价，评价结果如下：

  好的   466 户   占 57.60%

  较好的   225 户   占 27.81%

  一般   93 户   占 11.50%

  差   13 户   占 1.61%

  说不清楚 12 户   占 1.48%

第十二，当地有无投诉机构。

809 户企业参与评价，评价结果如下：

  有   455 户   占 56.24%

  没有   94 户   占 11.62%

6.4.3 考核评价工作成效分析

2007 年年初，设在贵州省招商局内的省投资环境考评办公室从全省各考评对象上报的 1 400 多户外来投资企业中随机抽取 1 082 户发放投资环境评价问卷调查表，调查数量比 2006 年增加了 27%。在此基础上，由省招商局与省统计局、国家统计局贵州调查总队等部门共同牵头，从 17 个省直属单位选派 28 名专家、学者和业务骨干组成 4 个考评组，按照规范的考评程序和考评环节，分赴全省 9 个市（州、地）、9 个县级市、11 个国家和省级开发区开展全省年度投资环境集中考评，相继组织召开了 28 场外来投资企业座谈会，与近 300 家外来投资企业进行了面对面座谈，直接听取外来投资者对贵州投资环境的意见建议。同时实地考察了有关"窗口"服务部门和服务环节，走访了部分服务对象。在报经省政府同意后，省考评办公室将集中考评结果和企业反馈的意见进行了集中梳理，直接向全省各地 29 个考评对象书面反馈，对其在投资环境建设中存在的问题提出整改建议，采取不定期抽查和明察暗访、专项督查、调研核查等方式有针对性地督促整改，收到了较好效果。此外，还组织开展了 2008 年企业问卷调查工作。经过对 6 年连续考评中投资者对法治、治安、服务等 9 个方面的意见进行统计分析，前三年年均提高 9.9 个百分点，后三年趋于平稳，年均提高 1.7 个百分点。外来投资者"引得进，留得住，能发展"的长效机制初步形成。

6.4.3.1　从投资环境考核评价工作到党委政府高度重视、齐抓共管用硬措施改善投资环境的局面基本形成

对贵州省在全国首创开展的投资环境考核评价工作，2002 年的 168 次贵州省长办公会议曾经充分肯定并寄予厚望。会议认为："这是一项开创性的工作，考核评价办法是比较科学合理的，考核评价结果是客观公正的。把这一考核评价结果应用好，必将推动我省投资环境整治和招商引资工作。"几年来的实践证明，随着考评工作的不断完善和考评结果公布方式由 2002 年以牵头单位名义内部通报，上升到 2003 年以贵州省政府办公厅名义内部通报，再到 2004 年通过媒体向社会公布，极大地推动了全省各地投资环境的改善和招商引资工作不断迈上新台阶。

6.4.3.2　实现了从被动抓投资环境建设向积极主动改善投资环境的转变

通过连续几年的投资环境考核评价，贵州省各地已经实现了从被动抓投资环境建设向积极主动改善投资环境的转变。政务中心或"一站式"服务大厅等投资服务机构、投诉机构已基本健全，各地还根据实际，摸索出一套行之有效的运行机制。

6.4.3.3　从重招商、轻安商向热情招商、服务安商转变

前几年，一些地方为了加快经济发展，大搞全民招商，但却忽视了抓管

理、抓服务、抓投资环境建设等基础工作。项目进来了，服务跟不上。热情招商、冷淡安商现象较为普遍，开门招商、"关门打狗"事件时有发生，给贵州投资环境带来不良影响。近年来，在考评指标中加重了对外来投资者服务情况、投诉处理情况赋分赋值的权重，促使各地加深招商重要，安商更重要的认识，为外来客商提供有效服务，做到对客商的合理要求，及时回应；对客商的服务，限时办理，千方百计地留住客商。

6.4.3.4 从过去盲目招商向按国家产业政策严格选商转变

过去，不少地方为了简单的经济发展和政绩工程，不顾国家相关政策规定，逢商就招，遇资就引，结果往往事与愿违，由于项目违反国家相关政策规定，导致项目业主与地方政府的纠纷，投诉地方政府不讲诚信、不作为，项目没搞成，信誉损害了。近年来，在考评指标体系中加重了对落实国家及省有关政策和诚信建设情况的考评力度，在考评督促下和实际发展得失中清醒地认识到，只有按国家产业政策招商、严格选商才能事半功倍，才能可持续发展、和谐发展。

6.4.3.5 加大了对投资环境尤其是投资软环境中存在问题的整改力度

贵州省投资环境考核评价工作办公室按照贵州省人大十届四次全会上通过的《关于贵州省国民经济和社会发展第十一个五年规划纲要》提出的"完善投资环境监测、跟踪、考核、评价、公示、督促整改制度，建立改善投资环境的长效机制"的要求，从2006年起加大了对全省投资环境中存在问题的反馈、督促整改力度。根据2005年度考评中从600多份企业调查表和与200多家企业座谈了解的情况，针对考核对象存在的问题，分别向9个市（州、地）、9个县级市、11个国家和省级开发区进行书面反馈并在下一年度考评中进行检查，对整改不力的进行扣分处理，各市（州、地）高度重视。

6.4.3.6 外来企业普遍反映招商机构职能作用发挥较好，招商部门服务意识比较强、业务素质比较高，是外来投资企业的可靠"娘家"

在2006年投资环境考评中，与近几年300家企业进行背靠背座谈，企业普遍反映全省招商部门同志服务热情周到，急企业之所急。不管遇到什么问题、什么时候遇到问题；不管是领导还是一般工作人员，只要打个电话，招商部门的同志总是随叫随到，积极协调解决有关问题。不少地方的外来投资者由衷地希望考评组转达对招商部门及同志们的谢意并建议当地政府给予表彰。一些地方的外来投资者还建议其他服务部门的同志应到招商部门交流锻炼。清镇市已采纳该建议，由组织部门把关，对新提拔的副科级干部，有计划地安排到招商引资局进行3个月以上学习锻炼。

6.4.3.7 通过综合整治和投资环境监测评价考核整改，社会法制、诚信、服务和市场环境得到较大改善

企业普遍反映基本上已经没有"吃、拿、卡、要"现象，外来投资者投诉案件大幅下降。通过比较外来投资者在2002年和2006年对法制、治安、服务等投资环境9个方面的满意度调查统计，结论是经过连续5年投资环境综合整治和投资环境考核评价，贵州省投资环境有了很大改善。例如，对当地法制、治安环境的评价，2002年满意度为54.52%，2006年满意度为82.82%；对当地社会服务环境的评价，2002年满意度为54.52%，2006年满意度为90.23%；对当地政府及有关部门办事效率的评价，2002年满意度为54.52%，2006年满意度为84.55%；对当地政府及有关部门服务方式的评价，2002年满意度为54.52%，2006年满意度为86.78%；对当地招商引资服务体系的评价，2002年满意度为54.52%，2006年满意度为89.87%；对当地政府及有关部门工作人员廉洁情况的评价，2002年满意度为54.52%，2006年满意度为84.30%。2006年投诉比2002年下降38.8%（见表6-3）。

表6-3 企业对投资环境满意度调查统计表（2002年和2006年）

统计内容	2002年 满意（%）	2002年 不满意（%）	2006年 满意（%）	2006年 不满意（%）
1. 对当地政府及有关部门鼓励外来投资的引导措施的评价	68.46	11.4	94.07	0.61
2. 对当地舆论环境的满意度的评价	45.6	13.07	88.38	1.85
3. 对当地政府及有关部门对外来投资者扶持政策的宣传及落实情况的评价	57.84	14.76	89.37	2.23
4. 对当地法制、治安环境的评价	54.52	9.04	82.82	3.22
5. 对当地政府及有关部门办事效率的评价	44.31	17.30	84.55	2.84
6. 对当地政府及有关部门服务方式的评价	45.35	15.92	86.78	1.73
7. 对当地招商引资服务体系的评价	56.06	17.27	89.87	2.10
8. 对当地政府及有关部门工作人员廉洁情况的评价	66.48	11.08	84.30	4.08
9. 对当地社会服务环境的评价	51.72	13.79	90.23	1.85
10. 对当地投资环境投资率（%）	11.94		8.6	

注：统计数满意含较满意，不满意含说不清楚，一般未作统计。

资料来源：贵州省投资环境考核评价办公室。

6.4.4 贵州省投资环境建设中当前存在的问题

在贵州省委、省政府的高度重视和大力支持下，通过连续5年的投资环境考核评价，对推动贵州省各地改善投资环境起了极大的促进作用，贵州省投资环境有了较大改善。但同时，考评中也反映出当前贵州省投资环境存在的一些突出问题。

6.4.4.1 外来投资者普遍反映贵州缺少统一、开放、透明、有吸引力、可预见的投资促进政策

各地普遍反映，在利用外来投资调整产业结构、促进加工贸易、推动农业产业化发展等方面缺少切实有效的扶持政策，不仅难与发达省区相竞争，就连与西南周边6省区相比贵州省也缺乏有一定竞争力的投资促进政策，向外争取加快发展所需的资金、技术、市场难度大。

6.4.4.2 热情招商、冷淡安商，"关门打狗"的现象仍然时有发生

例如，盐津河温泉山谷旅游开发商、仁怀市实验中学投资者反映，当初政府及有关部门招商时很热情，承诺也很好，进来之后就不管了。由于地方政策原因，投了几百万元，花了3年时间，项目仍启动不了，投资者意见很大。

6.4.4.3 由于"扎南"等交通建设项目施工旷日持久，给地方投资环境建设和经济发展、企业生产经营带来十分严重的影响

贵遵两地的外来投资企业反映强烈，许多商机已外流至重庆，一些外来投资者已经正在打算撤资。同时，座谈会上外来投资企业普遍反映，过去贵州公路不好，现在是路质量提高了，但是交通管理不是为了顺畅，而是为了罚款收钱，强烈投诉贵新、贵黄、贵毕路一些地方的交警不是为交通安全而限速，而是为罚款而限速，过分限低速度而方便罚款收钱，导致全省公路交通物流不畅的情况十分普遍。

6.4.4.4 行政效率亟待提高

诚信环境、法制环境建设有待力强，有法不依、执法不严、执法不公仍时有发生。不少地方和外来投资企业反映，由于国家加强宏观调控，审批（核准、备案）要求的文件增多，环节增多，尤其是土地、环评审批手续十分繁杂，办事效率不高，与地方加快发展的要求不相符。在执行《中华人民共和国合同法》方面，一些基层政府个别领导法制观念淡薄，不依法办事、诚信意识差，乱承诺，加上宏观调控政策变化，很难兑现承诺，导致投诉处理难。个别法院执法不严、判决不公，如贵阳钻石广场投诉案、黔东南杉木河旅游开

发投诉案等外商投诉案件久拖不决，给投资者造成重大损失，给贵州投资环境带来很差的影响，外商反应强烈。贵阳市、遵义、铜仁部分外来投资企业反映，周边社会治安不好，影响企业正常生产，投资者感到生命财产受到威胁，缺少安全保障。

6.4.4.5 服务环境需要进一步改善

外来投资企业子女上学难，企业发展所需的熟练工、高级技工缺乏，产业不配套，主管部门服务意识、服务质量、服务方式有待进一步提高。例如，有企业反映供电部门停电频率高，停电前不给企业合理的准备时间，通知停了电，计划改变后又不及时告知企业，造成企业损失巨大；强迫企业预交巨额电费，企业用电不区分行业、生产、生活，均按工业用电价计收；贵州省出台的峰谷电价有的地方不执行等。

6.4.4.6 考评工作权威性不够

主要是有的市州地对每年由5家省直属单位行文组织考评认为法理依据不够，建议最好每年的考评文件能由省政府办公厅行文批转执行为好。

6.4.5 进一步抓好投资环境建设的政策建议

通过对投资环境考评，从根本上解决当前贵州省投资环境中存在的问题，进一步构建良好投资环境的政策建议如下：

第一，把握形势、结合省市区情，参照发达地区的成功经验，尽快制定统一、开放、透明、有吸引力的投资促进政策。

第二，以进一步减少行政审批事项为重点，结合简政放权进行机构改革，大力提高行政效率。

第三，开展对交通环境的专项整治。例如，及时解决"扎南"公路工期太长，加强施工管理，保障物畅其流，方便进出。交警管理重在安全保畅，提高运输效率，而不是以罚款收钱为目的。

第四，以加大投诉案件处理力度为突破口，着重解决安商环境建设，防止"关门打狗"现象再度发生。对外商投诉重点案例进行集中查处，对查实的典型案例要坚决公开曝光，举一反三、警醒社会。

第五，建立健全市场服务体系。重点是加大职业教育力度，采取政府引导、市场运作、企业参与方式，有针对性地培养企业急需的技术工人；强化产业集群规划、项目配套招商；强化主管部门的服务意识，用硬措施督促有关部门改善服务。

第六，加强投资环境建设工作领导力度，增强考评工作的权威性。自2001年贵州省开展投资环境综合整治行动年活动以来，经过连续几年的工作努力，全省投资环境有了明显改善。但投资环境建设是一项长期、艰巨、复杂的系统工程，直接关系经济社会发展，需要坚持不懈地集中力量再抓下去，才能转入正常工作。

6.5 本章小结

本章研究了泛珠三角区域产业分工与协作的运行机制。近年贵州与中、东部合作取得的经验及成效，是西部与中、东部区域产业分工与协作体制机制的有益实践。立足省情，着力推进与中、东部区域产业经济合作，积极实施与中、东部区域产业经济合作向更宽领域、更高层次、更大规模发展。一是泛珠三角区域产业分工与协作运行机制现状分析；二是泛珠三角区域产业分工与协作运行机制有益实践；三是改善投资环境促进区域产业分工与协作机制创新；四是贵州省投资环境考核评价工作机制体系分析。

7 泛珠三角区域产业分工与协作数学模型

7.1 区域产业分工与协作机制的数学模型背景材料分析

经济数学模型是用来描述和分析所研究经济现象之间逻辑关系的一种工具，通常需要依据经济数学理论来建立。由于经济现象极为复杂，在建立数学模型时必须运用数学科学抽象法，舍弃影响较小的因素，保留所关心的主要数学变量。[①]由于这一原因，经济数学模型对于现实的反映仅仅是近似的。此外，数学模型方法选择也受研究者个人偏好和能力等因素的影响。对于泛珠三角区域产业分工与协作机制的研究，笔者试图采用经济数学模型进行分析研究。

举例说，对于确定区域产业分工与协作竞争性商品市场上的均衡价格和供求数量这一问题，既可以用图形模型分析，也可以用经济数学模型分析。图 7-1 反映某商品市场，S 为市场供给曲线，D 为市场需求曲线。供给曲线和需求曲线在图上的位置和形状取决于一系列假定不变的因素，如既定的技术水平、要素价格、收入水平和相关商品的价格等。假定市场是充分竞争的，与这些给定的外部因素相对应的市场均衡出现在 E 点，即供给曲线和需求曲线的交点，对应于该点可找到市场均衡价格 Pe 和均衡数量 Qe。图 7-1 所反映的情况亦可以用下面的数学方程式（组）形式来表示：

$$Qe = Qs\ (P \mid T,\ w,\ Pr) \qquad (7-1)$$

$$Qd = Qd\ (P \mid y,\ Pr) \qquad (7-2)$$

$$Qs = Qd \qquad (7-3)$$

---

① 李子奈. 计量经济学——方法和应用 [M]. 北京：清华大学出版社，1999：6-8.

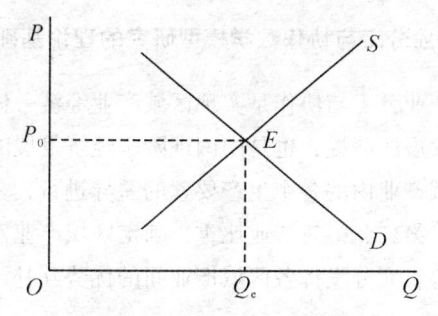

图 7-1 区域产业分工与协作竞争性市场均衡

式中：Q_s 表示供给数量，Q_d 表示需求数量，P 表示该商品的价格，T 表示技术水平，w 表示要素价格，Pr 表示相关商品价格，y 表示收入。经济数学模型中的第一个方程式（公式 7-1）表明，供给数量由价格和技术等因素所决定；第二个方程式（公式 7-2）表明，需求数量由价格和收入水平等因素所决定；第三个方程式（公式 7-3）表示市场均衡，即供给等于需求。

如前面所指出的，为了简化研究问题，研究者常常有目的地假定某些影响因素保持不变。在写出数学表达式时，这些假定保持不变的因素（常称为外生变量）习惯放在解释变量表中竖线的右边，如第一个方程中的 T、w 和 Pr 及第二个方程中的 y 和 Pr。因而，这一数学模型意味着目前的分析仅仅考虑商品自身价格和供求数量的变化。联立求解该方程组所得到的解即为均衡价格和供求数量。从模型可以看出，当外生变量变化时，均衡也随之改变。

上述数学模型中的供给函数和需求函数均用隐函数形式来表示，这样的模型称为概念数学模型，即它仅表达出变量之间的逻辑关系，而不提供有关的数量信息。在应用分析中，研究者使用更多的是所谓经验数学模型，即利用如计量经济学这样的方法从实际观察数据估计得到参数值，从而可以求数值解的数学模型。例如，下面的供给函数和需求函数具有明确的参数，求解该联立方程组可以得出，均衡价格和数量分别为 3 和 5。

$$Qs = 5P - 10 \qquad (7-4)$$

$$Qd = 8 - P \qquad (7-5)$$

$$Qs = Qd \qquad (7-6)$$

根据变量之间的时序关系，可以将数学模型区分为静态模型和动态模型。动态模型能够反映出所研究经济现象的演进过程，在应用分析工作中日益得到重视。

7.1.1 区域产业分工与协作数学模型研究的理论基础

泛珠三角区域产业分工与协作是实现区域产业经济一体化、高效化，实现区域产业经济快速发展的前提，也是中国现阶段经济发展的主要趋势。区域产业分工主要围绕区域产业内的各个生产要素的差异进行，分工的目的在于调整各区域产业内第一、第二、第三产业比重，确定区域产业发展的优势产业，根据区域产业自身优势，充分发挥各区域产业间的优势互补，实现经济合作体的效益最大化。

当前，在区域产业分工和区域产业优势产业的选取模型上，主要基于以下理论。

一是亚当·斯密（Adam Smith, 1723—1790）的国际分工与自由贸易理论。亚当·斯密首先分析了分工的利益。他认为分工可以提高劳动生产率；在亚当·斯密看来，适用于一国内部的不同职业之间、不同工种之间的分工原则，也适用于各国之间。由于这个理论是在各国绝对有利的生产条件进行国际分工，又称地域分工说（Theory of Territorial Division of Labour）或绝对成本理论（Theory of Absolute Cost）。

二是大卫·李嘉图（David Ricardo, 1772—1823）的比较成本说。根据李嘉图的观点，国际分工应按地域、自然条件及绝对的成本差异进行，即一个国家输出的商品一定是生产上具有绝对优势、生产成本绝对低于他国的商品。

三是赫克歇尔（Eil Filip Heckscher, 1879—1952）和他的学生俄林（Beltil Gotthard Ohlin, 1899—1979）古典学派的国际分工与国际贸易理论。俄林的代表作是《域际和国际贸易》，他的理论采用了其师赫克歇尔的主要观点，创立了较完整的要素禀赋学说（Factor Endowment Theory），又称为赫克歇尔—俄林原理（The Heckscher - Ohlin Theorem），或简称赫—俄原理（H—O 原理），以及产业间的投资增长与发展理论、区域经济一体化理论、大市场理论、市场结构理论、对外开放理论、贸易与经济发展理论、经济增长理论与经济发展等经济学理论基础，采用模糊数学理论、灰色聚类理论、神经网络等建立起来的经济模型。但是，大多数是通过模型求解局部几项重要参考值后运用理论分析的方法确定区域产业的发展方案，而本数学模型力求通过对产业经济指标的数值计算确定区域的优势产业，在假设条件下达到对区域产业发展方案的调整。

7.1.2 决定区域优选产业的模型分析

根据现有经济理论，实现区域产业分工与协作的最佳模式即是实现最佳的产业分布格局，使得区域产业的整体效益达到最大化，从而区域产业的分工与协作问题转化为总体效益值的最优化问题。①

7.1.2.1 效益指标的选取

充分考虑产业对社会效益和经济效益的贡献及产业自身的发展潜力，分别选取了劳动力就业容量、产业关联度、需求弹性指标、产值增长率、经济贡献度、资源配置度6个不同方向的指标作为评定准则（见图7-2），并依据经济理论计算各指标的具体数值。

7.1.2.2 对小区域和产业的划分

泛珠三角区域产业的产业划分，参考国家统计局《关于印发〈三次产业划分规定〉的通知》②的划分标准，将泛珠三角的产业划分为15个产业部门（见图7-2）；按现有的"9+2"行政区域的划分，将泛珠三角区域产业划分为11个小经济区域。

7.1.2.3 确定产业的效益值

由于所列指标对不同产业的影响程度不一，以及同一产业受每一个指标的影响均不一样，也即各个行业的相应指标在效益值上权重不相等，采用层次分析法求解出各评定准则在产业效益值中的权重，依据求得的权重各指标值计算出各产业在各小区域的效益值。

7.1.2.4 求出效益值后构建区域效益矩阵

对矩阵中的值进行相对最大筛选，分别确定各小区域的优选产业。

7.1.2.5 区域间的发展极度不平衡

归根到底就是对资源的配置不均衡，如果在区域合作上只考虑纵向协作而忽略横向协作，就会导致各个产业之间的自身关联越来越紧密、产业受市场的影响也越来越强，为此，构建出调整各小区域产业结构的平衡指标，对区域的优选进行再一步调整。③

---

① 大卫·李嘉图. 政治经济学及赋税原理 [M]. 郭大力, 王亚南, 译. 北京: 商务印书馆, 1962: 13.

② 国家统计局. 关于印发《三次产业划分规定》的通知 [EB/OL]. http://www.stats.gov.cn/tjbz/t20030528_402369827.htm.

③ 国家统计局. 关于印发《三次产业划分规定》的通知 [EB/OL]. http://www.stats.gov.cn/tjbz/t20030528_402369827.htm.

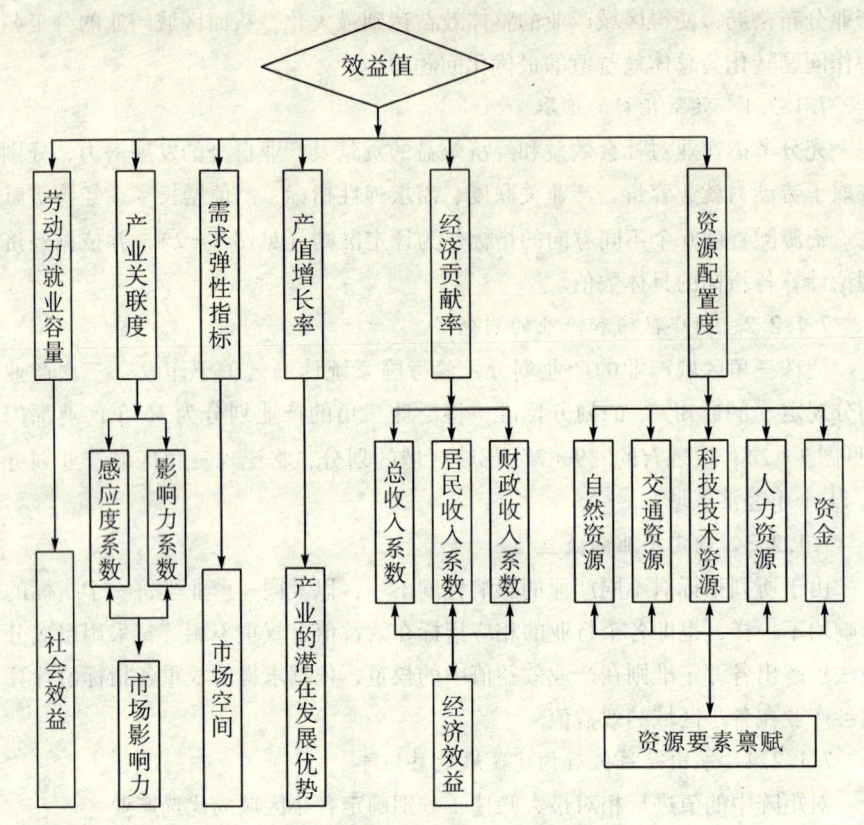

图 7-2　区域产业效益指标图

7.2　泛珠三角区域产业均衡投资增长模型

泛珠三角区域产业均衡投资增长模型，正如现代区域产业投资理论所指出的，在进行泛珠三角区域产业投资分析时，不仅要关注投资者本身的利润，而且还要关心这一项投资对于环境、社会等诸多因素的影响。区域产业投资理论从亚当·斯密开始，经济学家们就对区域产业投资给予了密切关注。

一是从亚当·斯密绝对优势理论到成本驱动的区域投资理论。德国经济学家韦伯在 1909 年《工业区位论》一书中指出，一个地区对于工业区位选择吸引力大小的决定力量是最小生产成本。①

---

① 杨大楷. 中级经济学 [M]. 上海：上海财经大学出版社，2004：49.

二是利润驱动的区域投资理论。利润决定论是以追求最大利润为理论背景而建立起来的。德国经济学家斯塔勒1933年提出"中心地理论",最大目的就在于探索"决定城市的数量、规模以及分布规律是否存在,如果存在,那么又是怎样的规律"这一问题。①

三是现代区域投资理论。在发展古典区域投资理论的基础上,特别强调以人的行为因素为依据;现代区域产业投资理论对区域产业领域的宏观经济问题方面进行了研究。提出了工业区位论的新理论:主要有周期论、差别增长论、集中论、凝聚论等。②现代区域产业投资这种结构化的特征,要求投资者关心更多的目标函数。通过研究区域产业均衡投资增长模型,试图说明泛珠三角区域产业均衡投资结构化倾向。通过模型的建立以及对模型的解释,着重说明了投资的区域产业分布特征和造成这一分布特征的根源,进而说明了泛珠三角区域产业投资增长的方向。

7.2.1 泛珠三角区域产业投资特征的静态分析

在经济不发达的情况下,由于泛珠三角区域产业资源的原因,通常会形成一定的投资区域产业性特征。在中国历史上,出现过以区域产业为特征的一些经济现象,如扬州的盐商、山西的票号以及安徽的徽商、福建的闽商等。一般而言,这些投资者通常以区域产业为特征,从事大体相同或相似的经济活动。这种投资结构趋同的经济特征,在目前市场经济条件体系中依然保持着旺盛的生命力。

现在假设所研究的泛珠三角区域产业具有两类企业,一类企业从事传统产业(a)的生产,一类企业从事新兴产业(b)的生产。这两类企业的生产并不受制于自己所属的产业特征,从事传统产业的企业也可以生产新兴产业的产品。但是,它会有一个损失系数,设之为生产折减系数 μ,其含义是相同配置的资源在生产另一个产业的产品时,会有一定的生产效率损失。这一现象对于从属于新兴产业的企业也是成立的,假设这些企业的产量为一个线性系统,这个系统的优点在于每一个新进入的企业(即新的投资)可以不因其生产优势而被限定于从事某一行业。因此,对于 a 和 b 两种产业来说,它们的产业产量如公式 7-7 所示:

---

① 杨大楷. 中级经济学 [M]. 上海:上海财经大学出版社,2004:150.
② 杨大楷. 中级经济学 [M]. 上海:上海财经大学出版社,2004:151-153.

$$\begin{cases} Q_a = E_a^a + E_a^b(1-\mu) \\ Q_b = A[E_b^a + E_b^b(1-\mu)] \end{cases} \qquad (7-7)$$

式中：Q_a 和 Q_b 分别为集群 a 和集群 b 的产量；E_a^a、E_b^b 分别为拥有该集群技术且在该集群中进行生产的企业数；E_b^a、E_a^b 是指分别拥有集群 a、b 技术而在集群 a、b 从事生产活动的企业数量；A 为新兴集群 b 相对于传统集群 a 的生产优势，且有 $A>1$；μ 是生产折减系数，其含义是由于所拥有的集群技术不能适用于另一集群的生产而造成的生产率的下降。从公式 7-7 中可以发现，新进入的投资者可能会对自己的技术能否准确地应用于专业性的生产中并没有太大的把握。本来具有 a 以产业生产优势的企业可能会因为错误的判断而错误地进入了另一个行业。如果设传统集群产品的收益 $W_a^a=1$，而且设投资者的企业可以自由流动，并设新兴产业产品对传统集群产品的相对价格为 P，利用均衡的原始状态，则可计算出其他三种企业的收益：$W_a^b=1-\mu$，$W_b^b=PA$，$W_b^a=PA(1-\mu)$。

投资者在生产前期会对自己的社会效益和环境效益进行合理的评估。此后，在生产过程中，投资者将会把收益作为自己的生产目标。企业收益的相对大小决定了企业的流动方向。如果保持原有的状态，那么，投资者就应该在进入传统产业与进入新兴产业问题上考虑到，传统产业与新兴产业获得的收益相等，即满足以下条件：

$$\begin{cases} W_a^a = W_b^b \\ W_b^a = W_a^b \end{cases} \Rightarrow \begin{cases} \underline{P} = \dfrac{1-\mu}{A} \\ \overline{P} = \dfrac{1}{1-\mu} \cdot \dfrac{1}{A} \end{cases} \qquad (7-8)$$

从公式 7-8 中可以看出，在价格的上下限 ($\overline{P}$, $\underline{P}$) 内，投资者会保持原有的选择而不会转移到其他的产业中去。如果产业之间的相对价格为 $P<\underline{P}$，则传统产业将占有绝对优势，地区将保持原有的产业格局。反之，如果产业之间的相对价格限 $P>\overline{P}$，则新兴产业将占有绝对优势，地区转变为新兴产业格局。

综上所述，以上的分析仅仅是一个静态的分析过程，研究通过这个静态关系证明，如果因为资源或技术的区域特征而形成了某一种区域经济特征，那么，除非发生了市场需求的变化，否则，就不会发生区域经济结构的根本性转变。这方面对泛珠三角区域投资很重要。

7.2.2 泛珠三角区域产业投资特征的动态分析

在前面的模型分析中，泛珠三角区域产业投资使用了产业内的企业数量来解释区域产业的主导性投资特征。对于一些存在大型企业的泛珠三角区域产业，尤其像钢铁城和汽车城这样的情况，在分析时就需要进行一些简单的处理。例如，将大型企业按市值拆分为一般规模的小企业，通过这样的处理，同样也可以应用以上的公式和分析过程来说明区域的产业特征。

马歇尔在《经济学原理》中指出："小孩子下意识地学到了当地技能。"投资者对于投资目标地占有统治地位的企业数量也比较了解。由于投资者与这些占有统治地位的企业接触的机会多，学习到这些企业的技能的可能性也增大了。这也表明，投资者的学习成本与当地企业的数量存在一定的正相关关系。设 k 为新兴产业中的企业数量占总企业的比例，在 t 时刻时，新投资在传统产业中的相对学习成本函数如下：

$$C = \beta [1 - L_b(t)] \tag{7-9}$$

式中，β 为学习折减系数，它表示学习的难易程度。

投资者通常不只关心自己的当期收益和成本，而且会关心其生命周期内的总净收益。利用折现法研究知道，如果需要在 t 时刻进入的投资者选择新兴产业而不选择传统产业，那么，要求其生命周期内的新兴产业收益现值大于传统产业收益折值，则有下式：

$$\{1 - \beta[1 - L_b(t)]\} \int_0^\infty A(s)P(s)e^{-r(s-t)}ds > \int_0^\infty e^{-r(s-t)}ds \tag{7-10}$$

式中，r 为无风险利率（其余参数参见静态分析部分的定义）。研究以公式（7-11）表示新兴产业对传统产业的相对收入净值：

$$\Phi(t) = \frac{\int_0^\infty A(s)P(s)e^{-r(s-t)}ds}{\int_0^\infty e^{-r(s-t)}ds} \tag{7-11}$$

则公式 7-11 可改写为：

$$\Phi(t) > \frac{1}{1 - \beta[1 - L_b(t)]} \tag{7-12}$$

由公式 7-12 可知，在这一条件下新生企业愿意进入新兴集群。同样可以看出，在 t 时刻时，如果新兴集群的企业数量较多，那么新生企业进入新兴集群的"门槛"也较低，从而会更容易地进入新兴集群。实际上，研究可以从公式 7-12 中看出，$\Phi(t)$ 是一个期望收益值。也就是说，如果人们预期到进入新兴集群的收益高于进入传统集群的收益值，那么，就会更愿意在新兴集群创办企业。以××省×地区为例，自从该地区因为市场的原因将 189 家橘子加工厂压缩为 20 多家时，人们不仅发现进入这个行业只会得到较低的收益，而且也使后来的投资者发现获得这个行业的生产技能的机会大幅下降了。这时，新兴的行业——模具加工业应运而生。在政府给了足够的鼓励和支持的情况下，人们预期到这个新兴行业将会带来更多的收益，更多新的投资者也就加入到这个新兴加工业中来。有意思的是，经过一些年的发展，模具加工业果然如人们当初所想，成为当地的支柱产业。这一现象与金融经济学中所说的准确预见也相一致。准确预见现象不只存于这些领域，在社会生活中也比比皆是。例如，一些望子成龙、望女成凤意愿迫切，但是教育又不得法的家长，通常会抱怨孩子笨。由于孩子受到了这样的心理暗示和压力，所以，在成长的过程中就会倾向于认为自己没有能力，最终的结果就是孩子真的如家长当年所说的笨。这不能不说是家长的"准确预见"了，这也在某种程度上体现经济学中所说的准确预见现象。

以上的静态分析和动态分析，为研究泛珠三角区域产业投资的形式及投资的主导性特征提供了一个思路。在现实中，研究可以用来分析像苏南经济的模式转变等问题。显然，如果某种经济的发展处于一种占有主导性的经济模式中，那么，投资者会因为静态的结构因素而很难改变这种结构性特征。由公式 7 – 12 可以发现，人们愿意也只能依据原有的结构模式进行发展。因此，如果要引导区域产业性的投资结构发生转变，不仅需要企业按照市场的需求进行选择，而且还需要政府进行适度的正确干预引导，从而实现经济转型。关于这一现象的实证性分析，不难从经济改革的过程中得到验证。石磊在《中国农业组织的结构性变迁》中，对乡镇企业产生的原因进行分析时指出：中国农业分化的过程也是农村产业结构调整和优化的过程，总体趋势是传统种植业的份额下降，农村工商业和服务业份额上升，使单一性农业成为结构性农业。[①]这一实证结果对于公式 7 – 12 也是一个较为有力的证明。

7.2.3 泛珠三角区域产业投资冲击：新投资的优势分析

尽管上面对泛珠三角区域产业投资特征的静态分析和动态分析给出的结论有一些宿命论的倾向，但是，这一宿命性的结论确实在现实的经济中具有自己的生命力。以丝绸业为例，研究可以发现，一个潜在的投资者会更乐意去苏州、杭州这样的丝绸产地进行投资，而不会选择到新疆、青海这样的棉花产地进行投资；而且，这样的投资选择又加强了丝绸产地的区域产业性行业特征。同时，即使非丝绸产地可能也会存在一些丝绸厂。但是，却因为新投资者的投

---

① 杨大楷. 中级经济学 [M]. 上海：上海财经大学出版社, 2004：167.

资决策而被相对地削弱了自己的产业特征。

这一结论并不表明泛珠三角区域产业的行业特征会一成不变。对上述模型的进一步分析可以发现，在以上的泛珠三角区域产业投资特征的静态分析和动态分析模型中同样存在投资结构的变革性因素，即新企业的技能优势等因素将可能打破原有的行业特征的垄断地位，而使地区特征出现转变。这一现象可以直观地从传统计划经济的行业安排中得到验证。在20世纪60年代的"三线建设"中，中国很多企业从发达地区内迁西部地区的贵州省，很多区域产业的行业就是突发性地产生出来的，从而完全割断了与原有行业特征的联系。在原有的均衡状态下，不存在革命性因素来打破原有行业布局。因此，只有新生的投资才有机会实现这一变革性目标。新投资的出现，常常意味着另一个企业中的工人（或其他生产要素）要减少，以便配置到新企业中来。如果减员（或其他要素减少）的企业不增加新的生产要素，就会表现为产量的下降，产量的下降所导致的收益无法保证，会迫使这些企业逐步退出其所属的行业，从而进一步弱化了原有的行业生产力。随着时间的推移，这一现象就体现为整个区域的产业升级换代。

研究发现，问题在于新生投资将对何种产业形成冲击？一个合理的假设就是，传统产业中的工人受到了新生投资的吸引，从而使传统产业中的企业数量进一步地相对减少。运用模型的基本假设，新投资企业（N）加入后所形成的产量关系，如公式7-13所示。

$$\begin{cases} Q_a = E_a^a + E_a^N (1 - \mu') \\ Q_b = A E_b^b \\ Q_N = A' [E_N^N + E_N^a (1 - \mu')] \end{cases} \quad (7-13)$$

从公式7-13中可以看出，只有传统产业中的企业数量会发生改变，而原有的新兴企业不再参与到行业结构变动中来。这一现象说明，当泛珠三角区域的产业经济发生较大的变化时（如外资的进入或其他新兴行业的出现），变化最显著的就是传统产业。这一结论已经受到我国经济学界的广泛关注，理论界从新投资冲击的角度分析了加入世界贸易组织后的中国经济结构变动中传统产业的定位问题。对于公式7-13，同样可以利用一般均衡分析方法来计算价格阈值，即有：

$$\begin{aligned} \underline{P} &= \frac{1 - \mu'}{A'} \\ \overline{P} &= \frac{1}{1 - \mu'} \cdot \frac{1}{A'} \end{aligned} \quad (7-14)$$

公式7-14如果体现了市场需求的相对价格大于阈值上限，那么，泛珠三角区域的产业优势就开始聚集。在一段时间后，随着新生投资的不断进入和传统产业的不断相对削弱，泛珠三角区域的产业格局将转变为以原有新兴集群和新投资为主而形成的行业特征。如果市场需求的相对价格小于阈值下限，泛珠三角区域产业新企业将由于无利可图，逐步地退出该区域，从而维持原有的经济格局。

7.3 泛珠三角区域产业投资函数研究中的几个问题

泛珠三角区域产业投资行为是与经济体制、决策方式和经济发展阶段紧密相关的。西方经济研究的投资函数，由于其特定的理论基础和假设条件，是很难在区域产业分工与协作中应用的，有关问题值得研究。

7.3.1 泛珠三角区域产业投资定量研究的内容

在泛珠三角区域产业分工与协作中，关于投资问题的定量研究，一般只包括以下几方面内容：

7.3.1.1 固定资产投资与国民收入的关系

固定资产投资资金来源除折旧基金外，主要来自国民收入中的积累基金。而在泛珠三角区域产业的目前阶段，固定资产投资不是像加速模型中那样，以产出为决定因素，而是以资本品的供给能力，即投资资金来源为决定因素。那么，定量分析固定资产投资与国民收入的关系，是投资模型的重要内容，即如下式：

$$I_t = f(Y_t) \tag{7-15}$$

式中，I_t 为固定资产投资，Y_t 为国民收入。

7.3.1.2 固定资产存量与固定资产投资的关系

固定资产投资存在着时滞性和不连续性。所谓时滞性，是指从始投资到形成可以投入使用的固定资产存量之间，一般要经历几年甚至十几年时间；所谓不连续性，是指每年投资规模不等，每年开发的项目时滞不同。所以，固定资产存量不仅由前期固定资产存量和当期投资决定，而且与前若干年的投资有关，即如下式：

$$K_t = f(K_{t-1}, I_t, I_{t-1}, \cdots) \tag{7-16}$$

7.3.1.3 国民收入与固定资产存量的关系

作为投资资金来源的国民收入不是随意外生的,它也受固定资产存量和其他要素的约束,即如下式:

$$Y_t = f(K_t, L_t, \cdots) \tag{7-17}$$

严格讲,公式 7-15 中的 Y_t 与公式 7-17 中的 Y_t 是不同的,前者为国民收入使用额,后者为国民收入生产额,在进出口平衡时,两者数量上相等。

公式 7-16、公式 7-17 与公式 7-18 联立,构成完整的总量固定资产模型。它是一个联立方程模型,在通常情况下,公式 7-16 为一线性模型,固定资产投资额除了主要由当年国民收入决定外,为保持投资的连续性,可将 Y_{t-1} 引入模型。公式 7-17 也是一个线性模型,其参数分别代表不同年份的投资额在第 t 年形成固定资产的份额。如果将公式 7-18 用 C—D 生产函数形式描述,那么该联立投资模型如下:

$$\begin{cases} I_t = \alpha_0 + \alpha_1 Y_t + \alpha_2 Y_{t-1} + \mu_{1t} \\ K_t = \beta_0 + \beta_1 K_{t-1} + \beta_2 I_t + \beta_3 I_{t-1} + \cdots + \mu_{2t} \\ \ln Y = \ln A + \gamma_1 \ln K_t + \gamma_2 \ln K_t + \mu_{3t} \end{cases} \tag{7-18}$$

式中,I_t、K_t、Y_t 为内生变量,L_t 为外生变量,其他为滞后内生变量。在宏观经济模型,这三个方程被分别归入不同的模块,如生产模块、投资模块和固定资产形成模块。

7.3.1.4 投资分配问题

对于投资决策来讲,只确定投资总量是远远不够的,必须确定国民经济各部门的投资额。尤其在当前的泛珠三角区域产业,结构问题比总量问题更重要,而投资分配对产业结构的调整起到导向作用。如此,上述投资模型就要按部门分解。此外,既然泛珠三角区域产业资金来源是决定投资的主要约束,那么对于多渠道的资金来源也要加以考虑。

7.3.2 有关固定资产投资的统计指标

泛珠三角区域产业的投资体制正处于变革之中,投资统计指标和数据口径繁多且杂乱,这为泛珠三角区域产业投资函数研究带来了很大困难。任何一个人,在试图建立投资函数模型之前,必须搞清有关的统计指标和数据口径,了解各类数据的可得性和一致性,否则将一事无成。首先,需要区分固定资产投资和与之相近的几个指标。

固定资产投资额是以货币表现的建造和购置固定资产活动的工作量;

固定资产投资完成额是在投资额中扣除没有形成工程实体的建筑材料和没有开始安装的设备；

固定资产形成额是形成与增加固定资产的费用，不包括完成额中施工机构转移费、职工培训费、报废工程损失等部分；

固定资产交付使用额是可以投入使用的固定资产原值（新增）。

下面将泛珠三角区域产业固定资产投资额的构成和资金来源一并列出（括号中的数字为2004年统计数据，单位：亿元）。

$$
\text{固定资产投资（3 641）}\begin{cases} \text{全民所有制单位（2 298）}\begin{cases} \text{基本建设投资（1 343）} \\ \text{更新改造投资（759）} \\ \text{其他措施投资（196）} \end{cases} \\ \text{集体所有制单位（547）} \\ \text{城乡个人投资（796）} \end{cases}
$$

$$
\text{固定资产投资（3 641）}\begin{cases} \text{国家预算内投资（476）} \\ \text{国内贷款（836）} \\ \text{利用外资（175）} \\ \text{自筹（1 745）} \\ \text{其他（409）} \end{cases}
$$

7.3.3 单方程投资函数模型

在泛珠三角区域产业单方程投资函数模型中，固定资产投资可以表示为固定资产存量、历年固定资产投资额的函数。

假定以简单线性函数表示公式7-16、7-17、7-18，有下式：

$$I_t = a_t \cdot Y_t \tag{7-19}$$

$$Y_t = e_t \cdot K_t \tag{7-20}$$

$$K_{t+1} = K_t - u_t \cdot K_t + \sum_{r=0}^{s} \lambda_{t-r} \cdot I_{t-r} \tag{7-21}$$

式中，

a_t 为第 t 年固定资产积累率；

e_t 为第 t 年固定资产积累效果系数，即资本产出比的倒数；

u_t 为第 t 年固定资产补偿系数（注意，它不是折旧率）；

s 为平均建设周期；

λ_{t-r} 为投资的时滞系数。

三式合并，得

$$I_{t+1} = a_{r+1} \cdot Y_{t+1}$$
$$= a_{r+1} \cdot e_{t+1} \cdot K_{t+1}$$
$$= a_{t+1} \cdot e_{t+1} \cdot K_t(1-u_t) + a_{t+1} \cdot e_{t+1} \sum_{r=0}^{s} \lambda_{t-r} \cdot I_{t-r}$$

假设 $a_t = a$，$e_t = e$，$u_t = u$，

则有 $I_{t+1} = a \cdot e(1-u) \cdot K_t + a \cdot e \cdot \sum_{r=0}^{s} \lambda_{t-r} I_{t-r}$

$$= \beta_0 K_t + \beta_1 I_t + \beta_2 I_{t-1} + \cdots + \beta_{s+1} I_{t-s} \tag{7-22}$$

公式 7-22 即为单方程投资函数模型，在给定 s 后，在样本数据支持下，可以方便地估计模型的参数。

对于公式 7-22 模型，需说明以下几点：

第一，从理论上讲，公式 7-22 不是一个行为方程，而只是一个统计方程，描述了诸变量之间的统计关系，并没有对投资行为进行描述。

第二，模型中存在明显的多重共线性，在参数估计时应加以注意。

第三，如何给定 s，可以通过实际调查分析得出，也可以通过公式 7-22，在给定一个较大的 s 时进行回归计算，取经过显著性检验后保留变量所给出的 s 值。

第四，在考虑到投资在部门之间的结构时，公式 7-22 中的变量全部变为向量或矩阵。[①]

泛珠三角经济圈属中国的三大经济经济圈之一，泛珠三角区域产业分工与协作在实现企业发展，固定投资问题上，作为一个可以反应中国经济发展状况的经济区域，发展过程中也应考虑到固定资产投资与国民收入、固定资产存量与固定资产投资、国民收入与固定资产存量等诸多关系和投资分配问题，其研究方法可以参考以上各种关系的研究。除考虑到以上几种关系以外，下面对区域产业投资增长分别进行静态分析与动态分析。

7.4 效益指标的确定

假定参与评定的产业数为 n，并对这些产业进行 1, 2, 3, …, n 编号，分别评定出各行业在小区域内劳动力就业容量、产业关联度、需求弹性指标、产值增长率、经济贡献度、资源配置度 6 个指标的值。由于不同的指标系数是

[①] 李子奈. 计量经济学——方法和应用 [M]. 北京：清华大学出版社，1999：284.

根据自身的算法计算得出，在量值上可能存在比较大的差异，使其在效益值的确定环节处于不同的指标水平，所以，在下面的计算当中都将各指标的系数值在所有行业系数值中的比重作为指标值。为方便下一步计算，将指标值都化为 1~100 之间的数值表示。

7.4.1 就业容量指标 α

在产业结构调整中，劳动力结构调整作为一项重要的调整内容，对产业的分工布局起着一定程度的作用。现用劳动力综合就业系数来评价各产业对劳动力的吸纳能力，对劳动力吸纳方面主要通过劳动报酬表现出来。

设 v_i 为第 i 个产业在投入产出表中的劳动报酬，q_i 为第 i 个产业在投入产出表中的总产出，l_{ij} 为根据 n 个产业的投入产出表建立的列昂惕夫逆矩阵元素，则第 i 产业的就业容量系数公式如下：

$$\eta_i = \sum_{j=1}^{n} \frac{v_i}{q_i} l_{ij} \qquad (7-23)$$

就业容量系数反映了 i 产业每增加 1 个单位的产出值，需要本产业和其他产业直接或间接投入的劳动力数量，η_i 的值越大，说明该产业对劳动力就业的拉动能力越大，反之则越小。分别求出各产业的就业容量系数后，第 i 产业的就业容量指标 α_i 计算公式如下：

$$\alpha_i = \frac{\eta_i}{\sum_{j=1}^{n} \eta_j} \cdot 100 \qquad (7-24)$$

7.4.2 产业关联度指标 β

产业关联度是指产业与产业之间通过产品供需而形成的互相关联、互相牵制，个别产业影响整个产业结构的连体作用。区域经济不平衡增长理论的创始人赫尔希曼提出了"关联效应"原理。一般区域主导产业分析都用到"前向关联"和"后向关联"系数，把产业按中间投入和最终需求特点分类。而用产业间的影响力系数及感应度系数分析则更直观、更明晰。产业前向关联度和后向关联度，都是指某一产业需求量变化直接或间接引起其他各产业部门投入产出量变化的程度，也称为波及效果。因此产业关联度系数分为感应度系数和影响力系数。计算产业的感应度和影响力通常用的是列昂惕夫逆矩阵或完全消耗系数矩阵。

列昂惕夫逆矩阵又称为完全需要系数矩阵，其经济意义是某一部门每提供一个单位的最终产品，需要直接和间接消耗（即完全消耗）各部门的产品或服务数量，反正是对各部门直接和间接的诱发效果。

完全消耗系数是全部直接消耗系数和全部间接消耗系数之和，完全消耗系数则是这种直接消耗和间接消耗的全面反映。以炼钢消耗电力为例，生产钢需要直接消耗电力，还要消耗生铁、耐火材料等，而在生产生铁、耐火材料和其他所消耗的产品时又要消耗电力。这就是钢对电的第一次间接消耗。由于所有供消耗的产品都有可能消耗电力，依此类推，还有第二次、第三次以至无穷次的间接消耗。于是，钢对电力的直接消耗和无数次间接消耗之和，就构成了钢对电的完全消耗。

参考以上列昂惕夫逆矩阵和完全消耗系数矩阵的定义，为了更好地反映出不同产业间的直接和间接的联系，我们在确定产业的感应度和影响力时使用完全消耗系数矩阵的元素值作为计算依据。

第一，完全消耗系数矩阵可以在直接消耗系数矩阵的基础上计算得到。利用直接消耗系数矩阵计算完全消耗系数矩阵 B 的公式如下：

$$B = (I - A)^{-1} - I \qquad (7-25)$$

式中，A 为直接消耗系数矩阵，I 为单位矩阵，B 也即是列昂惕夫矩阵 $(I-A)$ 的逆矩阵减去单位阵 I。

第二，直接消耗系数也称为投入系数，记为 a_{ij}，是指某一产业 j 在生产经营过程中单位总产出直接消耗的各产业 i 的产品或服务的数量。其计算方法是依据投入产出表的数据，用 j 产业的总投入 u_j 去除该产业生产经营中所直接耗的第 i 产业的产品或服务的数量 u_{ij}，其计算公式如下：

$$a_{ij} = u_{ij} / u_j \qquad (7-26)$$

由直接消耗系数 a_{ij} 构成的 n×n 的矩阵 A，称为直接消耗系数矩阵。矩阵 A 反映了投入产出表中各产业间技术经济联系。直接消耗系数的取值范围在 0~1 之间，

a_{ij} 越大，说明第 j 部门对第 i 部门的直接依赖性越强；

a_{ij} 越小，说明第 j 部门对第 i 部门的直接依赖性越弱；

$a_{ij} = 0$ 则说明第 j 部门对第 i 部门没有直接的依赖关系。

第三，第 i 产业的感应度系数 S_i 计算公式如下：

$$s_i = \frac{\sum_{j=1}^{n} b_{ij}}{\frac{1}{n} \sum_{i=1}^{n} \sum_{j=1}^{n} b_{ij}} \qquad (7-27)$$

式中，$\sum_{j=1}^{n} b_{ij}$ 为列昂惕夫逆矩阵的第 i 行之和；$\frac{1}{n} \sum_{i=1}^{n} \sum_{j=1}^{n} b_{ij}$ 为列昂惕夫逆矩阵

行和的平均值。

$s_i > 1$ 时，表示第 i 产业的生产对其他部门所产生的需求影响程度超过社会平均影响水平（即各部门所产生的需求影响水平的平均值）；

$s_i = 1$ 时，则表示第 i 产业的生产对其他部门所产生的需求影响程度等于社会平均的影响力水平；

$s_i < 1$ 时，则表示第 i 产业的生产对其他部门所产生的需求影响程度低于社会平均影响力水平。

显然，感应度系数 s_i 越大，第 i 产业对其他部门的拉动作用越大，反之则越小。

第四，第 i 产业的影响力系数公式如下：

$$f_i = \frac{\sum_{j=1}^{n} b_{ji}}{\frac{1}{n} \sum_{i=1}^{n} \sum_{j=1}^{n} b_{ji}} \tag{7-28}$$

式中，$\sum_{j=1}^{n} b_{ji}$ 为列昂惕夫逆矩阵的第 i 列之和；$\frac{1}{n} \sum_{i=1}^{n} \sum_{j=1}^{n} b_{ji}$ 为列昂惕夫逆矩阵列和的平均值。

$f_i > 1$ 时，表示第 i 产业对其他部门所产生的波及影响程度超过社会平均影响水平（即各部门所产生的波及影响水平的平均值）；

$f_i = 1$ 时，则表示第 i 产业的生产对其他部门所产生的波及影响程度等于社会平均的影响力水平；

$f_i < 1$ 时，则表示第 i 产业的生产对其他部门所产生的波及影响程度低于社会平均影响力水平。

显然，感应度系数 f_i 越大，第 i 产业对其他部门的推动作用越大，反之则越小。

第五，第 i 产业的产业关联度指标 β_i 表示如下：

$$\beta_i = \frac{f_i + s_i}{\sum_{j=1}^{n}(f_j + s_j)} 100 \tag{7-29}$$

7.4.3　需求收入弹性指标 ε

需求收入弹性（Income Elasticity of Demand）是指在价格和其他因素不变的条件下，由于消费者的收入变化所引起的需求数量发生变化的程度大小。需求的收入弹性也有点弹性与弧弹性之分，本模型的求解过程中，为了保证数据的稳定性，采用的是区间弹性系数，也称之为弧弹性系数。假定在两次数据观察之间，所有别的影响需求的变量保持不变，则第 i 产业在一段时间内的平均需求收入弹性系数公式如下：

$$R_i = \frac{(Q_{i2} - Q_{i1})/(Q_{i1} + Q_{i2})}{(X_{i2} - X_{i1})/(X_{i1} + X_{i2})} \tag{7-30}$$

式中，Q_i 为第 i 产业需求曲线方程 EC 对应的需求值，X_i 为第 i 产业需求曲线方程对应的收入值。需求收入系数从收入方面反映了第 i 产业的市场竞争力。

当 $0 < R_i < 1$ 时，称收入缺乏弹性。它表示消费者收入的变动引起商品的需求量呈同向变动，但需求量的变动率小于收入的变动率（见图 7-3）。

当 $R_i = 0$ 时，称收入无弹性。它表示需求量对收入变化无反应，即无论收入怎样变化，需求量均不变（见图 7-4）。

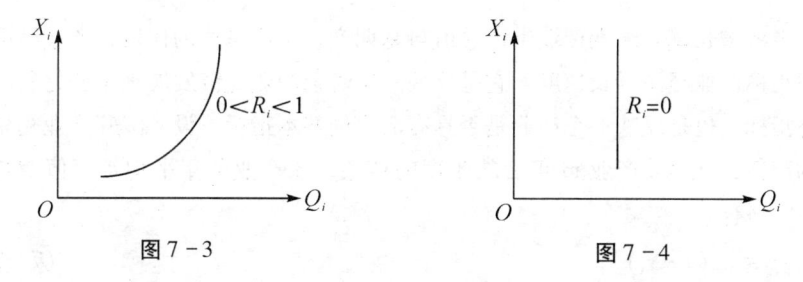

图 7-3

图 7-4

当 $R_i = 1$ 时，称收入单位弹性。它表示收入变动引起需求同方向变动，且需求量的变动率始终等于收入的变动率（见图 7-5）。

当 $R_i < 0$ 时，称收入负弹性。它表示收入变动引起需求量呈反方向变动（见图 7-6）。

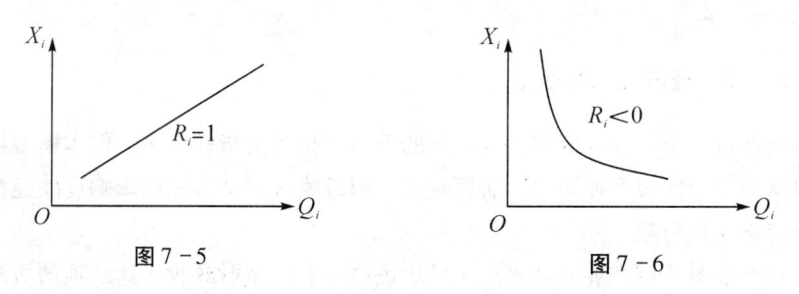

图 7-5

图 7-6

当 $R_i > 1$ 时，称收入富有弹性。它表示收入变动引起需求同方向变动，且需求量的变动率大于收入的变动率（见图 7-7）。

图 7-7

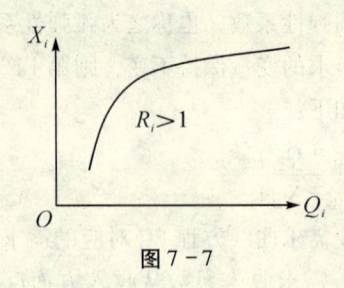

第 i 产业的需求收入指标 ε_i 表示如下：

$$\varepsilon_i = \frac{R_i}{\sum_{j=1}^{n} R_j} 100 \tag{7-31}$$

7.4.4 产值增长率指标 ω

经济增长率是末期产业生产总值与基期产业生产总值的比较，产业经济增长率也称产业经济增长速度，它是反映一定时期产业经济发展水平变化程度的动态指标，也是反映一个产业是否具有活力的基本指标。设 y_{i0} 为 i 产业初始年度的产值，y_{im} 为 i 产业 m 年后的年度的产值，该产业的年平均年产值增长率为 t_i，则有

$$y_{im} = y_{i0}(1+t_i)^m \tag{7-32}$$

由公式 7-32 可解得 t_i 的值，t_i 的值越大，则第 i 产业的产值增长越快，它在经济系统中的地位和作用也越重要。

第 i 产业的需求收入指标 ω_i 表示如下：

$$\omega_i = \frac{t_i}{\sum_{j=1}^{n} t_j} 100 \tag{7-33}$$

7.4.5 经济贡献指标 τ

要评价一个产业对区域产业经济的贡献，相关的指标很多，但本模型期望通过从经济对区域产业收入、居民收入、财政收入三个方面的影响反映经济在区域经济上的贡献。

设产业对区域产业总收入、区域居民收入、区域财政收入这三项的贡献系数 a_i，b_i，c_i，记为贡献系数向量 $\vec{M_i} = (a_i, b_i, c_i)$，其中，

$$a_i = \frac{产业产值}{区域总产值}, \quad b_i = \frac{居民收入中来自 i 产业的收入}{区域居民总收入}, \quad c_i = \frac{i 产业缴纳税额}{区域税收总收入}。$$

然后对三项系数赋上相当效应的权重向量 $\vec{W}=(w_1, w_2, w_3)^T$，则 i 产业对经济的贡献系数 $k_i = \vec{M_i} \times \vec{W}$。

第 i 产业的贡献指标 τ 表示如下：

$$\tau_i = \frac{k_i}{\sum_{j=1}^{n} k_j} 100 \qquad (7-34)$$

7.4.6 资源配置度指标 ρ

该指标主要是反映每一个产业对相关资源的需求量，可以概括为自然资源、交通运输资源、科技技术资源、人力资源、资金 5 个小指标，这里用 μ_j（j = 1，2，…，5）来分别表示。

7.4.6.1 自然资源 μ_1

自然资源主要包括土地资源、水资源、气候资源、森林资源、海洋资源、生物资源、矿产资源、旅游资源。

自然资源是区域产业经济发展和产业分工的重要基础。丰富的自然资源体现在资源的种类、含量以及质量上。区域产业内有种类繁多、丰富优质的资源，能保障区域产业经济持续、稳定地增长，从而也使得整个区域产业结构得到稳定发展；相反，资源贫乏，区域产业的多样化、合理化分工就会受到阻碍。

对自然资源利用的深化过程。对自然资源利用的初期，即人类还处于农业社会期间，以狩猎、捕鱼、耕种和放牧等农业生产方式都直接依赖于自然资源，特别是对水资源、土地资源、森林资源、气候条件等，它们在区域产业的分布不均衡直接决定了农业产业类型的区域划分，而其资源的种类、含量、优势差异又制约着农业产业生产水平的进一步提升。

人类社会进入手工业期间，以纺织、粮食加工等轻工业为主导产业，受自然资源区域分布的制衡，该时期的主导产业主要是自然资源密集型的产业。

特别是到了工业化中后期，人们加速了对地下资源的开发利用，大力推进了经济发展的进程。在那些具有丰富矿产资源，且关键矿种占据重要地位的地区，有利于实现产业结构的演进过程，产业结构的具体形成和发展重点直接受制于矿产资源开采规模及在全国的比重，资源就地利用率的高低以及进一步深加工的程度等，而对那些缺乏矿产资源的地区，其工业经济高度发展往往具备区位优势等优越条件。可见，这一时期的经济发展速度主要受制于资源的深度开发，同时也受制诸如区位、社会经济、技术水平等其他因素的影响。

自然资源制约着经济发展的格局。经济的发展格局包括经济体系中产业的构成及其相互关系，即产业结构以及生产力的时空布局。自然资源结构对产业结构的制约作用，在时间尺度上，表现为对产业结构演进的制约作用，亦即对经济发展速度的影响；在空间尺度上，则表现为对产业结构的形成与分布的制约作用。

自然资源 μ_1，利用产业的形成及进一步发展对某几种资源（如土地资源、水资源、气候资源、森林资源、海洋资源、生物资源、矿产资源、旅游资源等）的需求，根据该区域产业内这几种资源的占有量在这种资源总占有量中的比例来衡量该产业的发展可能和分布情况。

$$\mu_1 = \frac{t_1}{T}$$

（t_1 表示影响产业发展的资源在该地区的量，T 表示这种资源的总量）

7.4.6.2 交通运输资源 μ_2

区域交通对区域产业结构的影响，产业的形成与发展都会有交通运输的参与，交通运输网是实现产业间相互作用的一个桥梁，是促进产业血液顺畅流通的血管，不同的产业在其自身的运作过程中对交通网的流通量及其流通速度都有不同的需求。例如，一般的工业产品在运输过程中特别注重的是降低费用不是时间，而对于农副产品蔬菜食品类在运输过程中特别注重的是速度，对于一些工业所需的能源、燃料等易燃易爆危险物资的运输注重的是安全运输。交通网络越是强大，运输工具越是先进，都会使得区域间时间空间上的拉近，距离空间上的缩短，那么区域间产业的联系也就会因为区域交通的便利越加的紧密。

区域产业形成与发展是直接跟交通运输道路网的强大与交通工具的发展程度成正比例关系的，与两区域产业间道路的长短成反比的，即道路网越强大、交通工具越好、距离越短影响强度越大。所以区域内交通产业条件也是制约区域产业结构形成与发展的重要因素之一。

$$\mu_2 = C_1 \times 道路网规模 + C_2 \times 交通工具条件指标 + C_3 \times 区域距离 + c$$

（C_i 分布表示道路网规模、交通工具、区域产业距离对产业结构的影响指数，c 是一个调配值）

7.4.6.3 科技技术资源 μ_3

科技技术特别是对现在新兴发展起来的科技产业的影响是不可估量的，而一个地区对科技技术的重视程度却又是科技发展的直接推动力，每一个地区在科技探究发展上，都有一定比例的人力、物力、资金、政府的相关优惠政策的投入。这些投入又反过来反映了一个地区科技技术的发展程度。

μ_3 = 劳动力投入率 × 物力投入率 × 资金投入率 × μ_3'

(μ_3'表示政府政策优惠度)

7.4.6.4 人力资源 μ_4

人力资源可以分为体力型和智力型。智力已成为一种社会经济发展的资源，并且人力资源在区域产业经济发展中的重要地位日益提高。历史上，原料储备最大，土地资源最多的国家是最为富足的国家。但当今纵观全球的现实是最富裕的国家往往是自然资源贫乏而人力资源富裕的国家，如日本、新加坡。现代产业已是趋向知识密集型经济产业发展，产业经济的增长对普通劳动力、原材料、能源等自然资源的投入分量已逐渐降低，而更多的是对知识创新也即高新科技创新需求大大的提升。人类社会生产力的发展状况和经济发展水平归根到底是由科技进步决定的。新的世纪，知识和科技在整个投资结构中所占的比重将越来越大，具有取代以前金钱投资和自然资源投资方式而且居主导地位，技术密集型产业在区域产业经济发展中的贡献度将日益提高。

人力资源一定程度上决定了一个地区的产业结构和在未来的发展方向和发展潜力，相反，一个地区的产业结构也从侧面反映了该区域内人们的人文素质。产业对符合产业发展的人力资源的总体需求量与及这种需求的满足情况。假设该区对这个产业人力资源需求的满足率为 ζ，在这一类人力资源方面该区的占有率 υ，则人力资源 $\mu_4 = \zeta\upsilon$。

7.4.6.5 资金资源指标 μ_5

资金的储备以及对产业发展的资金投入是决定产业结构的直接因素之一，对产业的发展有一个导向作用，所以一个地区的资金容量大小就影响了这个地区的产业发展方向。财政收入与支出量是反映一地区的资金情况的标准，现通过这一标准来作为资金资源指标 μ_5。

i 产业的源配置系数 φ_i 计算公式如下：

$$\varphi_i = \prod_{j=1}^{5} \mu_j \tag{7-35}$$

i 产业的资源配置度指标 ρ_i 计算公式如下：

$$\rho_i = \frac{\varphi_i}{\sum_{j=1}^{n} \varphi_j} 100 \tag{7-36}$$

7.5 效益值 P 的计算

公式 7-37 已经列出就业容量、产业关联度、需求收入弹性、产值增长率、经济贡献率、资源配置六项指标的比重数据求解方法，将此比重指标计为公式 7-37：

$$\vec{T} = (\alpha, \beta, \varepsilon, \omega, \tau, \rho) \tag{7-37}$$

考虑到各指标所反映的产业特征在产业总体效益上的作用强度不一样，同时不同的产业对同一个指标来讲，它们的比重不一样，例如，钢铁产业与旅游业，资源的配置度对它们所提供的资源是不相一致的，钢铁产业对铁矿、煤炭、水资源的需求量比较大，而旅游业对铁矿、煤炭资源的需求量相当少。也即各个指标值在各产业效益值上的贡献权重不应满足平均原则，故模型的求解过程中，分别针对各产业的各指标在效益值上的贡献权重采用层次分析法的思想（Analytic Hierarchy Process，AHP）给予确定，参照结构图 7-8。

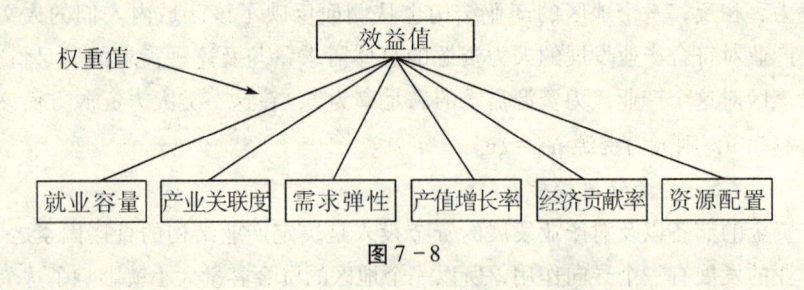

图 7-8

第一，将以上模型建立时所确定的 n（这里 n=6）个指标分别记为 c_1，c_2，…，c_n。

第二，依据萨蒂（Thomas L. Saaty）等人提出的 1~9 次度，对 c_1，c_2，…，c_n 之间进行两两比较，确定成对比较矩阵 $A = (a_{ij})_{n \times n}$（其中，$a_{ij} > 0$，$a_{ji} = \frac{1}{a_{ij}}$）。

第三，计算成对比较阵的最大特征根 λ_{max}，列出最大特征根 λ_{max} 所对应的特征向量 $\vec{w} = (w_1, w_2, \cdots w_n)^T$，n=1，2，…，n。对 $\vec{w}$ 进行归一化处理，使其满足 $A\vec{w} = \lambda_{max}\vec{w}$。

第四，求解一致性比率 CR，$CR = \frac{\lambda_{max} - n}{RI(n-1)}$。其中，RI 的值通过查表得

出。若 CR<0.1，则将特征向量 $\vec{w}$ 作为指标层在目标层的权向量，否则重新设定对应比较阵进行求解。

第五，i 产业的效益值计算公式如下：

$$P_i = \vec{T_i} \times \vec{w_i} \qquad (7-38)$$

7.6 区域产业结构效益最大化的求解

按行政区域的现有划分，将泛珠三角区域的 11 个省记为 11 个小经济区域，分别记为 D_j（j=1，2，…，11）。参考国家统计局关于印发《三次产业划分规定》的划分标准，将参与评价的产业划分为 15 个产业部门，用 i 对这 15 个部门分别进行编号，并将各产业记为 G_i（i=1，2，…，15）。

分别计算出各产业 G_i（i=1，2，…，15）在"9+2"经济区域中的值。D_j（j=1，2，…，11）的效益值为 P_{ij}，可得到效益矩阵如下：

$$P = \begin{bmatrix} P_{11} & P_{12} & P_{13} & \cdots & P_{1n} \\ P_{21} & P_{22} & P_{23} & \cdots & P_{2n} \\ P_{31} & P_{32} & P_{33} & \cdots & P_{3n} \\ \vdots & \vdots & \vdots & \ddots & \vdots \\ P_{m1} & P_{m2} & P_{m3} & \cdots & P_{mn} \end{bmatrix} （其中 m=11，n=15） \qquad (7-39)$$

现在通过效益矩阵 P 确定泛珠三角区域的产业分布结构，采用的方法如下：

第一步，采用类同最优分配方案的分配方法来对产业进行分配；

第二步，通过前面一步的实施我们会发现，有部分产业在这样的分配方案下得不到发展，原因是矩阵 P 不是方阵，通过第一步的分配后剩余没有分配的 4 个产业，我们采用该产业在效益值最大区域产业发展的原则进行分配；

第三步，将在某区域分配了的产业的效益值 P_{ij} 赋值为 0；

第四步，通过一、二、三步分配产出的效益是泛珠三角的每一个区域只发展一个主导产业时的最大值，但每一个区域不只是发展一个产业，所以还要进行多次这样的分配，重复上面的第一、二、三个步骤，最后得到每一个区域的最优产业结构。

7.7 决策方案

当前我国在产业分工上资源加工型垂直分工格局仍存在，不利于区际经济长期协调发展和区域产业结构的优化升级。为了推动泛珠三角区域产业分工与协作产业分工由纵向向横向发展，进一步减小东西部之间的贫富差距，各地在区域优选产业的发展上应将产业结构的平衡因素考虑进去，为此本模型将"偏离—份额分析法"各地区各产业中的结构偏离分量相对于国家综合水平进行比较，从而确定该产业在产业结构调整中的地位，然后对之前的结果进行相应的调整。

结构偏离分量是指区域 j 的各经济产业 i 在假定标准区（本模型选取全国为标准区）相同产业的同比例增长的情况下所能达到的各经济规模之和与区域 j 经济总规模按标准区经济整体同比例的情况下所能达到的总量之差。能反映出产业 i 在 j 区域的结构相对于标准区的合理程度。

j 区域 i 产业的结构偏离量计算如下：

$$z_{ij} = \sum_{i=1}^{n} [(E_{i(t+1)}/E_{it})e_{ijt}] - (E_{j(t+1)}/E_{jt})e_{jt} \qquad (7-40)$$

其中，e_j 表示 j 区域的经济产值，E 表示全国经济产值，E_j 表示区域 j 经济产值，i 表示第 i 个产业部门，t 表示计划期初，t+1 表示计划期末。

若 $z_{ij} > 0$，则区域产业结构正常；若 $z_{ij} < 0$ 则产业结构存在问题，Z_{ij} 越小问题越严重。所以根据 z_{ij} 的值进行调整后就可以确定各小区域的产业发展方向。

7.8 本章小结

本章中的模型是针对泛珠三角区域产业分工与协作机制来建立的，在讨论这个问题的时候，是建立在区域间各生产要素分配不平衡，致使区域经济产业发展不平衡的基础上的。通过影响产业结构形成的因素的不同，将所有的因素划分为 6 个方面作为对产业效益值的衡量指标，根据各个区域的这 6 个指标的不一致，各个产业受不同指标的影响程度不一致，运用数学方法设立效益权重,最终求出各个产业在各个区域产业的效益值来设置各个区域间的产业结构。①

模型中所设定的6个指标的划分依据科学性不强,会导致最后按照效益值确定的产业组成结构所产生的实际效益值达不到最佳,在对划分好的6个指标设立效益权重时,需要相关的专家确定成对比较矩阵的系数,需要一定量的人力、财力、物力等方面的投入。

根据模型中所求得的效益值来确定的区域产业分配,这个分配从理论上讲符合各区域根据自身的情况来发展自身的优势产业和主导产业,以带动本区域的产业经济发展,但是受实际中其他不可量化因素的影响,按照这个效益值来进行该区域的产业绝对分配,可能会造成整个大区域的产业分配不合理,这时就需要对产业分配进行调整来达到最佳的区域产业分工。

---

① 张金锁,康凯. 区域经济学 [M]. 天津:天津大学出版社,1998.

8 泛珠三角区域产业分工与协作的保障机制

对发展中国家经济一体化现象进行阐释的比较有影响的理论是"综合发展战略理论"。由鲍里斯·塞泽尔基在《南南合作的挑战》一书中系统地提出。他认为,一是经济一体化是发展中国家的一种发展战略,它不限制市场的统一,也不必在一切情况下都寻求尽可能高的其他一体化形式;二是两极分化是伴随一体化出现的一种特征,只能通过强有力的共同机构和政治意志制定系统的政策来避免它;三是鉴于私营部门是导致发展中国家一体化进程失败的重要原因之一,有效的政府干预对于经济一体化的成功至关重要;四是发展中国家的经济一体化是集体自力更生的手段和按新秩序逐步改变世界经济的要素。[①]

大市场理论的代表是西托夫斯基(T. Scitovsky)和德纽(J. F. Deniau)。他们认为,一是通过国内市场向统一的大市场延伸,扩大市场范围,获取规模经济利益,从而实现技术利益;二是通过市场扩大,创造激烈的竞争环境,进而达到实现规模经济和技术利益的目的。[②]

《中共中央关于制定国民经济和社会发展第十二个五年规划的建议》指出:"加强和完善跨区域合作机制,消除市场壁垒,促进要素流动,引导产业有序转移。"贵州省《关于制定贵州省国民经济和社会发展第十二个五年规划的建议》指出:"统筹推进不同区域协调发展,坚持共建黔中、参与泛珠,建立健全黔中经济区领导、协调、合作机制,协调解决各种利益关系和重大问题。"经济一体化综合发展战略理论和大市场理论为泛珠三角区域产业分工与协作的保障机制建立带来启示。这些经济理论为泛珠三角区域产业分工与协作保障机制的建立奠定了理论基础。

[①] 陈同仇,薛荣久. 国际贸易 [M]. 北京:中国人民大学出版社,2001:118.
[②] 薛荣久. 国际贸易 [M]. 成都:四川人民出版社,1998:248-250.

8.1 用科学发展观引领区域产业分工与协作的保障机制

当前,中国正面临进一步加强区域产业分工与协作的良好机遇。世界经济增长形势复杂,国际市场和国际投资回暖,发达国家向发展中国家进行产业转移步伐加快。中国加入世界贸易组织以后,将在更大程度、更宽领域融入世界经济合作与竞争。国内经济稳定增长,东部沿海地区经济实力不断增强,东西部地区之间经济合作的需求和空间进一步扩大。目前,无论是沿海发达地区,还是西部地区、东北老工业基地都在努力改善经济发展环境,大力引进外来投资促进经济加快发展,新一轮大开放、大协作、大发展的热潮方兴未艾。

贵州对外开放的基础条件发生了根本性变化。一是公路、铁路、航空为主的立体交通网络体系基本建成,可以为"引进来"和"走出去"提供方便快捷的服务;二是水火互济的能源建设取得阶段性进展,已建成和在建电力装机容量达 1 500 万千瓦,2010 年前已经达 300 万千瓦左右,在完成向省外输电任务的同时,可为外来投资者提供可靠的能源保障(见表 8 - 1);三是资源富集,具有相对优势,开发潜力巨大,有利于吸引外来投资;四是"两基"攻坚成效显著,义务教育、职业教育和高等教育发展较快,劳动者整体素质不断提高,可以逐步满足外来投资者对人才和劳动力的需求;五是近几年经济持续快速增长,民族团结,社会稳定,投资环境不断改善,有利于增强外来投资者的信心。

表 8 - 1   2008—2009 年贵州省能源产量占全国比重情况

能源指标	全国		贵州		贵州占全国比重(%)	
	2008 年	2009 年	2008 年	2009 年	2008 年	2009 年
原煤产量(万吨)	280 217	297 300	11 798	13 691	4.2	4.6
发电量(亿千瓦小时)	34 958	37 147	1 192	1 380	3.4	3.7
能源生产量(万吨标准煤)	261 210	275 000	9 262.34	11 070.09	3.5	4.0
能源消费总量(万吨标准煤)	291 448	306 600	7 083.99	7 566.33	2.4	2.5

资料来源:《贵州统计年鉴》。

贵州区域产业分工与协作机制保障大约可分为三个阶段。

第一阶段：起步阶段（1978—1988年）。

党的十一届三中全会后，随着把全党工作重点转到经济建设上来的重要决策以及改革开放的需要，1983年12月，贵州省政府行文正式组建省对外经济协作办公室，履行省人民政府赋予的对外经济协作的行政管理职能。运用贵州经济的比较优势，与国际国内竞争互接互补。贵州在国家统一对外开放的政策下，从全省的角度研究区域产业分工与协作的对策思路，重点在外贸、外资、外经三大领域的开放，辅以外事、外宣和文化教育方面的开放。

第二阶段：曲折发展阶段（1988—1992年）。

这期间区域产业分工与协作处于艰难曲折阶段，工作上在探索中发展。具体表现为：一是对外贸易滞后。受地域交通与经济基础的制约，加之开放观念的滞后，尽管有较快的发展速度，但发展总量、质量与国家国民经济总体水平仍有较大的差距。在外贸方面，进出口总量小，出口商品结构落后，科技含量低，附加值低，技术进步水平制约大，三大军工潜力未能体现其价值，机电产品出口颇具潜力但未能得到有效开发。促进措施滞后和政策措施不够，企业市场开拓不力。1999年，贵州全省外贸总额54 560万美元，其中，出口35 775万美元，进口18 982万美元。二是利用外资是对内对外开放的薄弱环节。这期间，贵州全省外商投资总额仅为4亿美元，占全国同期外商投资总额的1%。三是国际经济合作刚起步，除接受国际援助规模、水平与其他地区差距不大外，承包国外工程、劳务输出、境外非贸易企业数量等尚处在初级发展阶段。

第三阶段：新进展阶段（1992年至今）。

2000年6月，贵州省在省对外经济协作办公室基础上，组建省招商引资局，履行省人民政府赋予的招商引资和对外经济协作的行政管理职能，大部分州市地参照省里的做法，组建招商引资及对外经济协作机构。在北京、上海、天津、青岛、珠海、重庆等城市设立了省政府驻外办事处。同时，先后在省内设置了11个国家和省级经济开发区作为区域产业分工与协作的窗口。落实《贵州省投资软环境综合整治实施方案》，大力营造良好法制环境、服务环境和信用环境，1984年决定实施开放带动战略，区域产业分工与协作稳步发展。但是，贵州区域产业分工与协作系统的干部包括一些领导干部，对实现什么样的发展、怎样发展的问题，并没有真正搞清楚。具体表现为：一是发展意识上，对发展这个党执政兴国的第一要务缺乏足够的认识，对抢抓机遇，积极有效吸引利用外来投资和借助外力加快发展的使命感、责任感和紧迫感不强，满足于现状，缺乏追赶和缩小与发达地区差距的进取精神。二是发展思路上，贯彻解放思想、与时俱进的思想路线的自觉性不够高,推动"环境立省","互利双赢",坚持科学选商的思路不清晰,措施和办法不多。三是发展观念上,个别地方重"显绩"轻"潜绩",重当前轻长远,盲目引进不符合国家和省的产业政策,影响生态环境。四是发展方式上,有的地方引进招商项目的结构性矛盾突出,原料型、粗放加工型项目偏多,科技型、研发型项目偏少,发展方式尚未明显改变,发展质量和效益不高,安全事故频发,只要"金山银山",不要"绿水青山",甚至存在单纯追求招商引资数量增长速度,出现偏差。五是吸引利用外来投资的合力不强,一些缺乏资金、技术和先进管理经验的企业尚未真正成为招商引资的主体,对于现代经济中介组织和商会的桥梁纽带作用还未充分发挥。六是引进招商项目发展地方经济目的上,在解决就业、占用土地统筹兼顾各方面利益做得不够,有的甚至干少数人发财多数人遭殃的蠢事。七是区域产业分工与协作体制机制上,职能交叉重叠,缺少统一对外高效运转的体制机制,工作的系统性和协调性不强。八是在改善发展环境上,目前服务型政府职能转变滞后,审批环节较多,办事效率不高,外来投资者的合法权益受到不同程度的损害等。

用科学发展观引领区域产业分工与协作的保障机制的对策措施如下:

一是坚持把改革开放作为加快转变经济发展方式的强大动力,加快构建有利于科学发展的体制机制。"改革开放不断深化,对外开放广度和深度不断拓展,互利共赢开放格局进一步形成。"①

二是运用"两种资源","两个市场",加快建立促进区域产业协调发展的有效机制、市场机制、合作机制、互助机制和扶持机制,是实现区域协调发展的重要手段。

三是健全市场机制,着力打破行政界限和市场分割,加快构建全国统一大市场,建立符合市场经济发展规律的人口有序流动机制和城乡一体化的劳动力市场。

四是健全合作机制,按照自愿互利共赢的原则,鼓励和支持多种形式的区域产业经济协作,技术和人才合作,开展多层次、多形式、多领域的区域合作,充分发挥政府和中介机构的作用,鼓励区域产业合作方式创新。

五是健全互助机制,创新帮扶方式,加大技术援助和人才援助的力度,将外生援助转化为内生机制。

---

① 关于制定国民经济和社会发展第十二个五年规划的建议 [M]. 北京:人民出版社,2010:2.

8.2 建立区域产业分工与协作拉动经济增长着力点的保障机制

有专家认为,随着贵州的"三不"(不沿海、不沿江、不沿边)逐渐被"两近"(近海、近边)取代,作为西南地区南下出海通道枢纽位置的地位和作用正在日益凸显。因此,应该把区域产业分工与协作作为贵州扩大对内对外开放和增加投资、拉动经济增长的着力点。在抢抓西部大开发和新阶段扶贫开发的机遇中,不仅要积极争取国债资金、转移支付资金及国家的各项投入,也要面向国内外资本市场、跨国公司、优强企业,积极抓好区域产业分工与协作,大力引进省外、国外和民营资本投入各项建设,加大社会融资力度,提高招商引资到位资金在全社会固定资产投资中的比重,缩小与省外的差距、(国内发达地区社会融资占全社会固定资产投资的70%,贵州占10%)激活引导多元投资,2006—2010年,贵州的经济增长是随着社会固定资产投资的增长而增长的,这就说明固定资产投资对拉大经济发展的作用明显(见图8-1~图8-6)。把工作的重心逐渐转向营造投资环境、把区域协作作为扩大开放和增加投资拉动经济增长的重点,努力使利用外来投资在量上有较大增长、在质上有较大提升。中心城镇、国家和省级开发区、经济强县等要在吸引外来投资,特别是在引进国内外大公司、大企业落户上有新的突破,在引进资金的同时,大力引进技术、管理、人才等各种要素,借助外力促进发展。

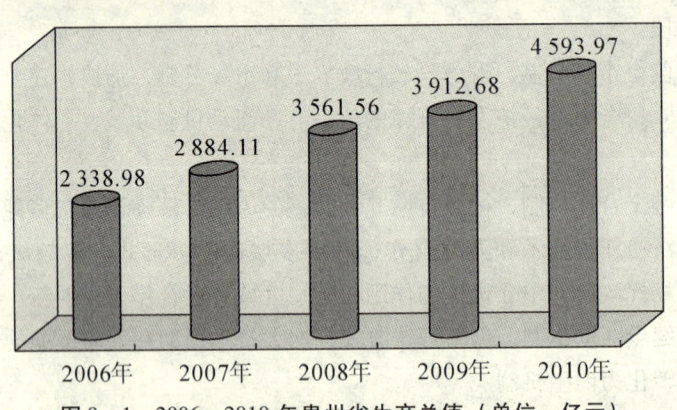

图8-1 2006—2010年贵州省生产总值(单位:亿元)

年份	生产总值
2006年	2 338.98
2007年	2 884.11
2008年	3 561.56
2009年	3 912.68
2010年	4 593.97

图 8-2　2006—2010 年贵州省固定资产投资总额（单位：亿元）

图 8-3　2006—2010 年贵州省财政收入（单位：亿元）

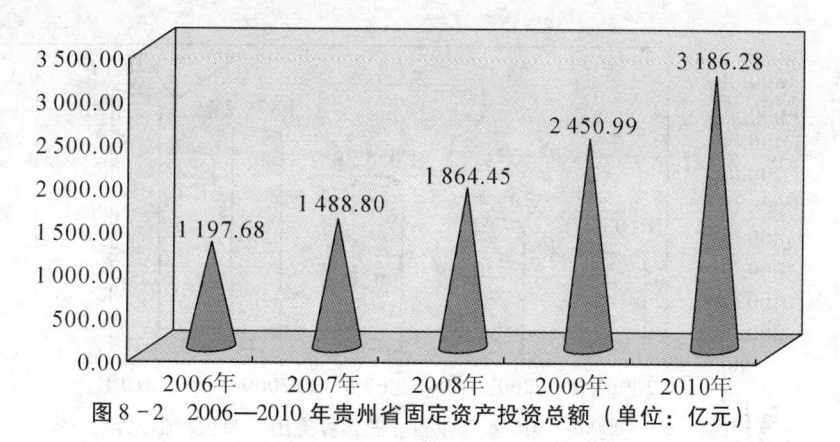

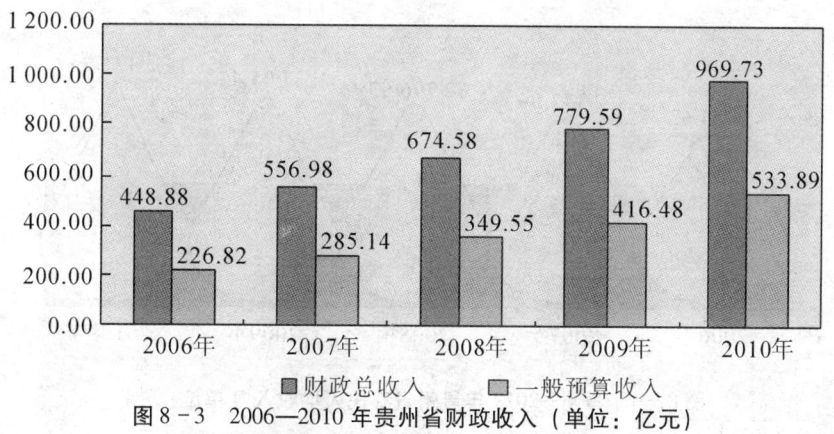

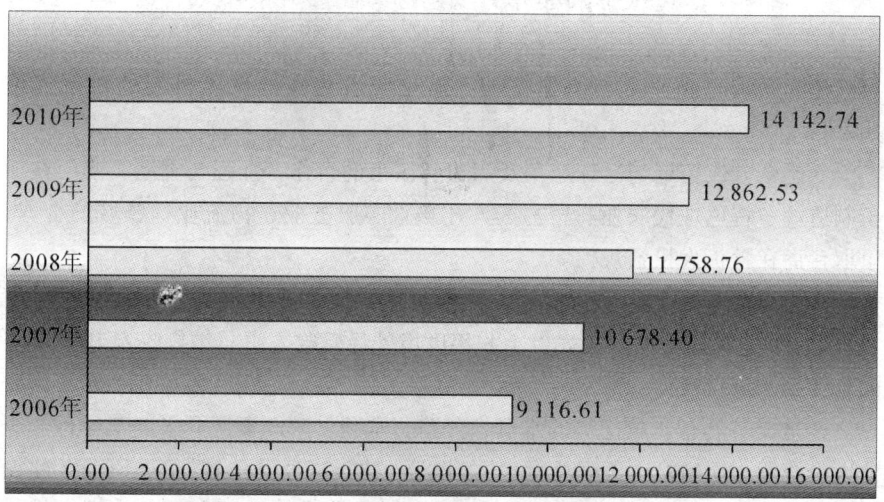

图 8-4　2006—2010 年贵州省城镇居民人均可支配收入（单位：亿元）

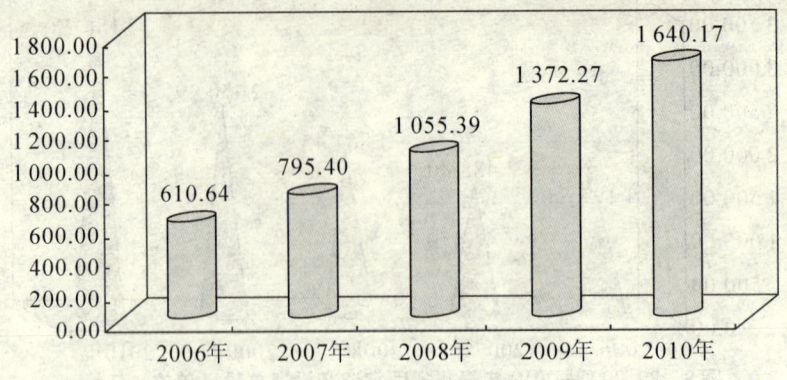

图 8-5　2006—2010 年贵州省一般预算支出（单位：亿元）

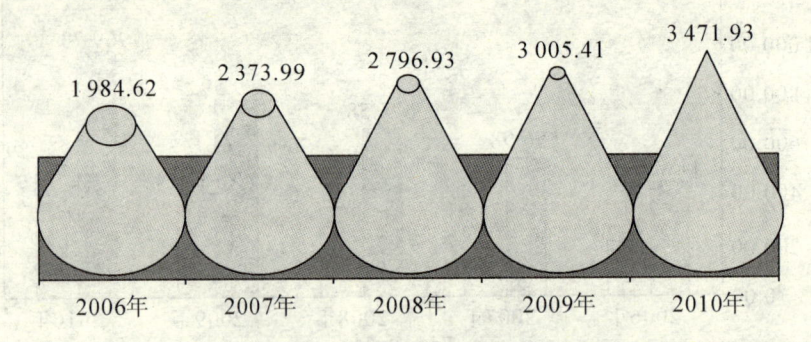

图 8-6　2006—2010 年贵州省农民人均收入（单位：元）

图 8-1～图 8-6 资料来源：《贵州统计年鉴》、《今日贵州》。

建立区域产业分工与协作拉动经济增长着力点的保障机制的对策措施如下：

一是全方位拓展与泛珠三角及周边省区市的合作，加强与香港、澳门在加工制造业、特色现代农业、贸易、人才培训、服务业、物流业等领域的合作，争取台商在黔扩大投资规模。

二是鼓励支持企业创新机制、联合协作，加快"走出去"步伐，对年度境外营业收入在 3 000 万美元以上和年度境外经营收入占总销售收入 10% 以上的企业给予重点扶持。

三是支持具有比较优势的水电、公路、水利、矿产资源开采加工等行业企业以带资承包、EPC（工程总承包）、BOT（建设—经营—转让）、BOD（建设—经营—拥有）等方式到境外承揽工程和开展技术咨询服务。争取国家将更多的对外援助项目交由贵州企业实施。

四是加强与中央、外省（区、市）企业合作，通过联合投标的方式壮大贵州"走出去"企业的实力。

五是积极拓展外派劳务市场，在有关职业学校建立外派劳务培训基地，进一步扩大外派劳务规模。诚如中共中央总书记、国家主席习近平同志考察贵州时指出的："利用贵州近海、近边的条件，进一步完善相关政策，改善开放环境，加大开发力度，努力实现借力发展。"

8.3 建立用"硬"措施打造投资"软"环境的长效保障机制

与周边省区比较，近年来贵州发展较慢的一个主要原因是投资环境改善和吸引外来投资不够。投资环境改善和吸引外来投资不够所存在的具体问题在于：一是对开放带动战略在全局工作中的地位作用和借助外力加快发展的重要性认识不足，工作力度不大。二是投资环境仍待改善，社会服务、法律、信用和市场环境还不适应进一步扩大对内对外开放的要求。三是对外宣传推介不够，贵州在国际国内的知名度不高。四是区域产业分工与协作仍存在体制性障碍，尚未形成统一对外，运转高效的工作机制。五是区域产业分工与协作项目前期工作深度不够，缺乏经费保障。六是部分县市区区域产业分工与协作执行国家产业政策不严，盲目引进小而全，低水平重复建设项目。七是"引进来、走出去"办法不多，吸引外资的针对性实效性不强。八是经济技术开发区下放权限不到位，发挥吸引外来投资的载体和平台作用不够。[①]

用"硬"措施打造投资"软"环境。

一是总结近年来贵州集中整治投资环境的经验，巩固成果，完善投资环境综合考核评价体系，认真开展投资环境综合考评工作，严格实行损害投资环境责任追究制度，建立投资环境监测、评价、考核、奖惩、公示制度，形成改善投资环境长效机制。二是加强法制环境建设，规范执法行为，加大执法检查力度，增强干部群众的法制观念；切实维护投资者合法权益，宣传贯彻落实好《贵州省外来投资者权益保障条例》；加强外来投资者投诉机构建设，对历年来外来投资者反映突出的积案进行一次认真清理，限时给予解决和答复。三是

---

① 陈政. 贵州融入泛珠三角经济圈战略研究 [J]//贫困地区发展与和谐社会构建国际学术研讨会组委会. 贫困地区发展与和谐社会构建国际学术研讨会论文集，2007.

保持政策的稳定性、连续性、透明性和可预见性，切实贯彻落实国家、省关于西部大开发及扩大开放等方面的优惠政策，完善配套措施，着力解决好地方和投资者反映强烈的土地、税收、收费等问题，努力降低投资成本。四是按照建设"信用贵州"的要求，树立政府的诚信形象，增强全社会的信用观念，抓紧建立企业和个人信用等级管理办法和信用不良行为警示惩戒制度，营造良好诚信环境。五是大力改善服务环境，根据行政许可法的要求，深化行政审批制度改革，对国家法律、法规规定的企业注册登记应当履行的前置审批项目，进一步简化审批程序，缩短审批时间。对重大项目、高新技术项目等可实行特事特办，切实为投资者搞好服务。六是完善和规范市场体系，加快土地、技术、劳动力和资本市场建设，消除地区和市场壁垒，强化知识产权保护，确保各类企业在经济贸易活动中的合法权益和平等地位。坚持打击制假售假、欺行霸市、经济诈骗等扰乱市场行为，规范市场经济秩序。完善各类投资服务体系，加快各类中介组织的建立。

总之，"凡是国内其他省（区、市）能够提供的优惠条件，贵州都要提供；凡是国家法律、法规规定的投资权益，贵州都要依法保护；凡是需要由各级政府解决的问题，贵州都要全力解决"。[①]

用"硬"措施打造投资"软"环境的长效机制的对策。

第一，坚持环境立省战略，把改善投资环境作为吸引外来投资作为基础工作来抓。在继续完善配套建设以交通、信息网络、供电供水等硬件设施的基础上，继续优化和改善外商投资的软环境。认真落实关于"环境立省"的战略举措，坚持把改善各地投资环境作为吸引外来投资最关键的基础工作来抓，大力营造良好的社会法制环境、信用环境、服务环境和公平竞争的市场秩序，不断提高贵州吸引利用外来投资的环境竞争力。以抓好督促整改工作为主线，把集中考评与日常监测督促整改结合起来，建立长效机制，不断优化和改善投资环境，使外来投资者引得进，留得住，能发展。按照《贵州省外来投资者权益保障条例》和《贵州省外商投资企业投诉及处理办法》的规定，实行分级管理、层层负责的办法，依法协调和办理外商投诉案件，做到件件有结果、事事有回音，切实保护外来投资者合法权益。

第二，坚持区域产业分工与协作项目跟踪落实，切实提高招商引资项目资金到位率。区域产业分工与协作部门派出督查组到全省各地狠抓项目落实，指

[①] 王兵，罗梅，李寅妮.贵州：借船出海 在港举行投资贸易活动媒体推介会[N].贵州日报，2011-5-4.

导、帮助、督促重点项目落实工作。省、市（州、地）、县三级区域产业分工与协作部门都要建立重点项目落实责任制：建立区域产业分工与协作项目台账，明确项目跟踪落实责任单位和责任人；将投资额在1 000万元以上的项目报省区域产业分工与协作部门备案，以便加强督促和检查；将投资额在5 000万元以上的重点项目的落实进展情况及时报送省区域产业分工与协作部门，以便提请省级有关部门帮助协调解决有关困难和问题，从而确保重点项目在贵州各地顺利落地和组织实施。

第三，坚持生态文明建设目标，科学选商促进经济结构调整和产业优化升级。生态文明是一种绿色文明，是在不断加强生态建设和环境保护的同时，加快转变生产模式和行为模式，走一条依靠自然、利用自然而又保护自然，与自然和谐相处、互动发展的可持续发展之路；把建设资源节约型、环境友好型社会作为加快转变经济发展方式的重要着力点，贯彻节约资源和保护环境基本国策，节约能源，降低温室气体排放强度，发展循环经济，推广低碳技术，积极应对气候变化，促进经济社会发展与人口资源环境相协调；坚持科学选商，在区域产业分工与协作的实际工作中贯彻落实科学发展观，就是不能让那种不符合科学发展和生态文明建设目标要求的项目入驻贵州，在区域产业分工与协作过程中，严格执行国家产业政策和环保法规，严把项目入口关；在项目筛选论证、推介发布、对接洽谈、审批服务、协调推进等环节，注重环境友好、科技创新、节能减排和可持续发展等重要因素，注意谢绝发达地区浪费资源、污染环境、破坏生态产业梯度转移过程中不符合生态文明建设方向的投资项目进入贵州。

第四，坚持做好区域产业分工与协作项目前期工作，用好项目来招商引资。做好项目统筹筛选论证和集中发布工作，把基本建设项目、技改项目、农产业化项目、现代物流项目以及旅游文化产业化项目进行充分整合，分级建立和完善区域产业分工与协作项目库，集中统一对外发布，用好项目吸引外来投资；区域产业分工与协作部门每年统一印制发布，或通过省政府区域产业分工与协作信息网向国内外客商推介；充分发挥各级区域产业分工与协作信息网对外来投资引导服务的功能，进一步提高区域产业分工与协作项目推介的针对性、权威性、时效性；根据工作需要，切实加强区域产业分工与协作项目信息的动态管理，认真做好网络维护，及时更新网上信息，不断丰富网上内容，积极推动网上招商，树立贵州区域产业分工与协作信息网站的对外开放窗口形象。

第五，积极参与泛珠三角为重点的区域产业经济合作，推动贵州与重庆两江新区、黔渝经济圈和对口帮扶城市经济合作。抢抓贵广快速大通道建设的历史机遇，进一步加强和巩固与泛珠三角的经济合作，做好充分准备，积极由省组团参加泛珠三角经贸合作洽谈会，并力争取得好成果；从实际出发进一步推动贵州与重庆两江新区、黔渝经济圈的经济合作，认真落实贵州省与重庆、广西签署的区域战略合作框架协议；积极推进与西南毗邻地区的区域产业经济合作。密切关注发展走向，主动做好与各方的协调和沟通，努力促进经济合作向更加务实的方向发展；抓住建立中国—东盟自由贸易区发展的机遇，逐步建立和拓展国（境）外区域产业分工与协作平台，进一步巩固对口帮扶城市经济合作及香港、澳门经贸投资合作关系，充分利用港澳平台，拓展贵州区域产业分工与协作的广度和深度。

第六，坚持发挥中心城市、经济强县、开发区和工业园区的载体作用，积极吸引外来投资。进一步下放权限，理顺工业园区管理体制，制定工业园区管理的规范性文件，加快推进工业园区的建设。发挥工业园区吸引外来投资的综合优势，大力发展外向型、高技术含量、高附加值的产业，形成各具特色的专业化产业基地，带动全省的产业升级。通过政府引导、政策支持、体制创新等措施，鼓励探索一区多园的发展模式。积极支持中心城镇的建设，完善城镇配套服务功能和产业配套功能，努力营造文明高尚、遵纪守法、诚实守信、亲商安商的社会氛围，创造良好的生活创业环境。支持中心城镇根据自身的区位特征、产业特点和优势资源，选准区域产业分工与协作的重点领域和产业，大力吸引资金、技术和人才，发挥中心城镇的集聚、辐射、示范和带动作用。

第七，坚持"走出去"与"请进来"相结合，积极搭建区域产业分工与协作平台。继续坚持主动出击，积极"走出去"与发达地区和国（境）外开展区域产业分工与协作交流，利用"两种资源"和"两类市场"，大力发展开放型经济。进一步推动贵州与泛珠三角区域产业发达地区的经贸合作向更高水平发展。本着"以我为主、注重实效、有财力支撑"的原则，有选择地参加国家有关部委和有关省市主办的区域产业分工与协作及经贸洽谈活动，广泛宣传推介贵州的比较优势、投资环境、优惠政策措施、优势产业和重点区域产业分工与协作项目，多渠道引进国内外优强企业入黔投资兴业。

8.4 扩大投资领域，鼓励多种形式合资合作的保障机制

不断创新招商方式，着力提高区域产业分工与协作的针对性和实效性。继

续探索和实践定向定点招商、委托招商、代理招商、专业化小分队招商、产业组团式招商、网络招商、园区招商、以商招商等富有实效的区域产业分工与协作方式，积极支持各地区各部门通过多种途径"走出去"开展各种专题区域产业分工与协作活动，围绕本地优势项目有针对性地进行考察洽谈，力求取得招商实效，降低招商成本。充分发挥各类行业协会和商会中介组织的桥梁作用，推动跨区域、跨行业、跨所有制的横向经济技术合作。进一步加强与各类经济组织间的信息交流，有针对性地开展省内企业与国内外优强企业之间的双向互动考察，力争在引进战略投资者、促进资产重组和做强做大方面取得新的进展。

扩大投资领域，鼓励多种形式合资合作的保障机制的对策措施。

一是抓住加速发展的新机遇，用足用好国家政策。全面梳理国家原有的关于西部大开发、支持老少边穷地区发展和发展新能源等各方面政策，真正把国家政策用足用好，积极争取中央的支持，形成多渠道的资金来源和项目来源。

二是突出重点，完善方案，着力破除资金瓶颈。处理好改革与发展的关系，处理好改革与试验的关系；解放思想、大胆探索、先行先试；既要突出重点、完善方案，又要立足实际、因地制宜。以科学发展为主题，以转变经济发展方式为主线，做到"稳中求进、快中保好，能快则快、又好又快"。

三是抓住泛珠三角区域合作和新一轮西部大开发加快发展的机遇，做好对口扶贫，争取中央和有关方面的支持，加大对本地区相关部门和产业的投入和发展。

四是抓住中央关于新阶段扶贫开发的机遇，争取扶贫优惠政策，加大攻坚力度，实现贫困地区和贫困人口脱贫致富。

五是抓住产业结构调整所提供的产业调整和产业发展带机遇。随着经济发展和产业结构的调整，煤、电、钢铁、铝材等重要生产资料供不应求是中国产业结构不协调的必然反映，充分利用资源优势换资金促发展，加快煤、电、铝生产的投入和发展。

六是抓住世界经济复苏步伐加快，新一轮经济增长的速度将进一步提高，进一步提高利用外资水平和质量。

七是放宽市场准入。打破一切形式的地方保护和封锁，除国家法律、法规明令禁止的外，所有领域一律向境内外投资者开放。

八是立足于比较优势，求产业之真，务项目之实。对优势产业和优势资源进行梳理，根据对贵州支柱产业的定位，着力引进大项目，引导和鼓励境内外资本投资重点优势产业。鼓励外来投资者对交通、能源、农业、水利、市政、环保、生态等基础设施项目的投资。加快推进金融、保险、信息咨询、新型商业、旅游等服务贸易领域对外开放。鼓励外商与中方合作进行矿产风险勘查，共同开发优势资源。

九是鼓励外来投资者以收购、兼并、参股、控股等多种形式参与国有企业的改制、重组，除国家明文限定的行业外，外来投资者均可控股或独资经营，不受股权比例的限制。

8.5 建立统一对外运转高效统筹协调区域产业分工与协作的保障机制

长期以来，体制不顺、缺乏统一高效对外运转统筹协调区域产业分工与协作的保障机制，难以狠抓落实形成工作合力。具体来说，主要针对如下五个方面解决问题：

一是在进一步建立健区域产业分工与协作跟踪落实的组织保障机制方面，要把区域产业分工与协作作为经济工作的"重中之重"，摆在重要的议事日程上。认真研究区域产业分工与协作项目跟踪落实的有关现实问题，切实加强组织领导和督促检查，有针对性地建立健全了落实区域产业分工与协作项目的组织协调机制，积极推行党政领导联系重点项目制度，随时了解项目落实进展情况并开展协调服务，帮助外来投资企业解决了项目运行中遇到的现实问题和实际困难，确保区域产业分工与协作重点招商项目顺利实施。

二是在建立区域产业分工与协作项目跟踪落实责任制方面，要建立区域产业分工与协作重点项目备案制和招商项目跟踪落实情况报送、汇总分析制度。建立区域产业分工与协作项目管理台账，明确项目跟踪落实责任单位和责任人，对投资额较大的项目实行备案管理，切实加强督促和检查。通过及时细致的耐心工作，把意向性项目转变为符合法规的协议或合同项目，使签订经济合同的招商项目，及时落实到位资金，开工、投产见效。

三是在落实区域产业分工与协作工作联席会议制度方面，要有序推进重大招商项目顺利实施。使区域产业分工与协作项目"引得进、留得住、能发展"，分级建立区域产业分工与协作工作联席会议制度，及时帮助协调解决外来投资项目落实进程中面临的有关困难和问题，有力地推动了重大项目的顺利实施。

四是在不断强化督促检查机制方面，要加强对区域产业分工与协作项目落实工作的调度和指导，加大督促检查力度，把项目落实工作同目标考核结合起来，纳入党委政府督查程序，定期进行督查通报，推动区域分工与协作项目的落实。

五是在不断健全激励机制、激发区域产业分工与协作活力方面，要从实际出发，结合国家有关政策法规，在调查研究的基础上制定一系列具有针对性和可操作性的有关区域产业分工与协作奖励政策和激励措施，既推动外来投资企业不断做大做强，又极大地调动了社会各界参与区域产业分工与协作的积极性、主动性、创造性，有效增强区域产业分工与协作的整体合力。

建立统一对外运转高效统筹协调区域产业分工与协作的保障机制和对内开放与对外开放相协调的管理体制的对策措施。

一是统筹协调区域产业分工与协作和对内对外开放工作的有关事宜。成立区域产业分工与协作和开放工作领导机构。

二是学习借鉴云南、四川等省的经验，在合并内外招商引资职能的基础上，进一步建立和健全区域产业分工与协作管理服务体系，明确和强化区域产业分工与协作部门统筹协调全省投资促进工作的职能。

三是做好内外资引进工作的统一规划和统一部署，统一协调推进。涉外部门和综合经济部门各有侧重，协调配合，上下联动，形成推进区域产业分工与协作及对内对外开放的整体合力。

四是建立和完善外来投资"一站式"、"一条龙"服务体系。在有条件的地方，设立"政务服务中心"、"行政服务中心"，提倡"阳光工程"，提高办事效率，树立良好服务形象。

五是着力推进机制创新，把解决区域产业分工与协作的现实问题与建立长效机制紧密结合起来，针对现有体制和工作机制中不适应的地方，加大关键环节改革攻坚力度，加快构建充满活力、富有效率、更加开放、有利于区域产业分工与协作的体制机制，推动经济发展提供科学的体制机制保障。

六是推进机制创新，建立改善贵州投资环境的长效机制，进一步营造良好的发展环境。

七是建立区域产业分工与协作项目前期工作及资源力量整合机制，有效提高全省区域产业分工与协作项目前期工作水平，用好项目吸引外来投资。

八是建立和深化"9+2"泛珠合作和对口帮扶城市经济合作机制，促进区域产业分工与协作向更高层次更宽领域发展。

九是建立区域产业分工与协作联席会议制度，着力解决重点区域产业分工与协作项目落户的后续跟踪服务和支持做强做大。

十是建立外商投诉受理机制，确保外商投诉有门、合法权益得到充分的维护和保障等。

8.6 创新区域产业分工与协作方式，拓宽渠道增强针对性和实效性的保障机制

创新区域产业分工与协作方式，坚持体制机制创新和市场经济改革方向，充分发挥市场配置资源的基础性作用，切实转变政府职能，优化发展环境，推进要素自由有序流动，形成有利于生产力充分释放的经济发展环境；推动国有企业改革，建立国有企业社会责任考核机制，使企业所在地能够与企业共享发展成果；发展非公经济，进一步放宽市场准入，积极支持民间资本进入资源开发、基础设施、公用事业和金融服务等领域；发挥西部地区的地缘优势，完善内外联动、互利共赢、安全高效的开放型经济体系，不断开拓经济发展的新空间；增强西部内陆重点区域在东西互动合作和国际区域合作中的优势，建设一批内陆开放型经济战略高地；推进向西开放战略，提升沿边开发开放水平，积极参与同周边国家的双边、多边投资区域产业分工与协作，探索西部内陆地区开发开放的新模式，在有条件的地区积极建设沿边开发开放试验区。

创新区域产业分工与协作方式，拓宽渠道增强针对性和实效性的保障机制的对策措施。

一是不断总结经验，大胆探索，求真务实，建立符合市场经济要求的区域产业分工与协作机制。着力提高经济协作项目的合同履约率、资金到位率。大力推广企业并购、项目融资、证券融资、特许经营和风险投资等投融资方式，积极推荐符合条件的外来投资企业在境内外发行债券、股票上市融资。积极支持办好现有外来投资企业，推动以商招商。

二是积极推动以优势产业、优势行业为主要特色为专题招商、产业链组团式招商。各级各部门各行业都要立足自身优势，进一步整合资源、突出重点，积极举办有针对性的招商和经济协作引资活动，推动形成各具特色的产业集群。以公路交通、能源、水利、环保、市政公用设施为主的基础设施建设项目，国有企业的技术改造项目，以及农业、林业、旅游、教育文化等产业项目。

三是本着讲求实效、量力而行的原则，精心打造区域分工与协作平台和载体。在认真总结过去举办大型活动经验的基础上，争取一至二年单独举办或与

国家有关部委或其他省（区、市）共同举办一次以投资促进为主要特色，同时集商贸、旅游、文化为一体的大型区域产业分工与协作及招商引资会展活动，促进对内对外开放；对于一些地方已经办出特色的活动，进一步提高档次和水平；统筹安排、精心组织参加全国性或区域性的大型投资促进和区域产业分工与协作洽谈活动，如厦洽会、昆交会、深圳高交会等，力争参加活动取得实效。

四是突出重点领域区域产业分工与协作，进一步深化与周边省（区、市）的区域产业分工与协作。积极参与泛珠三角的区域产业分工与协作，抓住内地与香港、澳门建立更紧密经贸合作关系的机遇，积极应对、深入研究，扩大与港澳的经济技术交流与合作；充分利用与东盟建立自由贸易区的契机，鼓励企业开拓东盟市场。

五是完善激励机制，充分调动社会各界参与区域产业分工与协作的积极性。充分发挥驻外办事处在区域产业分工与协作中的重要作用，以及各种涉外机构、贸促会、侨联、工商联、商会等组织的重要作用。

8.7 加强项目前期工作和加大区域产业分工与协作经费投入的保障机制

外来投资者普遍反映，西部贵州区域产业分工与协作项目前期工作比较薄弱。项目前期工作是区域协作最重要的基础性工作，应当下大力抓紧抓好。加大对项目前期工作的投入，建议每年由省财政拨出100万元，建立贵州区域产业分工与协作项目前期工作专项资金，用于项目筛选、论证、评审、储备和对外发布推介等工作。每年推出产业关联度高、对经济拉动力大、有吸引力的省级重点项目，市区县也要根据自身的优势和特点，推出一批区域产业分工与协作和招商引资中小项目。集中力量抓好重大区域产业分工与协作项目，认真落实重点区域产业分工与协作项目联席会议制度、联络员制度及重点项目区域产业分工与协作工作责任制。积极推动各市区县区域产业分工与协作项目库及二级网络的建设，做好与国家有关部委投资促进网站和国外有关网站的链接工作，切实提高区域产业分工与协作的信息化水平。充分整合各地人力物力资源，切实做好区域产业分工与协作项目前期工作，用好项目吸引外来投资，采取措施集中人力物力和财力，整合管辖区内的资源，认真做好区域产业分工与协作项目统筹筛选论证和集中发布工作。把分散在发改部门的基本建设项目、经贸部门的技改项目、涉农部门的农业产业化项目、商务部门的现代物流项目以及旅游文化等各行各业所掌控的产业化项目进行充分整合,分级建立和完善区域产业分工与协作项目库,集中统一对外发布,用好项目吸引外来投资。市(州)招商部门每年积极主动和按时向省区域产业分工与协作部门上报一批符合国家产业政策和质量标准的需要向国外(境外)、省外进行发布的区域产业分工与协作的重点项目。由省区域产业分工与协作部门进一步组织各方面专家论证后,全省每年集中推出重点招商项目100个,中小招商项目300个,统一印制发布,或通过省政府区域产业分工与协作信息网向国内外客商推介。充分发挥区域产业分工与协作信息网对外来投资引导服务的功能,进一步提高区域产业分工与协作项目推介的针对性、权威性、时效性。根据区域产业分工与协作工作需要,切实加强区域产业分工与协作项目信息的动态管理,认真做好网络维护,及时更新网上信息,不断丰富网上内容,积极推动网上招商,树立贵州区域产业分工与协作信息网站的对外开放"窗口形象"。

加强项目前期工作和加大区域产业分工与协作经费投入的保障机制的对策措施。

第一,围绕生态文明建设目标,坚持科学选商,重点引进符合国家产业政策和环保要求,有利于促进经济结构调整和产业优化升级的招商项目。

第二,深刻认识建设生态文明对实现经济社会发展历史性跨越的重大意义,正确把握建设生态文明的努力方向。坚持科学选商,就是在区域产业分工与协作的实际工作中贯彻落实科学发展观,就是不能让那种不符合科学发展和生态文明建设目标要求的区域产业分工与协作项目进入贵州。在区域产业分工与协作和招商引资过程中,严格执行国家产业政策和环保法规,严把区域产业分工与协作项目"入口关"。

第三,在项目筛选论证、推介发布、对接洽谈、审批服务、协调推进等环节,必须注重环境友好、科技创新、节能减排和可持续发展等重要因素,注意谢绝发达地区产业梯度转移过程中不符合生态文明建设方向的投资项目进入贵州。

第四,根据区域产业分工与协作的需要,切实加强区域产业分工与协作项目信息的动态管理,认真做好网络维护,及时更新网上信息,不断丰富网上内容,积极推动网上招商。

第五,加大项目前期工作的投入,建立项目前期工作专项资金,用于项目筛选、论证、评审、储备和对外发布推介等工作。

第六,充分发挥政府信息网对外来投资引导服务的功能,提高项目推介的针对性、权威性、时效性。切实加强项目信息的动态管理，认真做好网络维护更新，及时更新网上信息，不断丰富网上内容，积极推动网上招商。

8.8 发挥开发区和中心城镇吸引外来投资的载体、示范作用的保障机制

充分发挥中心城市、经济强县、开发区和工业园区吸引外来投资的载体作用，切实加强对国家级和省级开发区区域产业分工与协作工作的指导，充分发挥开发区吸引外来投资的综合竞争优势，大力发展外向型、高技术含量、高附加值的产业，以加工贸易为主，形成各具特色的产业基地，带动全省的经济结构调整和产业优化升级。积极支持23个经济强县和省内中心城镇根据自身的区位特征、产业特点及优势资源，在搞好产业发展规划的基础上，选准对外合作的重点领域和产业，大力吸引国内外资金、技术和人才，大力发展开放型经济，卓有成效地推动经济强县建设。积极实施城镇化发展战略，充分发挥现有中心城市吸引利用外来投资的载体作用及集聚、辐射、示范和对外开放的窗口作用。

进一步下放权限，理顺开发区管理体制机制，制定开发区机制管理的规范性文件，加快推进开发区的建设。发挥开发区吸引外来投资的综合优势，大力发展外向型、高技术含量、高附加值的产业，形成各具特色的专业化产业基地，带动全省的产业升级。通过政府引导、政策支持、体制创新等措施，鼓励探索"一区多园"的发展模式。积极支持中心城镇的建设，完善城镇配套服务功能和产业配套功能，根据自身的区位特征、产业特点和优势资源，选准对外合作的重点领域和产业，大力吸引资金、技术和人才，发挥中心城镇的集聚、辐射、示范和带动作用，扩大对内对外开放。着力推进特色工业企业开发区工业园区内聚集化，打造特色工业企业载体，走新型工业化道路。抓住国家制定中西部地区承接东部产业转移政策等机遇，积极争取国家支持贵州建立承接产业转移示范园区、东西部互动产业合作示范园区和国家级保税园区、无水港。

发挥开发区和中心城镇吸引外来投资的载体、示范作用的保障机制的对策措施。

第一，加快工业园区建设，大力发展园区经济。立足民用航空航天产业国家高技术产业基地的建设，积极引导工业向园区集中，承接发达地区产业

转移。

第二，利用快速铁路、高速公路过境有利条件，规划建设大进大出物流园区。

第三，抓好园区规划、园区基础设施建设、园区区域产业分工与协作和项目建设，增强园区产业聚集和辐射能力。每个县（区、市）至少建一个园区，通过围绕延长产业链创造和制造项目。

第四，狠抓聚集区建设。继续采取以州、县共建的方式，在重点培育 1~3 个每年销售收入各超 100 亿元的工业聚集区的基础上，选择有条件的聚集区采取东西合作等方式主动与发达地区对接，朝着保税区和内陆加工区方向重点建设。

第五，突出抓好园区基础设施建设、园区区域产业分工与协作和项目建设，增强园区产业聚集和辐射能力，加快工业园区基础设施建设，抓紧引进一批重大工业项目入园发展。

第六，在重点培育工业聚集区的基础上，选择有条件的聚集区采取东西合作等方式主动与发达地区对接，朝着保税区和内陆加工区方向重点建设。

8.9 加强对外宣传推介，塑造区域产业分工与协作形象的保障机制

时至今日，宣传在发展地方经济社会中的功能作用正越来越被人们认可。而在贵州就存在宣传推介不够，与外省区相比不太重视宣传带来的积极影响，不太重视用利好消息和特殊政策，吸引外来投资者。现在随着改革开发的扩大，重要外宾来黔考察访问持续增多，工商企业界来黔考察投资十分活跃，境外金融机构也纷纷抢滩贵阳，借此诸多"机遇"齐集之机，贵州应主动出击、通过多种形式对投资环境、特色产业、优惠政策等进行宣传介绍。与此同时，借助强势媒体积极宣传介绍，为对外开放营造良好的舆论氛围和塑造积极向上的城市形象。使之成为国内外新闻媒体关注的焦点，国际新闻媒介对贵州发展前景、风景名胜等进行翔实和较为客观的报道，宣传贵州，提高了贵州知名度，树立了新贵州的形象，直接或间接助推了贵州及泛珠三角区域的对外开放工作。

对外宣传推介是贵州进一步加大对外开放的重要举措，对于塑造贵州的开放形象，让贵州走向世界，让世界了解贵州，具有十分重要的作用。

加强对外宣传推介，塑造区域产业分工与协作形象的保障机制的对策措施。

一是整合力量，突出重点，建立统一对外、高效灵活的对外宣传工作机制，提高对外宣传工作效应。充分利用一切宣传媒体和手段，采取灵活多样的方式，有目的、有步骤、有针对性地组织实施外宣工作。重点宣传贵州的比较优势、投资环境、优惠政策措施、优势产业和重点招商引资项目。

二是为进一步提高知名度，树立开放形象，吸引更多的海内外投资者参观考察、投资兴业、共谋发展，有计划分期分批地在泛珠江三角洲，以及长江三角洲、环渤海地区、四个对口帮扶城市及中国香港、东南亚、北美、欧盟等举办宣传推介和区域协作活动。

三是充分发挥外事侨务部门的桥梁和纽带作用，推动友好互访，巩固和促进贵州与国外地方政府，民间组织的交流与合作，提高贵州知名度，增强对外来投资者和旅游者的吸引力。

四是切实加强教育和引导，增强全民开放意识，牢固树立人人都是投资环境、个个都为区域产业分工与协作扩大开放服务的理念，积极营造全社会关心招商、支持招商、参与招商、投身开放的良好氛围。

五是宣传贵州多彩的家园，悠久的历史，独特的地理环境造就了贵州的美丽与神奇。

六是宣传丰富的自然资源。独特的环境条件，蕴藏着丰富的自然资源。

七是宣传对外开放水平进一步提高和投资环境进一步改善，推进区域产业分工与协作和对内对外开放，促进开发和发展。

8.10 坚持政府强力推动和积极发挥企业主体作用的保障机制

无论是发达地区还是欠发达地区，都在以前所未有的力度推进对内对外开放和区域产业分工与协作。没有党委、政府的强有力支持和推动，没有专门的工作机构，没有必要的经费投入，对内对外开放和区域产业分工与协作工作难以取得突破。贵州地处内陆，经济基础薄弱，企业整体实力不强，更需要党委、政府加强领导、积极支持、强力推动。明确熟悉区域产业分工与协作工作的领导分管对外开放和吸引外来投资的工作，把政府引导搭台和充分发挥企业的主体作用有机结合起来。推动国有企业改革，采取优惠政策，配置资源条件,以重大资源深加工、精加工项目为载体,大力吸引中央企业和省外优强企业到贵州投资发展、合作开发。健全国有资本经营预算制度,推进国有企业公司制股份制改革和国有资产证券化改革。加快国有企业的资源整合、兼并重组,不断增强国有企业活力、控制力和影响力。推进各种所有制企业之间通过股权并购、股权置换、互相参股等方式进行整合重组,发展国有资本、集体资本和非公有制资本等参股的混合所有制经济。通过资源优先配置、项目优先规划、政策优先扶持和兼并重组、产能扩张、技术改造等措施,推进对内对外开放和区域产业分工与协作。

坚持政府强力推动和积极发挥企业主体作用的保障机制的对策措施。

第一,提高科学判断形势的能力。要立足于中国,放眼世界,以宽广的眼界观察世界,正确把握时代的要求,善于进行理论思维和战略思维,对形势作出全面而正确的判断。深入研究当代世界经济、政治、科技、文化的发展和变化,深入研究这种变化对我们的影响及带来的机遇和挑战,顺应时代进步潮流和发展的新趋势,制定正确战略,新的实践。

第二,提高驾驭市场经济的能力。在社会主义市场经济条件下,按照客观规律和科学规律办事,不断研究改革和建设中的新情况、新问题,善于抓住机遇,加快发展。用发展的思路、改革的办法解决前进中遇到的新问题。善于借鉴发达国家在发展市场经济中有益的经验教训,创造性地开展工作相结合,增强对社会主义市场经济的适应性和主动性。

第三,提高应对复杂局面的能力。正确认识和处理各种社会矛盾,善于协调各类不同利益关系,克服各种困难,应对各种风险。学会运用经济、法律、行政和思想政治工作的手段来处理区域产业分工与协作中的矛盾。

第四,提高依法执政能力。增强法律观念,把依法执政纳入依法治国轨道之中,牢固树立法治观念,带头遵守法律、执行法律,自觉按照市场规则和国际惯例办事。

第五,提高总揽全局的能力。统筹兼顾,围绕同一个目标,形成合力做好区域产业分工与协作工作。

第六,发挥企业在区域产业分工与协作中的主体作用。省内企业要亲自联系省外、国外重大企业、重大项目和重要客商,亲自参与重大项目的洽谈和引进。

8.11 积极承接发达国家和国内东部沿海地区的产业转移机制

东西部产业转移和区域产业分工与协作不协调,主要在改造提升传统产业、加快培育战略性新兴产业、加快工业经济由粗放型增长向集约型发展转变、实施产业园区建设行动计划,引导企业向产业园区集中,推进产业集群、企业集聚、资源集约节约利用等方面。这样在土地、资源能源、劳动力等方面的后发优势不能显现。西部地区主动地、大规模地承接东部地区的产业转移,聚集优势资源,这是加快科学发展的有效举措。

主要是抓住国家和西部地区采取的一系列扩大内需的政策机遇,结合东部产业转移动向,围绕国家新增投资的重点领域和重大项目开展配套产业招商。例如,大方县在省、地政府和有关部门的支持下,围绕着毕节地区通过重大项目的招商引资加快工业化进程的发展思路,利用丰富的陶瓷原料资源,抓住东部地区产业转移的大好时机,前往中国的陶瓷生产基地广东佛山考察推介,依托贵州省广东商会实业有限责任公司引进广东客商投资 30 亿元建设大型陶瓷建材工业基地,投资建设生产线 30 条,生产高档建筑陶瓷、卫生陶瓷和工业陶瓷,项目建成后年销售收入可达 60 亿元,转化当地富余劳动力 1 万多人。据贵州省招商引资局和投资促进局不完全统计,2008 年贵州从东部发达地区引进到位资金 213 亿元。2011 年民间投资累计完成 2 096.10 亿元,比 2010 年增长 74.5%,增速比国有及国有控股投资高 23.1 个百分点。民间投资对全省投资的贡献率达 48.2%,拉动全省投资增长 29.5 个百分点。①

积极承接发达国家和国内东部沿海地区的产业转移机制的对策措施。

第一,紧紧抓住发达国家和国内东部沿海地区资本和产业转移的机遇,加快"黔中经济区"建设步伐,培育并建成一两个产业承接示范园区,引进优质资本和先进技术,加快企业兼并重组,发展壮大一批装备制造企业。

第二,大力推动加工贸易转型升级,发挥贵州在劳动力、土地以及水电煤等生产要素方面的优势,吸引更多加工贸易企业向贵州转移。

第三,大力发展物流、商贸、旅游、文化等产业,积极承接纺织、服装、

---

① 贵州省人大财政经济委员会.谋科学发展促后发赶超——第五届贵州经济论坛文选[M].成都:西南交通大学出版社,2012.

家电、玩具等劳动密集型产业，推进新型工业化和城镇化建设步伐。

第四，结合国家采取的一系列宏观调控措施，充分发挥比较优势，主动承接东部产业转移。

8.12 实施人才发展战略提供区域产业分工与合作的人才保障机制

人力资本说（Human Capital Theory），是由美国学者凯南（P. B. Kenen）等人提出的。凯南等人认为，劳动是不同质的，这种不同质表现在劳动效率的差异。这种差异主要是由劳动熟练程度所决定的，而劳动熟练程度的高低，又取决于对劳动者进行培训、教育和其他有关的开支，即决定智力开支的投资。[①]人力资本主要是指一国用于职业教育、技术培训等方面投入的资本。人力资本投入可提高劳动技能和专门知识水平，促进劳动生产率的提高。

本书研究发现，贵州等西部省区，在人力资本投入和人力资源开发方面，存在以下问题：

第一，人力资源开发程度低，人才供给短缺，成为西部发展的最大"瓶颈"。

人口的膨胀对人力资源的开发和人力资本的发展带来了严重后果，形成了数量对质量的严重约束。一方面，人口数量的高速增长加重了经济资源耗用的负担，从而导致社会缺乏对人力资本的投资，以及改善和提高人力资源所必需的物质条件；另一方面，在人口素质不高的条件下，为了实现既定的经济增长目标不得不依靠人力数量投入的增加，这又引发了人口数量扩张的冲动，从而形成一种人口数量代替人口质量的恶性循环。包括贵州省在内的西部地区劳动力素质已明显低于全国平均水平。劳动力素质低下已成为西部地区经济发展和社会进步的主要障碍。人口素质偏低无疑是制约西部人力资源开发的一个主要因素。

第二，人才资源大量流失，进一步削弱了西部地区发展的原动力。

改革开放初期，西部一些省份每百名从业人员中各类专业技术人员所占比例还名列全国前茅，但进入20世纪80年代中期以后，由于西部地区与东部地区差距的拉大，在西部出现了"孔雀东南飞"现象，人才大量流失，而剩下

---

① 陈同仇，薛荣久. 国际贸易 [M]. 北京：中国人民大学出版社，2001：58.

的人才很多也知识老化,从事传统产业者居多,从事高新技术者少,使知识经济很难在西部地区成长。西部地区本来就严重缺乏人才,人才流失对于西部开发来说无疑是雪上加霜,这种流失导致科学技术人才力量大大减弱,而且对新增科技人才的吸引力大大减弱。导致西部地区人才流向东部地区的原因很多,但其深层原因主要有三个方面。一是经济落后,社会分工程度低,就业机会少,许多劳动力不得其用而流失。二是用人制度不合理,公平竞争的程度低,人才成长的环境质量差,优秀人才难以脱颖而出。三是分配制度不合理,劳动力的回报低,劳动者的收入普遍低,为了追求高收入而流失。另外,很多地方重外来人才,轻本地人才,酿成了"招来女婿气走儿"的现象。

第三,人力资源结构不合理,加剧了西部地区地域、产业发展的不平衡。

在西部地区人力资源的区域结构上,由于人才区域产业分布不均,人才效益受到制约。西部人才区域分布的突出特点是城市人才多于农村人才,中心城市人才多于郊县人才,越边远的地区,人才越少。这样极不合理的人才分布会造成两个方面的不良后果。一方面是人才严重不足,愈是需要人才的地方,愈缺乏人才。另一方面是人才"相对过剩",人才越集中的地方,人才闲置现象越严重。

实施人才发展战略,提供区域产业分工与合作的人才保障机制的对策措施。

一是加强区域产业分工与协作和开放型人才队伍建设,创新人才培养、引进和使用机制,用好省内人才,重视引进国内外人才资源,吸引更多优秀管理人才、技术人才来贵州创业发展,培养和造就一批能适应全省提升对外开放水平需要的高素质企业经营管理人才、高层次科技创新人才。

二是进一步深化人事制度改革和分配制度改革,形成吸引人才、留住人才的良好环境及有利于各类人才脱颖而出的激励机制。

三是组织人事部门建立和实施东西部人才交流计划,加大选派优秀年轻干部到境外和著名高校培训的力度,并选派干部到中央有关部委、大企业和东部发达地区挂职锻炼。同时,争取中央有关部委、大企业和发达地区的年轻干部来贵州挂职锻炼。

8.13 本章小结

本章主要研究泛珠三角区域产业分工与协作的保障机制。主要是建立用科学发展观引领区域产业分工与协作，建立区域产业分工与协作拉动经济增长着力点，建立用"硬"措施打造投资"软"环境的长效机制。扩大投资领域鼓励多种形式合资合作，建立统一对外运转高效统筹协调区域产业分工与协作机制。创新区域产业分工与协作方式，拓宽渠道增强针对性和实效性，加强项目前期工作和加大区域产业分工与协作经费投入，发挥开发区和中心城镇吸引外来投资的载体示范作用，加强对外宣传推介、塑造区域产业分工与协作形象。坚持政府强力推动和积极发挥企业主体作用，积极承接发达国家和国内东部沿海地区的产业转移。实施人才发展战略，提供区域产业分工与合作的人才保障机制。

9 贵州省融入泛珠三角区域产业经济圈的对策

《中共中央关于制定国民经济和社会发展第十二个五年规划的建议》指出：促进区域协调发展，实施区域发展总体战略和主体功能区战略，构筑区域经济优势互补、主体功能定位清晰、国土空间高效利用、人与自然和谐相处的区域发展格局，加大对革命老区、民族地区、边疆地区、贫困地区扶持力度。[1]《中共贵州省委关于制定贵州省国民经济和社会发展第十二个五年规划的建议》指出：统筹推进区域发展，融入成渝、参与泛珠，重点建设一批具有地域特色的产业带，加快资源优势向经济优势转化。这些政策措施，结合经济理论基础，为区域产业分工与协作和贵州省融入泛珠三角区域产业经济圈指明了未来。

9.1 建立泛珠三角区域产业经济圈前贵州的经济格局

9.1.1 贵阳城市经济圈的启示

贵州省委九届八次全会作出了建设贵阳城市经济圈的重大决定。城市经济圈一般是指以一个或几个经济比较发达、具有较强辐射带动功能的中心城市为核心，由几个空间距离较近、经济联系密切、功能互补的周边城市共同组成的经济带。

9.1.1.1 建设经济圈内涵

根据目前的初步规划，贵阳城市经济圈的范围是以贵阳市为中心、辐射半

---

[1] 中共中央关于制定国民经济和社会发展第十二个五年规划的建议 [M]. 北京：人民出版社，2010：19-20.

径大约为 80 千米~100 千米的区域，包括贵阳市和安顺市的西秀区、平坝县、镇宁自治县、普定县、黔南自治州的龙里县、惠水县、福泉市、贵定县、瓮安县、长顺县（即"1+10"）。这个规划区域的国土面积为 24 547.64 平方千米，占全省面积的 13.93%；2004 年总人口 741.7 万，占全省总人口的 19%。

9.1.1.2 推进经济圈建设

明确建设贵阳城市经济圈的目标定位，根本目的在于打造西部地区具有较强影响力的省会城市经济圈和具有较强核心竞争力的经济增长极，辐射带动贵州经济社会又好又快、更好更快地发展，提高综合实力和竞争力，使贵州早日实现经济社会发展的历史性跨越。2011 年，贵阳城市经济圈的生产总值达到 1 200 亿元，占全省生产总值 40%。必须遵循城市经济圈建设的五个一般原则，即"坚持优势互补，坚持资源共享，坚持互利互惠，发挥市场机制的作用，坚持依法行政"。

9.1.1.3 制定和实施发展规划

规划是牵引城市经济圈有序发展的"牛鼻子"，区域发展规划是区域协调中必不可少的手段。建设贵阳城市经济圈，要充分借鉴国内外先进地区建设城市经济圈的成功经验，进行深入、广泛的调查研究，编制科学、合理的发展规划。要确定城市经济圈的发展目标、产业特色和功能定位，因势利导，顺势推动，引导城市经济圈健康、有序发展。

9.1.1.4 构建经济圈经济基础

重视培育壮大主导产业和支柱产业，扩大主导产业和支柱产业规模，努力提升产业层次、产业集中度和产业外向度，不断延伸中心城市产业链。圈内各城市应按照产业链延伸、产业相互依存和关联的要求，主动承接贵阳的辐射，积极发展与主导产业、支柱产业协作配套、上下游配套的相关产业。同时，各城市要发挥各自优势，发展特色产业，避免因产业结构单一或重复建设造成的恶性竞争，促进圈内产业布局、产业结构的合理化。通过城市圈内主导产业、支柱产业与特色产业的优势互补、协调发展，不断优化产业结构，形成布局合理的产业构架，创建多层级经济网络体系。

9.1.1.5 整合经济圈生产要素

一体化是区域经济发展的必然要求，也是建设城市经济圈的必然要求。把一体化作为发展贵阳城市经济圈的重点，通过生产要素的区域流动，推动区域经济整体协调发展。一是推动区域基础设施一体化。二是推进区域产业一体化。三是推进区域市场一体化。四是推进区域城乡一体化。五是推进生态环境一体化。

9.1.1.6 发挥龙头作用

贵阳城市经济圈就是以贵阳市为龙头的城市经济圈。贵阳市作为龙头,其辐射带动作用发挥得如何,在一定意义上关系到贵阳城市经济圈建设的成败。一方面要积极做强做大,另一方面要主动搞好服务。在依托贵州全省、服务全省的过程中进一步增强辐射力、服务力和带动力,充分发挥龙头带动作用,实现互利多赢。

9.1.2 南(宁)贵(阳)昆(明)经济圈的启示①

南贵昆经济区是国家实施西部大开发战略三个重点发展区域之一。南贵昆经济区地处东南亚、南亚、东亚、太平洋、印度洋的"三亚"、"两洋"交汇处,与越南、老挝、缅甸三国接壤,毗邻泰国和印度,是中国西部地区经济基础较好、自然条件优越、增长潜力较大、辐射作用强的经济区域,是我国加入世界贸易组织后实现与东盟自由贸易区的对接,实施"走出去"战略,推动对外开放,使此经济区域成为我国面向东南亚、南亚地区开放的前沿阵地。

9.1.2.1 构建原则及目标要求

构建原则是坚持从实际出发,落实国家整体规划,稳步推进建设;突出重点,有所为有所不为,充分发挥各自优势资源;统筹兼顾,优势互补,相互促进,联动发展;自力更生,艰苦奋斗与争取国家和各方面的大力支持、配合相结合。

构建目标是以线串点,以点带面,以西南出海通道主干线为依托,发挥南宁、贵阳、昆明三个城市作用为重点,加快建设各具特色的经济核心区,带动和促进周边地区的发展;充分发挥其特有的区位优势,独特的水电资源、矿产资源、旅游资源优势,把南贵昆经济区建设成为国家重要的原材料基地,能源基地,旅游胜地,以及面向东南亚、南亚开放的前沿阵地和实施"走出去"战略的重要基地。建设西部生物制药和生物制品生产技术基地;建设和扩大绿色中药材生产、出口基地;加强以三个城市为重点的经济技术合作,实现优势互补,功能互补,共同发挥经济中心、科教中心、金融中心、信息中心和现代物流中心的作用,辐射和带动长江上游经济带的快速发展,建成西部地区最强最大的经济区域,经济社会协调发展,实现新的跨越式发展。

9.1.2.2 构建三大优势资源

一是区位优势优越。南贵昆经济区与东南亚和南亚相邻,东临湘西和粤

---

① 明卫华. 积极构建南贵昆经济区大开放的发展平台 [J]. 当代贵州, 2003 (5).

西，南濒北部湾及海南岛，北接渝、川、藏，是渝、川及西北地区南下出境出海的陆海大通道，一个以大通道为骨干，海港、航空港、内河港、铁路和公路口岸为支撑的陆海空并举的全方位开放体系已基本形成。

二是区域内资源富集。南贵昆经济区自然资源种类多，数量大，组合良好。

三是资源型产业正在崛起。南贵昆经济区经过多年来的开发建设，以资源型产业为主体的产业体系已初步形成，冶金、食品、烟草、化工、机械等产业的优势明显凸现，这些产业集中在南宁、贵阳、昆明等中心城市，成为新世纪的优势产业群体。

9.1.2.3 对策措施

一是抓整体规划，用系统的观念指导区域经济的发展。首先，是重视规划的过程。其次，是重视规划思路的调整。最后，是重视规划内容。

二是抓生态环境建设，实施可持续发展战略。

三是抓住地缘优势和实行优惠政策，实施"引进来"和"走出去"相结合战略。

四是利用国内国际投资，提高利用外资的规模和质量，构建合理的经济结构。

五是将利用国内国际投资和调整城乡资源配置结合起来，引导投资者参与信息化、工业化和城镇化建设。

9.1.3 西南六省区市区域产业经济合作的成功实践

《中共中央关于制定国民经济和社会发展第十二个五年规划的建议》指出：促进区域协调发展，实施西部大开发。这为西南六省区市经济协调会指明新的发展方向，西南六省区市经济协调会经历了20年的辉煌，为中国的区域产业经济协作实现跨越发展进行了实践性的探索，取得了难得的经验。

9.1.3.1 按照市场经济原则组建经济协调组织

1984年9月，在党中央、国务院及四省区五方领导同志倡导下，四川、云南、贵州、广西、重庆的领导同志聚集在贵州省贵阳市，召开了协调会首届会议。随后，西藏自治区和成都市加入了协调会，从此协调会更名为五省区七方经济协调会。1997年，重庆市上升为直辖市后，又更名为六省区市七方经济协调会。2004年在西藏拉萨召开的第19次会议上同意成都市改变参加协调会组织方式的决议，协调会再次更名为六省区市经济协调会。经济协调会首届会议制定了若干原则，确定协调会的性质是跨省区、开放性、松散型的区域经济协调组织，非行政机构。主要任务是提出西南改革开放经济建设中带有共性的政策、措施，推动横向经济联合与协作，发展区域经济；研讨西南经济开发中的重大问题，向中央反映情况，提出建议；发展同沿海地区和其他经济区的横向经济联系，实现区域内外的优势互补。同时，在重庆设立了常设联络机构，筹建了西南经济协作大厦。本着"平等协商、轮流坐庄，各方都有否决权"的原则，以贵州、重庆、云南、四川、广西、西藏为序，由各方党政领导轮流担任主席，每年召开一次高层次例会，共同商讨横向经济联合的重大方针、政策和原则，确定工作重点。

9.1.3.2 经济协调会20余年成就斐然

第一，经济协作向高层次宽领域发展。据初步统计，1985—2007年，六省区市之间大中型经济协作项目达1万余项，相互投资3 000亿元，组织交易会成交商品500亿元，修建省际断头公路64条、长1 500千米，组建周边毗邻经济协作区20个，实施农业科技合作项目100项，涉及资金7.5亿元。持续20余年的区域经济协作，大西南地区的多边经济合作可谓硕果满枝，成绩斐然，各省区市之间相互投资显著增加。2004年贵州与各方落实经济协作项目628个，引进到位资金约35.29亿元，项目涉及能源、化工、冶金、建材、轻工、城市建设、房地产、旅游等领域；广西与西南各方实施经济技术协作项目约127项，项目总投资45亿元，合同引进西南各方资金44亿元；云南省与其他五方共签订和实施国内经济合作项目282项，到位资金28.2亿元；重庆市与西南各方签订和实施经济合作项目224个，合同引进西南各方资金46.75亿元；西藏与各方合作项目达到20多项，协议总投资8亿多元，涉及旅游、矿产、房地产、生态农业等行业。贵州省与西南各方的合作不断加强，1984—2004年，其他方在贵州经济合作项目3 403项，引进资金105亿元，其中2004年合作项目628项，到位资金35.29亿元（见表9-1）。合作项目涉及工业、农业、能源、生态、旅游和基础设施等方面，先后合作建成了天生桥一级电站、水柏铁路等一批具有代表性的项目。

表9-1　　2007年西南五省区市利用外来投资情况

省（市、区）名称	引进省（市、区）外到位资金（亿元人民币）	直接利用外资（亿美元）
四川省	1 793	17.72
重庆市	430	10.85
广西壮族自治区	1 072	10.3

表9-1(续)

省（市、区）名称	引进省（市、区）外到位资金（亿元人民币）	直接利用外资（亿美元）
云南省	533.26	5.03
贵州省	410.43	1.26

注：西藏自治区资料未提供。
资料来源：2008年西南六省区市经济协调会。

第二，两大经济发展亮点。一个是南贵昆经济区。以南宁、贵阳、昆明三大城市为中心点，有色金属产业基础较好，经过各方多年的开发和建设，目前已初步形成以资源型产业为主体的优势产业体系，已形成较强的辐射能力。另一个是长江上游经济带。涵盖重庆、成都、拉萨、攀枝花等中心城市，集中了包括汽车机械制造、食品生产加工、冶炼、能源等在内的一批优势产业（见表9-2）。

表9-2　21次西南六省区市经济协调会召开情况统计表

会次	时间	地点	达成协议或会议主题
1	1984.4.15	贵阳	共达成协议238项，联合办成协作项目103个。
2	1985.4.23	重庆	签订了双边或多边的各种协议361项。
3	1986.5.20	昆明	会议决定接纳西藏为协调会正式成员，从第四次会议起更名为川、滇、黔、桂、藏、渝五省区六方经济协调会。
4	1987.5.25	成都	达成联合协作项目295项，期间促成592个联合协作项目办成。
5	1988.4.18	南宁	会议修订了《五省区六方经济协调会若干原则》及《五省区六方经济协调会关于大力推进横向经济联合和协作的意见》。促成1 109个联合协作项目办成。
6	1989.6.30	拉萨	促成724个联合协作项目。
7	1990.8.8	贵阳	会议共达成联合协作项目151项，联合协作资金1.3亿元。会议同意成都市以一方的资格加入五省区六方经济协调会，更名为"五省区七方经济协调会"。
8	1991.9.5	重庆	达成联合协作项目360项，促成633个联合协作项目，相互引进资金2.2亿元。

表9-2(续)

会次	时间	地点	达成协议或会议主题
9	1992.7.27	昆明	会议共达成协议327项,各方联合的形式和程度趋向紧密和深化。
10	1993.10.6	成都	共达成联合协作项目169个,相互引进资金29.77亿元。
11	1995.5.9	南宁	各方共达成意向性协作项目184项,协作资金11.4亿元,促成530个联合协作项目,相互引进资金13.9亿元。
12	1996.8.2	拉萨	会议促成460个联合协作项目,相互引进资金达30.4亿元。
13	1997.10.18	成都	会议达成加强六省区市七方旅游经济合作协议书。促成480个联合协作项目,相互引资达25.5亿元。
14	1998.8.26	贵阳	会议促成522个联合协作项目,相互引进资金26.7亿元。
15	1999.6.4	昆明	促成经济协作项目1 169个,相互引进资金51.91亿元。
16	2000.9.5	重庆	会议原则通过了《西南六省区市七方参与西部大开发联合行动纲要》,签署了《六省区市旅游合作协议书》。
17	2001.10.10	成都	会议主题是联手大开放,开发大西南。
18	2002.9.5	南宁	会议主题是联合大开放,携手大开发,完善大通道,共谋大发展。
19	2004.7.8	拉萨	会议决定"六省区七方经济协调会"更名为"六省区市经济协调会"。
20	2005.8.14	贵阳	会议主题是落实科学发展观,共谋合作新跨越。
21	2006.11.14	重庆	会议主题是合作共赢奔小康。

注:2007年主席方云南省提出解散西南六省区市区域合作经济组织。
资料来源:贵州省对外经济协作办公室。

第三,共同打造水陆空立体交通网络。

公路建设方面,一是由四川成都直接南下经隆昌、川黔交界处的赤水河、毕节至贵阳,再由贵阳进入广西入海的西南出海辅助通道;二是由重庆直接南下经贵阳至广西的西南出海通道。贵州在建的镇宁至胜境关、玉屏至三穗、三穗至凯里等高速公路是国道主干线上海至云南瑞丽的一部分,三条高速公路共长318千米,与已建成的贵阳至凯里、贵阳至镇宁等高等级公路连接,东联湖南，西通云南。

铁路建设方面。举世瞩目的青藏铁路建成，沾昆二线、大丽铁路建设进展顺利；总投资4.99亿元的昆明火车客站改扩建工程提前半年投入使用；昆明铁路集装箱物流中心2004年开工建设，建成后将成为面向东南亚、南亚的重要物流基地。

一批机场改扩建、新建项目完成。贵州铜仁大兴机场、兴义机场已通航，西藏建成贡嘎、邦达两个民用机场，林芝机场开通拉萨到北京、成都、重庆、西安、西宁、昆明等城市的国内定期航班和至加德满都的国际航线。

航运建设突飞猛进。重庆港集装箱运输量连年大幅增长，已成为西南长江上游物流枢纽。广西推进钦州港10万吨级航道扩建工程、防城港20万吨级泊位及配套航道工程、北海港三期航道工程等项目建设。加快西江航运和内河港口建设、西南水运出海通道贵州段滩险整治和码头建设及重庆江津至四川宜宾长江航道整治工程、乌江航道整治工程进展顺利。立体交通网络的不断延伸，为西南地区共同打造世界级旅游区品牌创造了首要条件。

第四，着力打造黄金旅游圈。西南地区是我国旅游资源特别是精品资源最富集的地区，拥有以九寨沟、峨眉山、黄果树瀑布、赤水风景区、丽江古城、桂林山水、布达拉宫、长江三峡等一批驰名中外的旅游精品为代表的自然景观和人文景观。近年来，大西南已成为中国旅游业的一个重要增长极和世界知名的旅游胜地（见图9-1、图9-2、图9-3）。

图9-1 贵州省境外旅游人数及国际旅游收入

据统计，2004年，西南六省区市共接待国内游客3.07亿人次，接待境外游客300.3万人次，旅游总收入达1 632.5亿元，外汇收入12.8亿美元。旅游业逐渐成为协作各方的支柱产业。2009年贵州接待旅游总人数10 439.95万人次，比2008年增长27.5%。实现旅游总收入805.23亿元，增长23.3%（见表9-3、表9-4）。

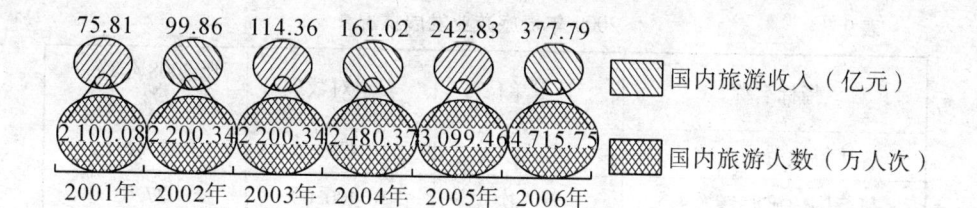

75.81	99.86	114.36	161.02	242.83	377.79	国内旅游收入（亿元）
2 100.08	2 200.34	2 200.34	2 480.37	3 099.46	4 715.75	国内旅游人数（万人次）
2001年	2002年	2003年	2004年	2005年	2006年	

图 9-2 来黔国内旅游人数及收入（亿元）

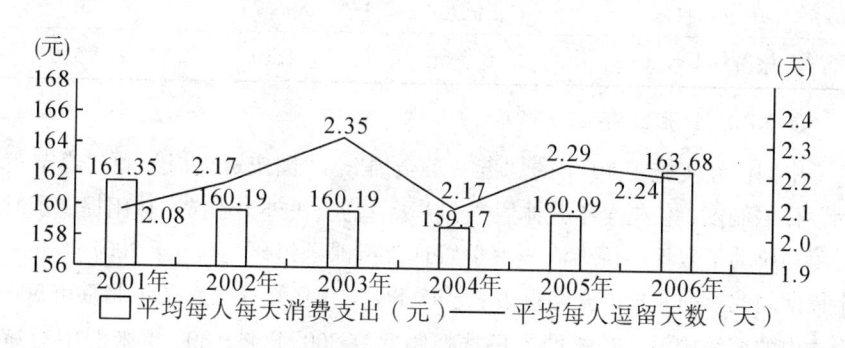

图 9-3 来黔境外旅游人均消费支出及逗留天数

（图中数据：平均每人每天消费支出（元）：161.35、160.19、160.19、159.17、160.09、163.68；平均每人逗留天数（天）：2.08、2.17、2.35、2.17、2.29、2.24）

表 9-3 到贵州的境外旅游人数及人均消费支出

项目	2006	2007	2008	2009	2009年比2006年增长（%）
来黔境外旅游人数（万人次）	32.14	43.00	39.54	39.95	1.0
外国人（万人次）	10.70	15.48	18.22	16.28	-10.7
港澳同胞（万人次）	9.33	13.05	10.79	10.84	0.5
台湾同胞（万人次）	2.11	14.47	10.52	12.83	21.9
平均每人逗留天数	2.24	1.86	1.75	1.63	-6.9
平均每人每天消费支出（美元）	163.68	171.5	169.30	169.12	-0.1

资料来源：《贵州统计年鉴（2009）》。

表9-4　　　　　　　　　　2009年贵旅游业发展情况

指标名称	计量单位	绝对数	比2008年增长（%）
接待旅游总人数	万人次	10 439.95	27.5
接待国内旅游者人数	万人次	10 400.00	27.6
接待入境旅游者人数	万人次	39.95	1.0
旅游总收入	亿元	805.23	23.3
旅游外汇收入	亿美元	1.10	-5.6

资料来源：《贵州统计年鉴（2009）》。

中国已经实施了10年的"五一黄金周"、"国庆黄金周"和"春节黄金周"休假制度，使得全年公休假达114天，为公民外出旅游、休闲提供了时间保障，拉动了假日经济。清华大学假日改革课题组研究显示：2007年五一黄金周期间北京的一项调查结果表明，47.8%的市民选择北京及距北京市300千米之内的短线旅游，17%的市民选择距北京300千米~800千米的中短途旅游，两者累计占有出游打算者总数的64.8%，只有19.3%的选择距北京1 500千米以上的远途旅游。因此，课题组建议增加传统节日为法定休息日。将清明、端午、中秋传统节日定为法定休息日，同时再增加除夕为法定休息日，保证了假日经济的拉动，又避免集中休假的各种弊端（见表9-5、表9-6、图9-4）。

表9-5　　　　2006—2009年贵州省旅游人数与旅游收入

旅游指标	2006年	2007年	2008年	2009年
入境旅游人数（万人次）	32.14	43.00	39.54	39.95
外国人（万人次）	10.70	15.48	18.22	16.28
港澳台同胞（万人次）	21.44	27.52	21.31	23.67
国内旅游人数（万人次）	4 715.75	6 219.89	8 150.69	10 400.00
国际旅游收入（万美元）	11 515.66	12 917.55	11 697.37	11 044.40
国内旅游收入（亿元）	377.79	504.04	643.82	797.69

资料来源：《贵州统计年鉴（2009）》。

表9-6　2008—2009年贵州省旅游人数与旅游收入占全国比重

旅游指标	全国		贵州		贵州占全国比重（%）	
	2008年	2009年	2008年	2009年	2008年	2009年
入境旅游人数（万人次）	13 003	12 648	39.54	39.95	0.3	0.3
国内旅游人数（万人次）	171 000	190 000	8 151	10 400	4.8	5.5
国际旅游外汇收入（万美元）	4 084 300	3 967 500	11 697	11 044	0.3	0.3
国内旅游收入（亿元）	8 749	10 184	643.82	797.69	7.4	7.8

资料来源：《贵州统计年鉴（2009）》。

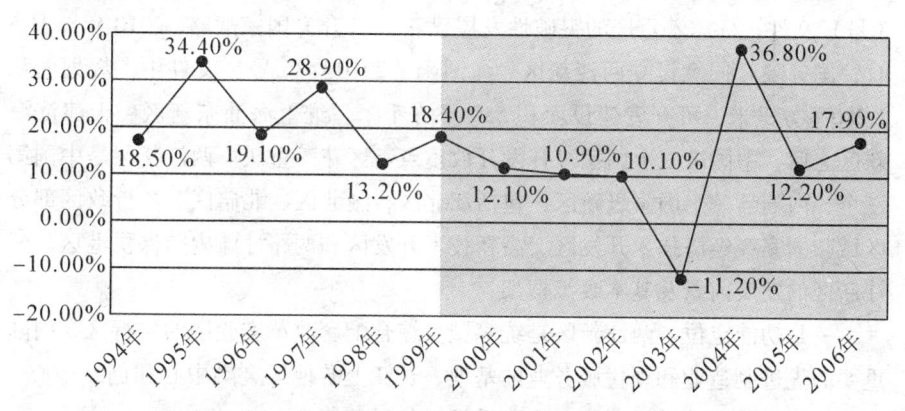

图9-4　1994—2006年我国旅游收入年增长率示意图

数据来源：清华大学假日改革课题组。

第五，携手建设西南能源基地。西部大开发在大西南的一个重要内容就是"西电东送"。水能资源富集的金沙江、澜沧江、怒江、乌江、红水河均可建设大型电源点，加上贵州蕴藏量极大的煤炭资源，大西南目前已经成为中国"西电东送"的重要能源基地。贵州是大西南西电东送的骨干力量。在协作圈内，贵州电力则通过一条条输电线路与重庆、四川、云南相连，每年可向三地输送近50万千瓦的电力负荷。时任贵州省委书记钱运录曾经这样说：举全省之力为"西电东送"项目服务。这是贵州也是六省区市各方共同打造中国南方能源基地的决心。

第六，营造大西南秀美山川，共建和谐大西南。围绕生态建设，西南各省区市集中了大量人力、物力和财力，坚持实施以退耕还林还草和天然林保护工程为重点的生态保护，取得了新中国成立以来前所未有的成效。经济协调会已开了21届。21年来，取得了丰硕的成果。

9.1.4 重庆（两江新区）经济战略圈对贵州的启示①

9.1.4.1 国家战略助推重庆加速崛起

2007年年初，胡锦涛同志对重庆作出了314总体部署，即三大定位——把重庆建成西部地区的重要增长极、长江上游地区的经济中心、城乡统筹发展的直辖市；一个目标——在西部地区率先实现全面建设小康社会；四大任务——统筹城乡发展、转变发展方式、着力解决民生、创新体制机制。2007年6月，国家批准重庆为全国统筹城乡综合配套改革试验区。2009年年初，国务院下发了《关于推进重庆市统筹城乡改革和发展的若干意见》（国发〔2009〕3号）文件，标志着重庆的突破性发展已正式上升为国家战略。2010年5月5日，国务院《同意设立两江新区》（国函〔2010〕36号）文件中，规划面积1200平方千米，可开发建设面积550平方千米。继上海浦东新区、天津滨海新区之后，中国第三个国家级开发开放重点新区花落重庆。两江新区是中国第三个、内陆唯一个国家级新区，包括江北区、渝北区、北碚区三个行政区部分区域和国家级经济技术开发区、高新技术开发区和两路寸滩内陆保税港区。两江新区的发展前景及基本政策框架：

一是功能定位。两江新区是统筹城乡综合配套改革实验区的先行区，内陆重要的先进制造业和现代服务业的基地，长江上游地区金融中心和创新中心，内陆地区对外开放的重要门户，科学发展的示范窗口。

二是三大使命。科学发展的示范窗口；内陆开发的重要门户；在西部率先实现全面小康。

三是发展目标。2012年，实现地区生产总值翻番，超过1500亿元，常住人口达到230万人；2015年，实现地区生产总值再翻番，超过3000亿，工业总产值超过6000亿，常住人口达到300万人；2020年，地区生产总值达到6000亿元，工业总产值实现10000亿元，分别占全市1/4以上；直接利用外资、进出口总量和金融机构存贷款余额分别占全市1/3以上。常住人口规模400万人左右。

四是前所未有的优惠政策。三大优惠政策的叠加，即西部大开发优惠政策，统筹城乡综合配套改革先行先试政策，比照浦东新区和滨海新区的开发开放十大优惠政策。

五是两江新区的产业布局。从南向北三个板块，沿着嘉陵江滨江现代都市

---

① 贵州省重大问题调研组. 考察重庆经济战略圈的启示 [J]. 理论与当代，2010 (12).

服务业板块，包括江北嘴的金融商务区等。中间地带，现代城市居民集聚区，现代都市功能板块。靠北一带，现代制造业板块。

六是产业战略性布局："5+3"。依托较好的产业基础、技术力量、产业工人条件，壮大既有汽车摩托车、装备制造、电子信息、仪器仪表等优势产业，实施"5+3"战略性布局。"5"为轨道交通、电子装备（含核电、风电等）、新能源汽车、国防军工、电子信息五大战略性产业。"3"为国家级研发总部、重大科研成果转化基地、灾备及数据中心三大战略性创新功能布局，加快培育一批高成长性新兴产业集群。

9.1.4.2 重庆（两江新区）崛起对贵州影响巨大

从有利的方面看，重庆"一圈两翼"战略、内陆开放战略和积极开展区域经济合作的方针，将有力促进贵州对外开放；重庆"认真落实314部署，着力推进统筹城乡改革实验，打造内陆开放高地，建设'五个重庆'（畅通重庆、森林重庆、平安重庆、健康重庆、宜居重庆）"的指导方针，特别是发展壮大汽车摩托车、装备制造、石油天然气化工、材料工业和电子信息五大支柱产业，形成实力雄厚、关联性强的优势产业集群，以及城市的快速扩张，将对能源、资源、农产品等形成巨大的市场需求，必将对贵州产生显著的带动作用。且重庆在其一小时经济圈区域发展规划中，已明确提出要建设"渝黔高速公路沿线产业密集带"，在其规划中将贵州纳入其腹地和辐射范围。

从不利的方面看，由于重庆集"大城市、大农村、大库区、大山区"为一体，虽然目前其主城区已经非常发达，而其大部分地区特别是"两翼"地区却还比较落后。为落实"314部署"，实现建设长江上游地区经济中心和打造西部地区重要增长极的目标，重庆正在千方百计集聚各种生产要素，全力加快自身发展。在相当长的一段时期内，重庆对周边地区的要素资源溢出效应和辐射带动作用将是有限的，相反，其强大的生产要素集聚能力还可能不断将周边地区的优质市场要素吸走，给周边地区的发展造成不利影响。比较突出的如重庆为利用贵州的煤炭、铝资源，在綦江、南川等地规划建设煤化工、氧化铝项目；贵州土地、税收等政策明显不如重庆优惠，导致部分优势企业一度有迁往重庆的打算等。

重庆崛起给贵州带来的机遇是多方面的，但是最重大的机遇主要体现在四个方面。

第一，对外开放的机遇。重庆大力发展内陆开放型经济，加快建设内陆保税港区和综合交通枢纽，将在更高层次上吸引和集聚国内外先进生产要素，形成对外开放新格局。

第二，现代农业发展的机遇。重庆发展步伐的加快，特别是城市人口大幅增加，消费群体不断扩大，其蔬菜、辣椒、肉类等农产品缺口将不断扩大。

第三，制造业和资源型产业调整升级的机遇。重庆正在集中力量做大做强汽车摩托车、装备制造等支柱产业，加快建设现代制造业基地。

第四，加快旅游业发展的机遇。重庆有"火炉"城市之称，而贵州气候凉爽、生态良好、环境宜居、旅游资源丰富。

9.2 融入泛珠三角区域产业经济圈的现实性和发展的可能性

9.2.1 现实性分析

第一，生产要素的互补性。各省区在自然条件、经济地理、资本积累和人力资源等多方面存在着差异或互补性。贵州等省区矿产、能源、水电、自然和人文旅游资源丰富，但存在交通不便、信息闭塞、基础设施落后、人口素质差、技术落后、资金缺乏等弱点。而珠江下游广东和福建等在市场体制、人才、技术、资金和产业等方面具有优势，港澳更是拥有国际市场要素的优势。贵州等省区要发挥西部地区的优势，与发达地区各自的优势相结合，实现生产要素的互补性"共赢"。根据区域产业分工理论，这种基于生产要素互补性的区域产业分工协作所诱发的要素集聚与扩散、资源的重新配置，不仅容易产生生产要素的规模效应，如突破瓶颈要素的限制、开发新产品、开拓新市场、创造新的产业等，而且也将提高要素之间的替代强度，降低产品边际成本。

第二，经济发展的差异性。从各省区的人均生产总值指标来看，2011年，香港人均生产总值为227 547元，澳门人均生产总值为325 616元，为本区域经济发展水平最高的地区；其次是广东和福建两省，人均生产总值分别为50 500.49元和47 432.91元，分别超出全国人均生产总值35 198.57元的43.47%和34.76%，属于经济发达的沿海地区；而贵州人均生产总值为16 116.75元，仅仅为全国人均生产总值35 198.57元的45.79%，属于欠发达或不发达省份。根据现代技术经济理论，经济发展水平决定了地区的需求结构，经济发展水平越相近，产业结构的相似程度也越大，而经济发展水平差距大，由于需求偏好的差异，在不同地区间就会出现部门分工与贸易，形成不同的产业结构。由于各方处于不同发展层次的地区之间可能以技术配套为纽带加强产业的垂直分工，而处于同一发展阶段的地区则可以通过地区之间的互补性水平分工来加强产业联系。

第三，目标利益的共赢性。对于泛珠三角区域产业的各方来说，建立经济区域有助于促进各方经济增长和增加贸易量，创造双赢的局面。西方经济理论认为，经济区域产业合作方式对区内的各方经济会产生一定的影响，如经济创出效应、经济转移效应、市场扩大效应、竞争促进效应。由于区域内成员彼此开放市场，这将对国内的企业造成竞争压力，由此提高企业生产效率，形成竞争优势。根据泛珠三角秘书处的研究，如果泛珠三角区域各项工作正常进行，各方之间的贸易量增幅将为55.1%，中国的国内生产总值将增加15亿美元。

9.2.2 发展的可能性分析

经济优势互补，合作领域宽广。经济优势的互补性是区域产业经济实现整合的先决条件，泛珠三角各省区之间存在明显的经济互补性。从总体上看，泛珠三角区域覆盖着三个处于不同发展梯级上的地区，其中香港、澳门为第一梯级，福建、广东为第二梯级，其他省区为第三梯级。各方之间的经济层次分明，具有较强的互补性。同时，在资源构成、产业结构、旅游业等方面也各具特色，开展产业合作的潜力巨大。在旅游资源方面各具优势，旅游业前景看好。制造业存在着巨大的互补空间。

主要体现在以下几点：

一是制造业产品的互补性。第三梯级省区具有优势的商品是自然资源类商品如森林、矿藏和热带作物等。第一、二梯级省区主要是金属及其制品、纺织品、服装与鞋类、蔬菜及加工食品、车辆等。

二是产业间的互补分工。各省区在产业转移和产业结构调整中，已逐步从传统的产业间贸易走向产业内贸易形式的互补性分工。

三是科技互补。第三梯级省区正处在工业化发展的关键阶段，经济发展中的科技因素至关重要，而第一、二梯级省区在一些资本、技术密集型的高新技术方面具有比较优势。

四是服务业合作会得到有效的促进。第三梯级省区对中介的专业服务需求殷切，特别是拥有国际经验及视野的法律、会计、管理咨询及物流管理等专业人才将大受欢迎。

9.2.3 合作的创新性分析

珠三角区域合作开创了中国区域经济合作的新模式：异质性合作。区域之间在制度、发展水平、产业结构和资源禀赋条件上存在差异性，具有很强的互补性和内在动力,有利于克服区域经济发展中相互的排斥和恶性竞争。

第一,制度的包容性和多样性。合作区域内包括港澳两个特别行政区,它是在"一国两制"条件下和《关于建立更紧密经贸关系的安排》(CEPA)框架中,三个关税区之间构建的一种合作模式,构成了合作在制度上的互补优势。

第二,经济发展水平和产业发展的梯次性特征。港澳是国际性金融、贸易、商贸、航运和旅游中心,但发展空间有限,需要拓展经济腹地;广东和福建资源缺乏对经济发展的约束日益明显;其他省区工业化和经济发展水平不高。

第三,资源禀赋条件的互补性。一个地区的比较优势、产业选择和技术进步方式都与该地区的资源禀赋条件有关。因此,各省区和港澳之间在资源禀赋条件上存在明显的差异,互补性很强,为经济的合作奠定了良好的基础。

9.3 贵州与泛珠三角区域产业合作现状分析

9.3.1 泛珠三角区域产业合作对贵州经济发展的影响

9.3.1.1 港澳在金融、物流、信息等许多产业发展上具有丰富的经验,观念和体制与国际接轨

珠三角在经济体制改革、产业发展和招商引资等方面成效突出。港澳经过半个世纪的发展,在金融、物流、信息、旅游等产业发展上具有丰富的经验,拥有国际水准的大批人才,观念和体制与国际接轨。珠江三角洲经过多年的努力,探索出了一条合作共赢、互利互惠的道路。各省的发展经验也会对贵州产生影响。

9.3.1.2 建立统一、开放、高效的市场运行机制

打破地方保护主义和狭隘的地方利益观念,使投资贸易便利化,从长远看对贵州的积极意义毋庸置疑。在泛珠三角区域论坛上,各方行政首长都表示要开放市场,进一步消除人、财、物、信息等流动的障碍。各省区目前的市场开放和发育程度有一定差别,发达地区相对比较开放,市场发育成熟,而欠发达地区市场开放度小,发育不充分。贵州产业结构落后、经济地位和相对竞争力处于绝对劣势,在完全统一开放的市场交易中可能会带来一定的利益损害。

9.3.1.3 随着泛珠三角交通网的统一规划和建设，进一步提高区域交通基础设施的能动性和协同性，对贵州现有交通格局和发展战略将产生重大影响

《泛珠三角区域综合交通运输体系合作专项规划》从综合运输骨干网络，综合运输枢纽，重要港口、机场、管道布局等十方面设计了网络布局规划，提出"十二五"期间泛珠三角区域交通基础设施合作的建设重点。在泛珠三角合作论坛上，交通部提出了"一日交通圈"的概念，即在泛珠三角区域九省区任意两个城市间，绝大多数可以一天内驾车到达。铁路方面将规划建设布局更加合理、技术装备更加先进、运输能力与质量得到大幅度提高、总长达2.9万千米的泛珠三角区域铁路网，使大珠三角至福建、江西、湖南、海南的主要城市实现"朝发夕归"，至广西主要城市实现"朝发夕至"，至云南、贵州、四川的主要城市实现"一日到达"。以交通先行为主的泛珠三角经济区启动，必然对贵州现有交通格局和发展战略产生重大影响。

9.3.1.4 按比较优势、专业分工的原则来规划、协调区域的产业布局

贵州的产业和企业将更多地参与到区域产业的整合中去，大珠三角正在加快的产业升级和调整，必然影响周边省区的产业升级和调整。今后将有很多区域性的大的产业联合体建立起来，如以西电东送为依托的能源产业联合体、矿产开采与加工联合体、区域旅游联合体等。从区域经济整体发展大局出发，产业的合作必须要求降低发展成本，提高经济效益。在这样的背景下，贵州的产业和企业将更多地参与到区域产业的整合中去。

9.3.2 贵州与香港、澳门合作成效凸显

2004年泛珠三角区域合作机制建立以来，贵州与港澳等地区经济形成优势互补，合作取得了较大进展，合作领域逐渐拓宽，合作机制不断完善，合作成果逐步显现。2011年，贵州共有港资企业531家，占全省外商投资企业总数的64%；港资企业在黔投资额达140 587万美元，合同资金71 533万美元，占总数的56%，实际利用外资金额11 435万美元，占总数的25%。[①]港商在贵州投资的主要行业包括矿产开采、药业、房地产及管理、铝制品和塑胶制品生产、旅游饭店和餐饮、基建设施等。一是政府间开始高层互访，明确合作方向。2006年11月，香港特别行政区首席行政长官曾荫权率香港考察团150余位政界、企业及新闻媒体人士赴贵州访问，考察了贵州信邦制药有限公司和中

---

① 贵州省统计局，国家统计局贵州调查总队. 贵州统计年鉴（2011）[M]. 北京：中国统计出版社，2012.

铝贵州分公司。二是与港澳地区的投资贸易合作不断加强。近年来，越来越多的香港企业前来贵州投资兴业。2000年香港瑞安集团开始进军贵州市场，总投资近10亿元，通过收购遵义、凯里、水城等地的水泥厂，年产水泥超过300万吨，成为贵州目前最大的优质水泥生产商。瑞安水泥还在贵阳成立了投资咨询公司，不断在毕节、铜仁、六盘水等地寻求水泥项目合作。香港电力龙头香港中华电力控股集团投巨资积极参与贵州电力建设。2002年其全资子公司中华电力（中国）安顺有限公司建设及营运安顺电厂二期两台30万千瓦机组的燃煤电厂项目，合资总额为25.13亿元。在6.28亿元注册资本中，港方投入相当于4.396亿元人民币的美元现金，占合资总额的70%。[①]三是借助香港国际化平台，贵州企业也开始逐渐走进香港，积极拓展发展空间。2004年贵州茅台在香港开设专卖店。利用香港作为连接国际市场的大通道，同时，新加坡、马来西亚、柬埔寨的专卖店开设。贵州率先通过国家优良制造标准（GMP）认证的重点制药企业之一，贵州汉方集团有限公司的核心企业汉方制药有限公司在香港设立分公司，在香港借壳上市。

9.3.3 与广东经济联系日益密切

黔粤两省，虽山不相连，土不接壤，但一条母亲河珠江，使两地千百年来情义与共，合作密切。改革开放以来，黔粤两地经济合作不断加强。1985年9月，贵州与广东结为对口支援省。1996年7月，深圳市与贵州黔南、毕节两地开展对口帮扶。近年来，按照"优势互补，互利互惠，长期合作，共同发展"的原则，深圳与毕节、黔南开展对口扶贫，设立了发展基金，实施了一大批项目。同时，深圳市还采用基金贷款的形式，对贫困地区市场前景好、具有一定特色的企业进行"造血"，实施项目100多项，拉动了相关产业发展，解决了农村劳动力就业。

9.3.3.1 黔电入粤是黔粤能源合作的重点

贵州在"十五"期间向南方电网送电400万千瓦，"十一五"期间将达800万千瓦。其中，广东粤电集团公司与贵州西电公司、贵州金元公司三方投资兴建的盘南电厂是目前贵州对外合作的最大项目，一期工程投资就达60亿元，10年内整个电厂及其配套建设工程总投资规模将超过200亿元。电力工业同时还带动了煤炭、机械、冶金等相关产业的快速发展。广东投资对贵州服务业的发展也起到了明显的推动作用。广东顺德乐文方园实业公司相继投资在

---

① 贵州年鉴社. 贵州年鉴（2002）[M]. 贵阳：贵州年鉴出版社，2003.

贵阳市建设西南家具城、嘉润家具商城、五里冲水果批发市场，产生了较好的经济效益和社会效益。贵阳五里冲农副产品批发市场被称为"贵州最大的菜篮子"工程，是贵州规模最大、集散能力最强、规格最高的集产地、销地一体的农副产品中心批发市场，是贵州省农业产业化经营重点龙头企业。曾一度亏损的贵州航空公司经南方航空公司控股后，年上缴税收总额由原来不到200万元上升到2 000万元。

9.3.3.2 有数百家广东企业在贵州落户

项目涉及建材、煤炭、化工、能源、食品、饮食、制药、市场建设等众多领域，有的企业产品已在国内市场具有较高的知名度，广东云峰酒业公司生产的小糊涂仙、小糊涂神、小酒仙等产品走俏市场，公司已在贵阳白云开发区、遵义开发区、茅台镇、黔西南州等地实施投资项目5个，分别从事酿酒、服装、医药生产经营，投资总额在亿元以上。广东省一大批企业在贵阳、遵义、六盘水等中心城市设立产品销售公司，开拓贵州市场。广东产品在贵州几乎是无处不在。

9.3.3.3 广东成为到贵州最大的投资省份

近5年来，广东省来黔投资项目758个，到位资金总数98亿元。初期的2001年投资项目76个，到位资金3.8亿元；2002年投资项目93个，到位资金7.7亿元；2003年投资项目144个，到位资金14.7亿元，占全省引进省外资金总数（104亿元）的14%；2004年投资项目215个，到位资金21.2亿元，占全省引进省外资金总数（130亿元）的16.3%；2005年投资项目230个，到位资金50.7亿元，占全省引进省外资金总数（230亿元）的22%。现在广东是贵州最大的投资省份。

9.3.4 泛珠三角区域产业合作以来贵州与其他省区的经济合作

贵州与内地其他省区的合作。2004—2006年，贵州与内地8省区共实施项目3 565项，实际到位资金总额401.8亿元。投资领域涉及基础设施建设、电力、生物资源开发、旅游、机械、矿冶、化工、建材、农林、食品加工、商贸等10多个领域。其中，2004年实施合作项目988项，到位资金81.2亿元，占当年引进省外资金总额的63%；2005年实施合作项目1 289项，到位资金159.4亿元，占当年引进省外资金总额的70%；2006年实施合作项目1 288项，到位资金161.2亿元，占当年引进省外资金总额的57%。湖南、广东、四川、福建居8省区在贵州投资前四位。

集体签约项目情况。三届泛珠三角区域合作与发展论坛暨经贸洽谈会

("珠洽会")上,贵州与其他各方共签订合作项目162项,金额371亿元。其中,第一届签订合作项目85项,金额232亿元;第二届签订合作项目48项,金额54亿元;第三届签订合作项目29项,金额85亿元。[①]

9.3.5 合作的主要特点

一是能源合作力度加大。"黔电送粤"力度进一步加大,"十五"期间共向广东送电323亿千瓦时,在广东落地电量计为295亿千瓦时,有力地促进了两省的经济发展。"十一五"期间贵州新增由贵州兴义到广州深圳百花洞的500千伏直流输电线路,2009—2010年一次建成"贵州施秉—广西桂林—广州清远"的500千伏双回交流线路。新的"两交一直"500千伏输电线路建成后,加上"十五"期间建的黔电送粤"两交一直"输电通道,贵州向广东送电容量将达到800万千瓦以上。[②]

二是合作火电、水电相济。例如,广东粤电集团一举投资90多亿元开发北盘江水电和盘南火电;深圳南能投资发展有限公司与我省黔西南州工业投资公司等多家单位合资,在黔西南州进行了一系列水电、火电项目的投资,240万千瓦火电项目,已列入贵州省第三批西电东送项目规划。合力开发贵州丰富的资源。茂名一家民营企业投资1 000万开发普荅煤矿,已成为贵州省煤炭行业示范企业。广东茂名进达集团投入1 000多万元兼并黔南州木材加工购销公司,取得100多亩土地和1 000多米铁路专用线的使用权,后再投入2亿元,建设存储量达2.5万立方米的储油库,目前已成为贵州最大的民营储油库。

三是旅游合作加强。第三届"珠洽会"上,香港万鸣源集团、澳门天华集团与贵州黔西南州兴义市政府签订旅游合作项目,由香港和澳门共同投资7.9亿元,建设兴义市万峰林布依族民俗文化村、兴义市轩辕龙国际乡村俱乐部建设项目、开发兴义市西峰林景区。

---

① 贵州省统计局,国家统计局贵州调查总队.贵州统计年鉴(2006)[M].北京:中国统计出版社,2007.
② 贵州年鉴社.贵州年鉴(2010)[M].贵州:贵州年鉴出版社,2011.

9.4 贵州与泛珠三角区域产业经济发展比较分析

9.4.1 贵州的比较优势及产业布局重点

贵州的比较优势及产业布局重点主要表现在以下五个方面:

9.4.1.1 地理区位优势

贵州是西部地区通向中部和东部的桥梁,特别是紧邻北部湾,使贵州成为西部诸省出海的最近通道,这为加快对外开放和经济发展提供了得天独厚的条件,同时也为贵州成为西部的一个交通枢纽和通道提供了依据。近年来贵州交通基础设施发展较快,初步形成铁路、公路和航空为主的立体化交通网络。湘黔、黔桂、川黔、贵昆四条铁路干线在贵阳交汇,贯穿全省。铁路电气化里程居全国之首,全省铁路通车里程2 999千米,铁路电气化运营里程1 369千米。贵阳和六盘水已成为西南地区两个重要的铁路枢纽。贵阳南站为西南地区铁路运输最大的编组站,日编组能力达8 000辆,已开通货运口岸,开办大型集装箱业务。"二横二纵四连线"高等级公路网基本形成。全省公路总里程达4.69万千米。建成连通全省各市、县、区、乡、村的公路交通网。2005年贵州水运通航北可达长江,南可沿珠江出海。民用航空事业迅速发展,目前,支线机场已达5个,以贵阳龙洞堡机场为中心,形成小机型、高密度的贵州支线轮辐式航空运输网络。

9.4.1.2 自然资源优势

一是能源资源富集。全省水能资源蕴藏量为1 874.5万千瓦,其中可开发量居全国第6,水位落差集中的河段多,开发条件优越。素有"江南煤海"之称,全省煤炭保有储量居全国第5。丰富的水能和煤炭资源具有水煤并举、水火互济的特点,是中国南方重要的能源基地,贵州电网已同周边的广东、广西、四川、重庆、湖南、云南等市电网相连,每年向省外送电25亿千瓦小时以上,是全国西电东送的门户。二是矿产资源极为丰富。矿产储量排在全国前5位的有28种。贵州矿产储量排在全国前10位的有40种,尤以煤、磷、铝土矿、锑、锰、金、重晶石、硫铁矿、水泥等最具优势,如煤炭保有储量居江南各省之首;铝土矿质佳量大,保有储量列全国第2位,磷矿储量是全国最多的省份,占全国总量的43%;重晶石甲冠中华,储量为全国的1/3;金矿储量居全国第12位,是中国新崛起的黄金基地。三是生物资源种类繁多,具有发展立体农业、生物制药和特色食品加工业的优越条件。占全国中草药品种的

80%，是全国四大中药材产区之一。四是旅游资源独特。旅游资源丰富，种类多、分布广，具有自然风光与民族文化相结合的特点。从旅游业未来的发展趋势看，崇尚自然、返朴归真是旅游业的一大特点。

9.4.1.3 产业特色

以西电东送为重点的能源建设取得突破，西电东送能源建设进一步加快。"两烟一酒"支柱产业和原材料工业实力增强。以茅台为龙头的白酒产量在全国的排名为第6位。矿产资源开发已初具规模，有全国最大的电解铝厂、最大的磷矿肥基地、最大的铁合金厂、最大的磨料和人造金刚石生产和出口基地。以航天航空和电子信息等高新技术产业发展，在电子信息、新材料、先进制造业、优势生物技术、镁、磷深加工及综合利用，资源节约型技术与新能源六大领域实现高新技术产业的重点突破。以实施旅游精品战略为重点，合理开发旅游资源，游客逐年增加。

9.4.1.4 产业定位

一是全国重要的能源基地、资源深加工基地、特色轻工业基地、以航空航天为重点的装备制造基地和西南重要陆路交通枢纽。二是扶贫开发攻坚示范区。按照区域发展带动扶贫开发、扶贫开发促进区域发展的新思路，创新扶贫开发机制，以集中连片特殊困难地区为主战场，全力实施扶贫开发攻坚工程，为新时期扶贫开发工作探索和积累经验。三是文化旅游发展创新区。把贵州建设成为世界知名、国内一流的旅游目的地、休闲度假胜地和文化交流的重要平台。四是长江、珠江上游重要生态安全屏障。实施石漠化综合治理等重点生态工程，建立生态补偿机制，促进人与自然和谐相处，构建以重点生态功能区为支撑的"两江"上游生态安全战略格局。五是民族团结进步繁荣发展示范区。支持民族地区加快发展，巩固和发展平等、团结、互助、和谐的民族关系，实现经济跨越发展与社会和谐进步。

9.4.1.5 产业布局重点

一是黔中经济区。建设以贵阳—安顺为核心，以遵义、毕节、都匀、凯里等城市为支撑的黔中经济区。推进贵阳—安顺经济一体化发展，加快建设贵安新区，重点发展装备制造、资源深加工、战略性新兴产业和现代服务业。二是黔北经济协作区。以遵义、铜仁为节点城市，以黔北、黔东北为腹地，积极构建连接成渝经济区和黔中经济区的经济走廊。重点发展航天等装备制造、金属冶炼及深加工、化工、特色轻工、旅游等产业。推进武陵山地区经济协作和扶贫攻坚。三是毕水兴能源资源富集区。以毕节、六盘水、兴义为节点城市，充分发挥能源矿产资源优势，建设我国南方重要的战略资源支撑基地。重点发煤电煤化工、钢铁有色、汽车及装备制造、新能源等产业。深入推进毕节试验区建设。四是"三州"等民族地区。加快推进黔东南州、黔南州、黔西南州及其他民族自治地方跨越发展。重点发展文化旅游、磷煤化工、新型建材、民族医药和农林产品加工业，打造具有国际影响的原生态民族文化旅游区。

9.4.2 贵州在区域产业经济中的劣势分析

改革开放35年来，贵州2010年全面小康实现程度是62.4%，比全国80.1%的平均水平落后大约8年的时间，比西部地区落后的时间大约是4年。① 城镇化水平低，2011年贵州城镇化率为35%，低于全国水平约15个百分点左右，与周边省份相比也存在着较大差距。② 2011年贵州省的生产总值为5 702亿元，而四川省已入围"两万亿俱乐部"，省会成都市2011年的生产总值就达到6 854亿元，超过了贵州全省生产总值总和。就建设小康社会而言，1979—2002年，贵州省生产总值年均增长近9%；2002年生产总值达到1 180亿元，同比增长9.1%；2003—2006年农民人均纯收入逐步在提高，尤其是贫困人口在减少，绝对贫困人口减少了31万人，农村低收入人口减少了56万人。③ 2007年人均生产总值首次突破800美元，是全国唯一没达到1 000美元的省份，在全国排列倒数第1位；城镇化水平28.2%，在全国也处于最后位置。2009年全面建设小康社会实现程度在为59.4%，比2008年提高2.5个百分点，在2000年的基础上向前推进14.1个百分点，2001—2009年平均每年提高1.6个百分点的速度，全面建设小康社会实现程度要比全国晚8年以上。初步核算，2011年贵州省生产总值5 701.84亿元，比2010年增长15.0%，这一增速为1985年以来最快增长水平。人均生产总值16 413元，同比增长16.1%，按2011年平均汇率计算，首次突破2 000美元大关，达2 538美元，按照经济学理论和国际经验，标志着贵州经济发展已经由人均生产总值2 000美元以下的起飞阶段迈入2 000～10 000美元的加速成长阶段。④ 地区生产总值、固定资产投资、金融机构存贷款余额、财政总收入、税收收入等经济数据令人振奋。

---

① 国家统计局.全面建设小康社会统计监测方案[M].北京：中国社会科学文献出版社，2010.
② 张江伟.贵州2020年将与全国同步小康[N].人民日报，2012-2-13.
③ 贵州省人大财政经济委员会.谋科学发展促后发赶超——第五届贵州经济论坛文选[M].成都：西南交通大学出版社，2012.
④ 贵州省人大财政经济委员会.谋科学发展促后发赶超——第五届贵州经济论坛文选[M].成都：西南交通大学出版社，2012.

在2011年，贵州省主要经济指标增速为近20年来最高，几个重要指标增量突破1 000亿元。①呈现总量扩大，结构优化，重点突出，高速增长。

著名经济学家胡鞍钢曾经对我国地区发展差距进行过研究认为：如果放在国际背景中比较，贵州人均生产总值低于世界低收入国家平均水平，在世界排名第177位，与上海相差132位，与北京相差113位，是中国的"第四世界"。有人做过测算，人均国内生产总值贵州要赶上全国平均水平大约需要258年，赶上川滇湘等省区的增长水平约分别需187年、70年、106年；人均国内生产总值的占有水平，贵州要赶上川滇桂等省区分别约需27年、26年、46年。联合国开发计划署公布的《2005中国人类发展报告》显示，贵州的人类发展指数仅刚超过非洲的纳米比亚，这是一个"富裕程度"全国倒数第一，文盲数量极为庞大、教育水平极为落后、人民的体质在全国处于末位、贫困人口全国第一、80多个县中国家级贫困县高达一半以上的省份。从主要经济社会发展指标上看，贵州落后全国水平15～20年。从现在到2020年还有9年的时间，按照人均国内生产总值计算：2011年全国人均国内生产总值35 198元，按照平均8%的年均增加，2020年全国人均国内生产总值35 198$(1+8\%)^9$=70 360.96元，那么，2011年贵州人均国内生产总值16 413元，2020年贵州的发展速度应该是16 413$(1+X\%)^9$=70 360.96元，$X\approx 17.55\%$。也就是说，贵州要实现人均国内生产总值2020年达到全国人均国内生产总值水平，人均国内生产总值至少要保持17.55%的速度增长。在这样的情况下，要缩小和全国的差距，唯一的办法只有加快发展，提高增长速度，创造"贵州速度"②。贵州具备加快发展的两大比较优势：一是资源富集、生物多样性良好，旅游开发潜力大，区位重要；二是具备了将优势资源的产出和价值最大化的能力和条件。2012年贵州经济发展速度不仅超过了西部地区和全国的平均水平，多项主要经济指标还位居全国前10位。这充分说明贵州有比较优势。

贵州地处西南地区中心，在西部地区的战略地位十分重要。抗日战争时期，贵州是西南大后方；红军长征11个月，在贵州开展革命工作达半年之久；"三线建设"时期，贵州是国家的战略腹地。国务院《关于进一步促进贵州经济社会又好又快发展的若干意见》（国发〔2012〕2号文件）明确指出："贵州是我国西部多民族聚居的省份，也是贫困问题最突出的欠发达省份。贫困和

---

① 贵州省统计局，国家统计局贵州调查总队. 贵州统计年鉴（2011）[M]. 北京：中国统计出版社，2012.

② 贵州省人大财政经济委员会编. 谋科学发展促后发赶超——第五届贵州经济论坛文选[M]. 成都：西南交通大学出版社，2012-9.

落后是贵州的主要矛盾,加快发展是贵州的主要任务。贵州尽快实现富裕,是西部和欠发达地区与全国缩小差距的一个重要象征,是国家兴旺发达的一个重要标志。"加快贵州经济社会发展,对于贵州与全国 2020 年同步全面建成小康社会,实现和谐稳定,具有十分重要的意义。

9.4.3 贵州在区域产业经济中机遇与挑战并存

前述困难和问题都不同程度地制约着贵州经济的发展。但是,贵州经济发展也同样具有许多难得的机遇。

第一,抓住全面加速发展的新机遇,用足用好国家政策。国务院《关于进一步促进贵州经济社会又好又快发展的若干意见》颁布实施以后,全面梳理国家原有的关于西部大开发、支持老少边穷地区发展和发展新能源等各方面政策,真正把国家政策用足用好,努力形成更多的资金来源和项目来源。当前贵州正处于全面加速发展的新时期,面临全面加速发展的新机遇和经济发展速度,会显现出强劲的增长势头。

第二,西部大开发为贵州提供了区域产业加快发展的机遇。加快对西部的支持和发展是中央在当前和今后协调区域经济的一项重大举措,应根据西部大开发的特殊政策,积极争取中央和有关方面的支持,加大对本地区相关部门和产业的投入和发展。

第三,新阶段扶贫开发为贵州提供了解决贫困地区和贫困人口脱贫的机遇。贫困面大,贫困人口多,抓住中央关于新阶段扶贫开发的机遇,争取扶贫优惠政策,加大扶贫攻坚力度,尽快实现贵州的贫困地区和贫困人口脱贫致富。

第四,全国经济发展和产业结构的调整给贵州省提供了产业调整和发展机遇。随着经济发展和产业结构的调整,煤、电、钢铁、铝材等重要生产资料供不应求是中国产业结构不协调的必然反映,应抓住这个大好时机,充分利用贵州资源优势,加快煤及煤化工、水电火电、交通运输、钢铁和铝材生产的投入和发展。

第五,全国对外贸易的快速发展,提供了"引进来,走出去"的对外开放机遇。当前世界经济复苏步伐加快,世界经济增长的速度将进一步提高,全球投资回暖,国际贸易回升,我国对外贸易的水平不断提高,这将有利于进出口贸易额进一步扩大。

贵州在区域产业经济中的优势不是一成不变的,若不加以及时利用,也会成为劣势。

优势具有动态性。一个国家（或地区）的有些优势是天然的，有些则是通过后天努力获得的，如技术进步。尤其是前一种优势，它会随着别国（或地区）该行业的发展与技术进步而逐渐消失，甚至演化为劣势。世界各国及中国经济发展表明，正是不断产生的优势，促进了经济的可持续发展。这告诉我们，贵州省不但要重视现有自然资源、劳动力等优势的保持，还要及时加以转化，创造新的优势。

优势具有相对性。与东部相比，贵州在能源与原材料工业，如煤炭、石油方面具有优势，但受运输距离与方式的影响，对东部地区来说，进口资源与原材料可能更经济合理。因此，任何优势都不是绝对的，在开放经济中，情况更是如此。

优势具有综合性。经济优势是多种因素的综合。贵州省在资源、劳动力等方面的优势，会被交通、信息、技术、基础设施等方面的劣势所弱化或抵消，结果很可能综合劣势大于综合优势。因此，贵州在区域经济中的机遇与挑战并存。

9.5 贵州经济与泛珠三角区域产业优势互补的可行性分析

9.5.1 港穗深共同担当泛珠三角区域产业经济圈龙头

区域产业合作需要一个核心，才能产生辐射作用，在泛珠三角内部，这核心是由城市群来担当，港穗深共同担当泛珠三角经济圈龙头。在泛珠三角城市群中，香港、广州、深圳是三个实力最强、影响最大的中心城市，发挥着至关重要的作用。产业的相互融合与互补，在珠三角城市群中形成产业链，从而使各城市之间合理分工，形成合力，实现共赢，这是诸城市间合作的基础。经过30多年的经济合作，港、穗、深三地的功能分工已经明确，香港的优势在于经济金融、物流为核心的服务业，广州主要是制造业，深圳则发展以电子信息为龙头的高新技术产业。在这种分工模式下，珠江南线的香港、澳门以金融、物流、旅游、博彩为主导的服务线；珠江北线的广州、佛山则大力发展制造业，成为基础、装备、制造工业的基地；珠江东岸则以深圳为中心，发展高新技术产业；珠江西岸从珠海开始，则形成传统工业产业带，从而形成体系完备、结构完整的都会圈。

9.5.2 贵州经济与泛珠三角区域产业优势互补的可行性分析

9.5.2.1 经济资源结构的互补性

一是双方在自然资源方面存在互补。21世纪中国除西南省区自然资源比较丰富外，其他省份都比较缺乏。交通设施改善及存在能源资源、旅游、生物资源等方面的共同开发就成为合作颇具潜力的重要领域。二是人力资源的互补，近几年来，贵州常年在外劳务输出300万人，到广东的就占一半以上，泛珠三角已成为贵州最大的劳务输出地。

9.5.2.2 经济发展阶段的互补性

从总体上看，泛珠三角区域产业覆盖着三个处于不同发展梯级上的地区，其中港澳为第一梯级，具有融资方便、通讯发达、与国际营销沟通方便等优势；福建、广东为第二梯级，具有高科技和知识密集型产业的优势；其他省区为第三梯级，具有廉价劳动力和自然资源优势。

9.5.2.3 产业结构的互补性

广东、福建在非熟练劳动密集型产品、在技术密集型产品和人力资本密集型产品上，有明显比较优势。在自然资源密集型产品上，贵州具有明显比较优势。

9.5.3 贵州在泛珠三角区域产业合作中的定位

在能源、矿产等方面具有巨大的优势，发展资源型经济应是贵州在泛珠三角区域产业合作中的基础。贵州可从如下几方面加强泛珠三角区域产业合作：

一是以煤、电为主的能源工业，黔电入粤、黔煤入粤将成为广东能源结构中重要的组成部分，完全可能成为泛珠三角最重要的能源基地。

二是以铝业为主的矿产与原材料工业，贵州是全国主要铝业基地之一，广东是全国最大的铝制品加工业基地和消费市场之一，今后双方可以形成更紧密的产业联系。另外，在铅锌、有色金属上很有自己的优势，可以成为泛珠三角区域产业重要的矿产与原材料加工基地。矿藏组合良好，煤化工市场发展前景广阔。

三是在旅游业等方面都具有较好的合作前景。贵州拥有融奇山秀水、峡谷溶洞为一体的高原风光，每年平均温度是15度左右，气候宜人，经过多年的开发，现在有一定的吸引力和知名度，已经成为旅游的热点之一。贵州的旅游资源开发具有明显的后发优势。

四是以中药现代化为主的医药工业，贵州是全国中草药四大基地之一，广东医药工业的地位在全国举足轻重，两者有着广泛的合作空间。

五是加强交通基础设施建设。贵州是重要通道，是大西南2亿人口南下出海的交通枢纽，是西南地区重要的物资集散地，应在"9+2"合作框架下，促进西部地区交通运输体系的建设。

9.6 贵州融入泛珠三角区域产业经济圈的政策建议

库兹涅茨在《现代经济增长》中认为：产业间的投资增长与发展有关。以存在一个具有"竞争均衡"的经济系统为假设前提，在要素充分流动、充分竞争的基础上，依据收益最大化原则，经济增长系统最终可以达到帕累托最优均衡状态，实现资源的有效配置。各产业间技术进步速度不同，以及对需求的扩张差异，会导致各产业间劳动力、资本等生产要素收益的差异，这样劳动和资本投入到不同的产业，收益就可能出现系统差别。[1] 库兹涅茨还认为，在现代经济增长过程中，人口和产值的高速增长总是伴随着各种产业比重在总产出和所使用的生产性资源方面的明显变动。[2] 这为贵州融入泛珠三角区域产业经济圈找到了理论突破口，主要是围绕区域产业分工与协作为主的观念、政策、交通、体制方面着手。

9.6.1 全面推进六大产业领域的经济合作

第一，联手推进交通产业领域的合作。结合"9+2"区域产业内的公路、铁路、机场、港口、桥梁的协调合作问题，有效整合资源，促进区域产业经济协调发展。首要的是先把出省陆路大道打通，通过方便快捷的交通，连接和扩大泛珠三角经济发展的腹地，使地理概念上的区域产业优势变为整体竞争优势。

第二，联手推进能源产业领域的合作。围绕区域内电网、电站布局、建设和投资等各方面，在组织企业通过前期开展双向、多边的考察、洽谈，以及内地与沿海、沿海与内地的互动招商和投资推介等活动，联手在能源等基础设施产业领域开展双向（纵向和横向）的投资与合作。

---

[1] 库兹涅茨. 现代经济增长 [M]. 戴睿, 易诚, 译. 北京：北京经济学院出版社，1989：76.

[2] 库兹涅茨. 现代经济增长 [M]. 戴睿, 易诚, 译. 北京：北京经济学院出版社，1989：78.

第三，联手推进资源产业领域的合作。在优势互补前提下，充分利用矿产资源、林木资源、海洋资源、旅游资源等优势，联手加大市场开发和资源开发力度，共享资源，互惠互利，变资源优势为经济优势和竞争优势。

第四，联手推进生产产业领域的合作。在推进泛珠三角区域产业对接的基础上，推进上游、中游、下游产品链、产业链的对接和延伸，建立战略型经济技术合作的伙伴关系。

第五，联手推进流通产业领域的合作。充分利用沿海在采购和销售网络方面的优势以及开拓海外市场的渠道优势，以贸易合作为先导，在开拓市场的基础上，协助产品"出山入海"，进一步开拓国际市场，联手探索推进和发展现代流通业的各类合作方式。

第六，联手推进科技产业领域的合作。从资源共享、资源整合、协调发展、互相促进的前提出发，推动科技成果尽快转化为生产力，推动信息产业的优化和电子商务的普及，加快信息化带动工业化的发展步伐。

9.6.2 突出重点，完善方案，着力破除区域产业发展瓶颈

一是处理好改革与发展的关系。促进贵州经济社会又好又快发展，就是要以科学发展为主题，以转变经济发展方式为主线，做到稳中求进、快中保好，能快则快，又好又快。必须认真解决制约经济社会发展的体制机制障碍。应通过改革，消除影响发展的因素，清除发展道路上的障碍。

二是处理好改革与试验的关系。改革需要顶层设计，在全局上进行部署和安排；改革也需要具体实施，在实践中进行探索和总结。在部署和安排中有很多需要探索和试点的环节，不是仅靠顶层设计、全面部署就能完全深化的，还需要积极探索和试验。

三是明确试验就要解放思想、大胆探索、先行先试。思想是行动的先导，实践表明，思想不解放、缺乏新理念是不可能有新的做法和设计的。

四是突出重点，完善方案。应把国务院《关于进一步促进贵州经济社会又好又快发展的若干意见》与《全国现代农业发展规划（2011—2015年）》、《中国农村扶贫开发纲要（2011—2020年）》等对贵州发展有重要意义的文件结合起来，既要突出重点、完善方案，又要立足实际、因地制宜。在阶段上，认真分析研究贵州的经济社会发展情况，特别是"三农"的发展阶段；在条件上，具体研判目前的发展阶段具备什么样的条件，比如经济总量、财政收入、金融资产管理等；在省情上，在发展过程中应始终立足省情实际，牢牢把握发展趋势。

五着力破除资金瓶颈。加快发展需要突破的最大瓶颈是资金短缺,根据测算,1999—2009年的11年间,贵州生产总值的增长,62%是靠消费拉动的,这说明贵州投资规模较小。而同期全国大部分地区的高速增长则主要是靠投资拉动的。在目前工业化、城镇化水平都大大滞后于全国平均水平的情况下,要加快发展,必须扩大投资规模,提高投资对经济增长的贡献率。也就是说,要在保持消费稳定增长势头的同时,更多依靠投资来拉动贵州的大发展、大跨越。应建立多元化、多层次、灵活的投融资机制和渠道,既要争取国家层面的资金,更要营造良好的环境,鼓励民间投资,增强贵州对外部资金的吸引力。

9.6.3 加强以交通信息化和水利为重点的基础设施建设

著名经济学家魏杰特别强调,贵州"欠发达、欠开发",重点在于交通设施的"欠发达、欠开发",应以改善交通条件为突破口,带动贵州经济的发展。《贵州省第十次党代会报告》指出:要把以交通和水利为重点的基础设施建设作为事关全局的重大战略任务抓紧抓好。高起点、高标准、高质量地建设贵阳至广州的快速铁路和厦蓉高速公路贵阳至水口段,带动全省交通网络由通达向快捷转变,并配套优化沿线生产力布局,发展南下通道经济。贵州是国家交通建设的一个重点,到2020年将形成"三横三纵八联线八支线"的高速、高等级公路网络,继续实施通乡油路和通村公路工程,加强农村渡口码头和客运站建设。加快建设"三纵三横"铁路网络和贵阳铁路枢纽工程。尽快形成以龙洞堡机场为中心、干线机场和支线机场协调运行的民用航空网络。加快建设南下珠江、北入长江的水运通道。

9.6.3.1 作为西部地区出海的门户,东西、中西连接的通道,贵州的交通等基础实施严重滞后,差距较大

1998年,贵州每百平方千米的铁路营运里程只有0.8千米,比陕西、宁夏分别少0.14千米和0.57千米;从公路密度看,贵州每百平方千米为19千米,在西部地区名列第5位,还有47%的乡(镇)和33.6%的村不通公路。可见,基础设施薄弱是经济发展的制约因素和西部大开发的劣势。对此,贵州应以公路建设为重点,加快铁路干线建设。公路方面,近10年内,全国将重点实施西部大开发通道,建设规模近1.5万千米。贵州应借此机遇,在大力发展国道和干线公路的基础上,着重搞好县乡道路改建扩建,提高等级并形成网络。铁路近期的建设重点,主要应放在铁路干线的复线建设上。湘黔、黔桂、贵昆和川黔铁路贯穿全境,交汇贵阳,为贵州铺垫了较好的运输骨架网,株六复线建设为贵州铁路建设再上新台阶掀开了新的一页。

9.6.3.2 水路方面，南盘江、北盘江和红水河是西南地区最近的出海河流

1999年，开始动工疏通，按五级航道标准整治航道336千米、险滩121处，兴建港口码头6处，总投资达1.6亿元。2004年4月，250吨位轮船可以从黔西南州的百层港水运码头，经南盘江、北盘江和红水河的主航道通航，贯穿云南、贵州、广西的航运将全线连通。2012年，贵州水运工程建设投入资金1.1亿元，比2011年增加22%。除加快"两江一河"航道建设以外，还将重点打造"绿色航运"。

9.6.3.3 广东、广西、贵州达成一致意向

广东、广西、贵州达成一致意向投资180亿元，修建从广州到贵阳的快速铁路。这条铁路的初步方案已经出台，长约820千米，按时运250千米设计，建成后，从广州到贵阳只要4个多小时。

9.6.3.4 加强交通信息化建设

一是加强组织协调和统筹规划，协调推进信息化建设。二是大力推进交通信息资源共享，组织建立合理的交通信息采集和共享机制。三是加强管理，整体推进交通信息化建设，按照基本建设程序统一建设管理，认真做好信息化建设项目的前期论证和顶层设计，避免重复建设和资源浪费，探索成本低、实效好的交通信息化发展模式。四是加强信息化人才的培养，强化行业从业人员信息化意识和信息服务能力。五是积极推进交通信息化的市场化运作，探索新形势下交通信息化建设的管理体制与运营模式，使交通信息化建设和服务逐步走向社会化。

9.6.4 推进资源优势向经济优势转化，发展循环经济

9.6.4.1 充分发挥能源、矿产资源组合良好的优势

发展壮大煤及煤化工、磷及磷化工、铝及铝加工和冶金工业，积极开发生物能源，把贵州建成中国南方重要的能源、原材料基地。《泛珠三角区域能源合作"十二五"专项规划》确定"9+2"地区能源合作的主要目标，将在电力、煤炭和油气等方面继续加大建设及合作的力度。贵州将在"十二五"期间努力把煤、铝和磷化工培育成支柱产业。

9.6.4.2 发展要注意趋利避害

贵州的矿产资源比较丰富，作为全省经济比较优势和重要条件，决定着贵州必然是一个以资源优势转化为经济优势为主要特征的内陆省份。但贵州未来的发展必然是一个重化工的工业化阶段，会带来对资源和环境的不利影响。因

此，开发和发展过程中要注意趋利避害。

9.6.4.3 贵州资源优势转化为经济优势的重点

煤及煤化工、磷及磷化工、铝及铝加工、煤电一体化等产业，这是贵州通过产业突破实现全省经济社会发展历史性跨越的重点。因此，发展循环经济型生态工业的内容应放在煤、磷、铝以及铁合金等高耗能行业上，带动全省循环经济型生态工业基地的建设。要加强贵阳市循环经济生态城市建设，加强黔西南兴义市纳灰河流域治理的农业循环经济试点建设。

9.6.4.4 走出一条煤电一体化的路子

按照贵州的自然资源禀赋和比较优势以及发展循环经济的要求，在能源、材料工业及产业集群和区域安排上，必须走出一条煤电一体化的路子。煤电一体化是综合能源资源及深加工的概念，包括煤炭、电力以及用煤、用电各个产业。具体包括"延长纵向产业链"——煤、电、焦化，煤、电、铝、磷延续发展；拓宽"横向发展幅"——产业集群、聚积人口形成基地或园区，发展城市、推动区域循环经济成型。随着循环经济的发展，单纯的资源争夺将向煤炭多资源重组、市场多要素重组演变。这种延长纵向产业链和拓展横向发展幅的思路，就是要打造以煤炭为基础的产业链，实现煤炭产品的深加工，提高煤炭产品附加值，进而增强煤炭和电力企业市场生存能力、竞争能力和持续发展能力，同时形成区域的产业集群、支持产业和特色经济体系及城市化。

9.6.5 合作开发旅游资源，做大做活旅游产业

9.6.5.1 贵州省旅游正面临着六大机遇

六大机遇就是国家实施新一轮西部大开发战略，改革开放进一步深化，新经济浪潮，借鉴东部地区的经营管理经验，加入世界贸易组织，假日经济。在"十二五"期间，建成多民族特色文化、红色文化和喀斯特高原生态旅游之重点目的地，使旅游产业成为重要支柱产业。[①]到 2015 年，力争旅游总收入超过100 亿元，占全省地区生产总值比重的 26% 以上。《贵州省第十次党代会报告》中提出：坚持党政推动、市场运作、社会参与、文化搭台、旅游唱戏，充分发挥贵州省丰富独特的旅游资源、多姿多彩的民族民间文化和宜人居住的气候等组合优势，推进旅游与文化相结合，努力建设旅游大省。国家旅游局副局长孙钢曾表示，应尽快构建"9+2"旅游联合体，发挥旅游在全面推进泛珠三角

---

① 陈曦，等. 推动贵州红色旅游与文化旅游产业深度融合的对策建议[J]. 旅游调研，2012(4).

区域合作中的先导作用。首届泛珠三角区域合作会上签署的《泛珠三角旅游合作协议》包括建立旅游企业交流合作平台，打造泛珠三角区域旅游精品线路，优化旅游环境，致力推进无障碍旅游区试点工作；积极促进各省、区在旅行社、宾馆和景区管理培训方面的交流与合作，加强信息交流，在粤港信息平台建设成功的基础上，加快实现各省、区旅游网站的相互链接和信息互动，共享旅游信息资源；建立各方旅游质量管理、接受旅游投诉和应急事件处理热线电话，建立"黄金周"期间预测预报及重大事件通报制度等。广东省旅游局近期重点推出"无障碍旅游区"，并与湖南、广西、江西等地签订了旅游合作协议，消除旅行社在跨省区设立分支、组团以及汽车旅游等各个方面的障碍，使得旅行社在区内的营运成本可以不断降低，游客也因此可以从中获益。

9.6.5.2 贵州旅游总收入连年增长

2007年以来，贵州旅游总收入连续5年保持30%以上的增长。"十二五"开局之年，贵州旅游总收入和接待人次均实现50%以上的增长，收入增长高于人数增长。2011年接待境内外旅游总人数1.7亿人次，同比增长31.8%；实现旅游总收入1 429.48亿元，增长34.7%。据国家旅游局统计数据显示，贵州旅游总收入在全国的排序，从第23位上升到第21位。出台了《贵州省旅游条例》、《关于加快旅游业发展的意见》，编制完成了《贵州省旅游发展总体规划》，成立省旅游发展振兴委员会，明确将旅游业发展成支柱产业、建设旅游大省的目标。调整旅游产业结构，加大市场宣传促销，实施精品线路战略，成功打造了自然生态、文化遗产、乡村旅游、红色旅游、赏花旅游、探险旅游等一批新型旅游产品和6条精品线路，旅游产品结构日臻完善。文化、旅游联手互动，成为旅游业发展的显著特征。2005年以来，以"多彩贵州"系列活动、大型民族歌舞诗"多彩贵州风"、中国·贵州黄果树瀑布节等为载体，高规格、大规模向外宣传推介贵州，为贵州省旅游产业发展带来了更多的商机。[①]从2006年开始，每年召开一次全省旅游产业发展大会，集中力量支持一个地区旅游产业的发展，这无疑是旅游产业发展的助推器。

9.6.5.3 贵州省旅游业发展存在的问题

主要是发展战略、品牌创建与景区建设、基础设施和配套设施落后、旅游景区多头管理、体制不顺等一系列问题。应该坚持创新旅游体制机制，加快旅游基础设施建设，提高旅游管理和服务水平，统一规划、统筹开发重点景区和

---

① 陈曦，等.推动贵州红色旅游与文化旅游产业深度融合的对策建议［J］.旅游调研，2012（4）.

旅游精品，开发富有民族特色的旅游商品，高起点建设一批旅游经济区，大力发展红色旅游、生态旅游、自然景观旅游、文化旅游、乡村旅游和避暑度假旅游。

9.6.5.4 解决问题的对策

一是实施"可持续发展"和"开放带动"战略。贵州生态极其脆弱，发展旅游产业必须与保护生态环境相结合，实现生态经济的良性循环。旅游业要以知识化、信息化、数据化和国际化为主要特征，借鉴发达地基的经验，实施以资源、环境与旅游经济协调发展为目标的可持续发展战略。二是品牌创建与景区建设。结合"遵义会议"、"茅台酒文化"等优势资源，[①]运用文学创作等手段，塑造贵州的形象。结合"黄果树"等著名旅游资源，精心创造旅游精品和旅游示范工程，形成优势品牌。三是改善基础设施和配套设施。贵州的旅游交通业应以发展高等级旅游公路为主，发展支线旅游飞机。宾馆业要完善结构，提高质量，形成特色。旅行社要完善管理体系，提高效益，应尽快与国际接轨。最大限度地开拓国内国际旅游市场，不断发掘新的旅游产品和旅游线路，提高促销水平，强化市场竞争力，提高旅行社经济效益。四是做大做活旅游与文化产业，促进贵州文化旅游产业又快又好发展。[②]科学编制文化旅游规划，推动文化旅游产业持续健康发展。着力打造文化旅游精品，完善旅游产品体系和目标体系。继续加大对外宣传促销力度，努力开拓文化旅游市场。改革投融资体制，逐步实现文化旅游投资主体多元化。高度重视文化旅游环境保护和建设，努力为游客营造温馨、舒适的环境。大力挖掘民族民间文化，提升创意，努力拓展旅游产业的文化内涵。大力发展乡村旅游，推进社会主义新农村建设。

9.6.6 加强生物资源合作，发展特色药业

2005年5月，国家中药现代化科技产业贵州基地列为国家建设项目，贵州中药现代化科技产业迈上新台阶。目前，已经建立和完善了中药现代化科技产业"四体系一网络"，即中药材生产体系、中药研究开发体系、中药制药开发生产体系、中药现代化科技产业保障服务体系、中药现代化科技产业市场和信息服务网络，已初步形成了完善的中药产业发展体系。

[①] 陈曦，等. 推动贵州红色旅游与文化旅游产业深度融合的对策建议 [J]. 旅游调研，2012（4）.

[②] 陈曦，等. 推动贵州红色旅游与文化旅游产业深度融合的对策建议 [J]. 旅游调研，2012（4）.

建立了33个良好农业规范（GAP）中药材生产示范基地，6个品种的良好农业规范种植技术研究。中药材规范化种植面积达7 100公顷，28个新药获国家新药生产批准文号，96家企业318条主产线通过国家良好作业规范（GMP）认证，全省药品经营企业中，有1 862家企业通过药品经营质量管理规范（GSP）认证。2011年全省制药工业产值达83.08亿元，全面完成中药现代化科技产业基地建设原定目标。2011年贵州已有75家药品生产企业通过良好作业规范认证，85家药品经营企业通过国家标准和药品经营质量管理规范认证。158个苗药品种，有156个品种通过医学审评，占申报品种数的98%。154个民族药品种通过医学审查，取得全国"五个第一"（申报数、通过率、药品剂型、销售量、民族药的生产厂家良好作业规范通过数量）的好成绩。

近年来，贵州制药业虽然得到长足发展，但与制药大省（市）比较，差距不仅没有缩小，而且越来越大。究其原因，客观上主要是贵州制药业基础薄弱，资金投入少，科技水平不高，新药特效药研发不够，资源开发利用和市场占有率低。主观缺乏有力的扶持政策措施，宏观指导也不够等。

发展解决之道。一是运用现代科学技术，研究开发现代化中药，实现以现代科技手段阐明其药效药物质和作用机理，让传统中医药优势、特色和现代科技密切结合，规范化、标准化地生产，以适应当代社会发展的需求，能为国际市场接受及具国际市场竞争力的中药产业化过程。二是建立中药现代化产业基地，突出贵州中药、民族药等天然药物，促进贵州中药、民族药走出国门并在世界医药市场占有一席之地。基地建设规划科学、合理、有序，药材品种符合国家药品标准或者省药材标准。三是一些重要的中药材实施批准文号管理、生产基地实行规范化标准势在必行。四是要保证药材品种质量，突出特色和优势，加大品种深度开发力度。五是利用发达地区的资金和人才优势，加强人员培训。

9.6.7　借助沿海市场优势，提高贵州产品的市场定位

沿海市场优势是提高贵州产品市场定位的平台，共同开拓国内外市场是贵州与泛珠三角区域产业合作的一个主要目标。贵州电力、煤炭等能源今后一定是以外销为主的，在有富裕的情况下，可通过南方电网向东盟国家出售电。煤炭则可以通过广西的陆路、广东的港口出口东盟国家。有色金属和稀贵金属蕴藏量丰富，现主要以矿产品和初级产品形式出口，无论是采矿和矿产品加工，只要加强区域合作，引入资金、技术和管理，发展空间巨大。

近年来，加快发展高新技术产业，加快建成电子信息、光电一体化、新材

料、新能源及中药现代化五大产业基地。沿海的高新技术产业在资金、技术及人才等方面具有明显优势，双方在这一领域合作，共同开发国内外市场的潜力巨大。贵州的许多土特农产品出口优势明显，特别是畜牧业发展潜力巨大，正急需扩大生产规模和出口范围，香港和广东都有资金和进出口优势，双方在土特农产品方面的合作，有利于共同开拓国际市场。旅游业与大珠三角的香港、澳门、广东、深圳等的合作，也非常有利于吸引国际游客。

对贵州来说，与泛珠三角区域的产业分工与合作是多面的。本书的研究未涉及黔中经济区、城市群、贵州人力资源等发展思路问题，以及未涉及贵州如何引进泛珠三角区域各省区内的优势企业，对贵州企业进行产权改革和资产重组，对存量资产进行优化组合，共同打造一批有国际竞争力的产业和企业群，使经济获得更大的发展空间等具体方面。这些有待于其他课题去深入研究。

9.7　本章小结

本章研究贵州省融入泛珠三角经济圈的对策建议，全面推进六大产业领域的经济合作。首先，研究了建立泛珠三角经济圈之前贵州的经济格局；其次，研究了融入泛珠三角经济圈现实性和发展的可能性；再次，研究了贵州与泛珠三角区域产业合作现状；第四，研究了贵州与泛珠三角区域产业经济发展比较；第五，研究了贵州经济与泛珠三角区域产业优势互补的可行性。概括性论述贵州融入泛珠三角区域产业经济圈的政策建议。

10 全书总结与研究展望

10.1 全书总结

无论中西方经济学界流行的区域产业分工与协作理论—区域经济一体化理论，绝对成本说、比较成本学说、要素禀赋学说、对要素禀赋学说的扩展，大市场理论，综合发展战略理论或是市场结构理论、贸易与经济发展理论、经济增长理论与经济发展等经济学理论，还是国内的理论研究，都令人信服地说明，区域产业分工与协作是大势所趋，是解决我国西部内陆地区经济发展的重要途径。中国东西部经济发展不平衡，差距越来越大。如何有效地引导西部地区加快发展，已经成为21世纪中国和世界经济社会发展中亟待解决的难题和亟待研究的重要课题。作为西部欠发达的贵州省，更需要研究这一重大课题。

党的十七大报告提出：推动区域协调发展，缩小区域发展差距，引导生产要素跨区域合理流动。遵循经济规律，突破行政区划界限，形成若干带动力强、联系紧密的经济圈和经济带。这段话渗透着对西部地区经济发展的关怀。从"十六大"至"十七大"，党中央不断强调区域协调发展、西部大开发和"以人为本"。

改革开放以来，中国一方面鼓励一部分地区和一部分群众先富起来，另一方面开展了大规模的有组织的扶贫工作。但是，由于历史和现实的原因，贫困问题依然相当严重和十分突出，1986年、1991年、1993年国家公布的592个国家级贫困县中，北京、天津、上海、江苏等4个省市27个，中西部地区集中了贫困县的82%。贫困县人口91.3%分布在自然条件差的山区。贵州、四川、云南、河南4个省占全国贫困县人口总数的46%。贵州是全国贫困面最大、贫困人口最多、贫困程度最深的省。2009年，贵州农民人均纯收入3 005元，仅相当于全国平均水平的58.3%，处于全国末位，麻山、瑶山极贫山区，农民人均纯收入仅 700 元左右，为全国平均水平的 1/10 左右。可以说，贵州贫困地区脱贫致富是全国扶贫攻坚的"硬骨头"。实施区域产业分工与协作，促使贵州省融入泛珠三角经济圈，解决贵州的脱贫难题，这正是笔者完成本书研究的基本动因。

研究与写作本书的另一个动因，则是源于笔者在贵州省人大财政经济委员会、贵州省发展和改革委员会、贵州省对外经济协作办公室及贵州省中国特色社会主义理论研究中心长期从事区域经济产业分工与协作方面的实际工作和理论研究。正是怀着思考西部地区经济发展前途与出路的情结，以及任何经济研究都必须倾注中国经济东西部发展差距拉大的忧患意识，笔者完成了本书的调研，提出了以下主要观点。

10.1.1 认识了中国三大经济圈发展机制系统

以目前国内外相关研究为背景，在对三大经济圈发展状况及路径、发展趋势、发展中的主要问题，以及中国三大经济圈发展机制等一系列基本概念进行辨析和界定的基础上，对中国三大经济圈发展机制的涵义进行了分析。本书认为，长江三角洲地区（长三角）、珠江三角洲地区（珠三角）以及京津冀地区（京津冀）是中国经济发展的三大重要引擎。在国际经济环境发生重大变化的背景下，长三角、珠三角和京津冀三大经济圈在中国东、西、南、北部地区乃至全国经济发展中继续发挥着重要的带动作用。

中国三大经济圈发展机制系统是指与中国三大经济圈发展机制转换为符合市场经济发展、市场需求规律的现实生产力全过程相关的机构、组织和实现条件、环境构成的开放的网络系统，是机制系统中各行为主体之间在长期正式或非正式的合作与交流关系的基础上形成的相对稳定的网络。也就是各个节点的政府、企业、研究机构、中介机构、发展改革、工商、商务、投资促进、国土等政府宏观经济部门在协同作用中结网而创新，并融入国家宏观决策和中国三大经济圈发展机制系统国家的创新环境中去。三大经济圈落实一揽子刺激经济增长措施，把工作重点放在扩内需、保增长、调结构、抓改革、重民生和促稳定上。同时，针对三大经济圈的自身特点，统筹以下几方面工作：

第一，保持一定的经济增长速度。作为带动全国经济增长的火车头，保持适度较快的经济增长速度，基本取向应该是比全国平均速度略快，发挥资源禀赋优势，积极推进产业结构的优化升级，大力发展第三产业，提高第三产业的比重；转移和淘汰落后产业，扶持和发展新型产业，提升支柱产业在国际行业中的地位；推动产业集群，延伸产业链，促进产业的优化升级，提高企业自主创新能力。

第二，努力开拓国内市场。加强经济合作，开拓国内市场，探索新形势下经济发展的新模式，适当提高消费率和居民收入，完善社会保障制度，为扩大消费和投资创造良好的体制和政策环境。

第三，加速推进经济转型。推进新一轮经济转型，核心是推进经济发展方式转变，积极探索新型工业化道路，重塑以技术、人才资源为核心的竞争优势，提升主导产业的发展水平，提高产品的技术含量和附加值，降低资源消耗和环境成本，推动一些产业向西部地区转移。

第四，促进区域一体化纵深发展。从区域产业整体利益着眼，找准在区域产业内的定位，实现有序竞争和错位发展。通过沟通和协商机制，及时解决发展过程中出现的跨区域产业重大问题。构建多层次、宽领域的区域产业合作与协调机制，不断拓展合作领域，丰富合作方式，在区域产业互动机制建设方面有所创新。

10.1.2 分析了泛珠三角区域产业分工与合作模式结构

泛珠三角区域产业分工与合作模式主要是采取政府＋企业的形式，辅以适当的市场行为，这是不够的和有缺陷的。按照卡特尔、康采恩等地区经济一体化（Regional Economic Integration）的理论，选择国际和国内区域产业分工与协作很多模式，国际上有欧洲联盟、北美自由贸易区、发展中国家的一体化、中国—东盟"10＋1"等，以及国内广东、内蒙古、重庆、贵州4省（区、市）区域产业分工与合作模式对比研究。一体化模式激励了许多发展中国家来提高经济发展的速度，大多数尝试仅获得了有限的成功，部分甚至遭到失败。其原因在于组织中最发达国家的福利自然而然地越来越大，许多发展中国家不愿意让度部分决策权给一个超国家的共同体组织，而这又是成功实现经济一体化所必需的；发展中国家的基础设施落后，经济互补性差等也可能对其成功有不利影响。还有政府模式、企业模式、政府企业模式、市场模式、民间模式等。通过调研，泛珠三角区域产业分工与协作的模式选择方面，应该借鉴四省（区、市）在区域产业分工与协作体制模式方面的做法及经验。

10.1.3 分析了泛珠三角区域产业分工与协作的运行机制及缺陷

探索横跨港澳和东中西部的异质性区域产业合作机制新路，建立公平开放的区域产业市场体系，构建优势互补的区域产业协作体系，打造泛珠三角区域产业合作品牌，提高区域产业整体国际竞争力和影响力，形成东中西互联互动、协调发展、共同繁荣的新格局。泛珠三角区域产业分工与协作有两大平台。一个平台是泛珠三角区域合作与发展论坛，另一个平台是泛珠三角区域经贸合作洽谈会。本书研究认为，泛珠三角区域产业合作由于具有自己的特殊性而使得合作进程较为艰难，也给区域产业合作的机制建设带来了较大的挑战。随着区域产业合作的推进，一些深层次合作的阻碍也逐渐显现出来。本书提及泛珠三角合作机制正在向规范化、制度化合作机制的创新与完善的方向发展。一是泛珠三角区域产业合作的区域发展目标还不够明确；二是泛珠三角区域产业合作的组织机构还有待进一步完善；三是泛珠三角区域产业合作运行机制缺乏约束力。本书建议：一是进一步明确区域产业目标，激发互补性带来的合作动力；二是建立健全泛珠三角区域产业合作的决策机构，以及执行机构；三是根据自愿参与原则，将各种协议作为区域产业性合作法规进行建设；四是建立具有权威性的中央协调机构。

10.1.4 定量测度了欠发达的贵州省投资环境考核评价工作体系

欠发达的贵州运用世界银行改善投资环境项目研究成果，率先在全国开展投资环境考核评价工作，坚持用硬措施治理软环境。2001—2006年贵州省招商引资局与省统计局、省企调队、省直目标办连续5年对全省市（州、地）和省直单位投资环境进行考核评价，向1 400多户外来投资企业中随机抽取的900多户企业发放"贵州省投资环境评价调查表"。2006年共组织全省各考评对象上报企业1 400多户，比2005年增加40%；随机抽取908户样本企业寄发调查表，比2005年增加了27%；通过大量深入细致的催报工作，回收有效调查表809份，比2005年404份增加了100%，回收率为89.1%，较2005年提高21个百分点。通过比较外来投资者在2002年和2006年对法制、治安、服务等投资环境9个方面的满意度调查统计，结论是经过连续5年投资环境综合整治和投资环境考核评价，贵州省投资环境有了很大改善。对投资地的法制、治安环境的评价，2002年的满意度为54.52%，2006年满意度为82.82%；对当地社会服务环境的评价，2002年满意度为54.52%，2006年满意度为90.23%；对当地政府及有关部门办事效率的评价，2002年满意度为54.52%，2006年满意度为84.55%；对当地政府及有关部门服务方式的评价，2002年满意度为54.52%，2006年满意度为86.78%；对当地招商引资服务体系的评价，2002年满意度为54.52%，2006年满意度为89.87%；对当地政府及有关部门工作人员廉洁情况的评价，2002年满意度为54.52%，2006年满意度为84.30%。2006年投诉比2002年下降38.8%。引起新华社内参"国内动态清样"和有关媒体关注，世界银行、亚洲开发银行、国务院西开办、商务部及福建、湖北、四川、山西、青海、云南、广西等 15 个省区市来考察学习和索取资料，20 多家新闻媒体进行跟踪报道。考评中也反映出当前贵州省投资环境存在的一些突出问题，及时提出对策建议。

10.1.5 借鉴了广东、内蒙古、重庆等地对外开放的经验

按照亚当·斯密的绝对成本说、李嘉图的比较成本学说、赫克歇尔、俄林要素禀赋学说原理，他们把国际分工和国际贸易与生产要素联系起来。本书通过调查和分析研究，在地区生产总值及其构成、进出口总额与实际利用外资额、人均地区生产总值及人均可支配收入、对外开放相关核算数据比较（外贸依存度、外资依存度、对外开放度）进行比对。

第一，人均地区生产总值及人均可支配收入。2009 年广东全年人均地区生产总值 40 748 元，城镇居民人均可支配收入 21 575 元；贵州分别为 10 250 元与 12 863 元（农民人均纯收入仅为 3 005.41 元），同期，全国人均可支配收入为 17 175 元。

第二，外贸依存度。按照外贸依存度＝地区对外贸易总额（进出口总额）×当年汇率/地区生产总值×100% 进行计算，广东约为 106.80%，贵州为 4.05%。

第三，外资依存度。广东外资依存度约为 3.41%，贵州则约为 0.24%。

第四，对外开放度。对外开放度＝（外贸依存度＋外资依存度）/2。广东对外开放度为 55.11%，贵州为 2.15%。由此可以看出，4 项指标广东居 4 省第 1 位，贵州经济发展相对滞后，城乡发展差距大；经济受外部经济形势影响弱，市场潜力很大，发展空间大；对外实际开放度低；外资依存度低，为典型的内向型经济结构，对外实际开放度低。

10.1.6 提出了构建泛珠三角区域产业分工与协作的保障机制

本书研究认为，世界经济增长复杂，国际市场和国际投资回暖，发达国家向发展中国家进行产业转移步伐加快，构建泛珠三角区域产业分工与协作的保障机制很有必要。

第一，完善投资环境综合考核评价体系，严格实行损害投资环境责任追究制度，建立投资环境监测、评价、考核、奖惩、公示制度，形成改善投资环境长效保障机制。

第二，加强法制环境建设，切实维护投资者合法权益，建立外来投资者投

诉保障机制。

第三，保持政策的稳定性、连续性、透明性和可预见性，完善配套措施，着力解决好地方和投资者反映强烈的土地、税收、收费等问题，构建降低投资成本保障机制。

第四，树立政府的诚信形象，增强全社会的信用观念，抓紧建立企业和个人信用等级管理办法和信用不良行为警示惩戒制度，营造良好诚信保障机制。

第五，改善服务环境，深化行政审批制度改革，简化审批程序，缩短审批时间，完善投资者服务保障机制。

第六，建立区域产业分工与协作相协调的管理体制，建立统一对外和运转高效的工作保障机制。

10.1.7 研究了泛珠三角区域产业分工与协作数学模型

按照产业结构形成因素的不同，将所有的因素划分为6个方面作为对产业效益值的衡量指标，根据各个区域的这6个指标的不一致，各个产业受不同指标的影响程度不一致，运用数学方法设立效益权重，最终求出各个产业在各个区域的效益值来设置各个区域间的产业结构。根据模型中所求得的效益值来确定区域产业分配，这个分配从理论上讲符合各区域根据自身的情况来发展自身的优势产业和主导产业，以带动本区域的经济发展，但是受实际中其他不可量化因素的影响，按照这个效益值来进行该区域的产业绝对分配，可能会造成整个大区域的产业分配不合理，这时就需要主动地对产业分配进行调整来达到最佳的区域产业分工。

10.1.8 贵州省融入泛珠三角区域产业经济圈的政策建议

赫克歇尔—俄林创立的要素禀赋学说（Factor Endowment Theory），每个区域或国家利用它的相对丰富的生产诸要素（土地、劳动力、资本等）从事商品生产，就处于比较有利的地位；而利用它的相对稀少的生产诸要素从事商品生产，就处于比较不利的地位。本书研究认为，第一个方面是观念对接，第二个方面是政策对接，第三个方面是交通对接，第四个方面是产业对接，第五个方面是体制对接。在政府体制、企业机制、市场和社会体系方面全面融入区域经济。联手推进交通、资源、生产、流通、科技领域的合作。从资源共享、资源整合、协调发展、互相促进的前提出发，推动9+2区域各省区科技成果尽快转化为生产力，推动信息产业的优化和电子商务的普及，加快信息化带动工业化的发展步伐。

10.2 创新点

本书运用产业间的投资增长与发展理论、区域经济一体化理论（绝对成本说、比较成本学说）、大市场理论、综合发展战略理论、市场结构理论、要素禀赋理论、贸易与经济发展理论、经济增长与经济发展理论等经济学理论，针对区域分工与协作是大势所趋，力图解决我国西部内陆地区经济发展的重要问题。主要创新之处如下：

第一，提出了"构建泛珠三角区域产业分工与协作的新模式"。

对区域产业分工与合作主要模式——政府+企业的形式，辅以适当的市场行为进行了探讨，分析了不足和缺陷。本书认为，在模式选择方面，应该借鉴广东、四川、重庆等省市在区域产业分工与协作体制模式方面的做法及经验。

第二，提出了西部欠发达地区在泛珠三角区域产业分工与协作中"投资环境考核评价工作体系"应用和创新。

西部欠发达地区吸引外资，关键在于投资环境，应用世界银行改善投资环境项目研究成果，率先在全国开展投资环境考核评价工作，坚持用硬措施治理软环境。

第三，揭示了实施区域产业分工与协作是贫困地区脱贫的有效途径。

中央政策"鼓励一部分地区和一部分群众先富起来"。中西部发展差距拉大，贵州省贫困问题依然相当严重和十分突出。解决这一问题的方法除了开展大规模有组织的扶贫工作外，推动区域协调发展，缩小区域发展差距，引导生产要素跨区域合理流动，实施区域产业分工与协作是有效的途径。

10.3 研究展望

贵州省融入泛珠三角区域产业分工与协作机制研究，是一个涉及众多学科的经济学学术领域。本书所进行的研究工作，只是做了一点尝试性探索。虽然觉得有了一点或者说是阶段性的成果，但与所期望的目标相比还有一定的距离，仍有许多问题有待于进一步深化和拓展。

本书的不足之处，主要表现在如下三个方面：

第一，本书在研究中国经济圈发展的过程中，仅仅研究了子系统间泛珠三角经济圈的区域产业分工与协作机制问题,未对区域产业分工与协作机制内部的结构进行深入探讨,将其视为一个处理有待进一步打开的"黑箱"。

第二,本书基于前人的理论基础和泛珠三角区域产业分工与协作的相关数据,结合调查结果,对泛珠三角区域产业分工与协作机制测算。有的测算只能进行一个大致的趋势分析(因为泛珠三角区域产业机构比较松散,数据统计不完全),其精确度还有待商榷。

第三,本书针对贵州省融入泛珠三角区域产业经济圈的政策建议是从宏观经济角度出发的,未能够从微观角度出发对子系统的每个产业进行细化分析,提出具体的实施措施。

本书未来的研究方向主要包括以下几点:

第一,拓展研究范围,将子系统内部的每个产业进行细化分析和权重对比,进行全方位的探讨,分析系统内、产业内各种影响因素对区域产业分工与协作机制的综合影响。

第二,定性、定量表述贵州省融入泛珠三角经济圈的政策建议、措施和发展机制。从经济发展史可以看出,定性研究是基础,而且是必要的,定量研究必须以定性为基础,但是没有定量的研究是缺乏说服力的。在本书的研究中,虽有少量的定量分析(投资环境考核评价工作体系),但相对于区域分工与协作机制来说是远远不够的。

第三,专门针对泛珠三角区域产业分工与协作机制子系统展开深入的研究,建立起更为全面系统的区域产业分工与协作机制体系。

第四,专题研究泛珠三角区域产业合作的区域发展目标,合作目标只是提出加强基础设施建设,构建一个公平、开放、竞争的市场体系,合作目标还有待于进一步规范和细化,缺乏明确的动力机制。

第五,专题研究泛珠三角区域产业分工与协作运行机制的约束力,区域产业协作是由区域产业内成员自愿参与,缺乏一个权威的组织机构,协议也没有形成较强法律约束。

第六,建立具有权威性的中央协调机构建议的研究,泛珠三角区域产业分工与协作在国内区域产业协作与国际区域协作、竞争中具有特殊的示范意义,建议将泛珠三角区域产业协作的综合改革试点纳入国家决策。

参考文献

[1] 韩启德. 积极做好农村富余劳动力转移工作 [J]. 中国行政管理, 2003 (11).

[2] 李德水. 对区域经济发展的几点认识——关于珠江三角洲与长江三角洲经济发展的比较 [J]. 学术研究, 2005 (4).

[3] 陈鸿宇. 关于构建粤港区域产业分工新模式的思考 [J]. 特区理论与实践, 2007 (4): 11-13.

[4] 后锐, 等. 经济全球化环境下泛珠三角区域物流一体化动因及其模式研究 [J]. 广东工业大学学报: 社会科学版, 2006, 6 (2).

[5] 孙艳. 欧盟、泛珠三角区域分工合作模式的经验及启示的研究 [J]. 中国经济学人, 2010 (6).

[6] 陈广斌, 等. 泛珠三角区域经济一体化的探讨 [J]. 现代城市研究, 2004, 19 (7).

[7] 郑鼎文. 对泛珠三角整合目标与机制研究 [J]. 广东社会科学, 2005 (5).

[8] 张学波, 等. 基于泛珠三角区域合作的云南省地缘经济关系 [J]. 资源开发与市场, 2006, 22 (6).

[9] 卓凯, 等. 区域合作的制度基础: 跨界治理理论与欧盟经验 [J]. 金融开发与市场, 2007, 33 (1).

[10] 谷兴荣. 中国泛珠三角科技创新合作现状的分析 [J]. 科技与经济, 2005, 18 (6).

[11] 朱文辉. 从中国区域经济发展看泛珠三角的前景 [J]. 深圳科技, 2004 (6).

[12] 汪开国, 袁晓江, 许英鹏, 等. 关于深圳惠州区域经济合作的调研和思考 [J]. 中国南方经济, 2004 (12).

[13] 李敬波. 加强区域经济合作推进黑龙江省全面小康进程 [J]. 边疆

经济与文化，2005（2）.

［14］廖添土. 泛珠三角区域产业结构演进与产业合作发展的空间和路径［J］. 发展研究，2012（7）.

［15］刘建党. 中国内地与香港贸易流量的关键影响因素——基于16个省份面板数据的实证分析［J］. 开放导报，2012（1）.

［16］曾玉湘. 后危机时代泛珠合作中的湖南［J］. 中小企业管理与科技（下旬刊），2010（4）.

［17］王晖. 泛珠三角区域城市群协作发展［J］. 西南民族大学学报：人文社会科学版，2011（5）.

［18］张瑞枝. 把握"两个机遇"发展贺州经济［J］. 改革与战略，2004（6）.

［19］陈建. 泛珠三角区域合作中广东的产业升级［J］. 广东社会科学，2005（5）.

［20］王碧秀，等. 构建发展泛珠三角地区产业合作的前提与基础研究［J］. 东南学术，2005（6）.

［21］罗勇. 区域合作背景下广西产业结构调整的战略考虑［J］. 学术论坛，2006（4）.

［22］侯起秀. 泛珠三角地区合作大于竞争——基于新贸易理论区域分工的分析［J］. 特区经济，2006（12）.

［23］丁红朝. 泛珠三角洲九省的区域分工现状浅析［J］. 中国经济学人，2007（1）.

［24］李斌，等. 泛珠三角区域产业分工合作的空间组织研究［J］. 云南地理环境研究，2007，19（4）.

［25］乐正. 泛珠三角区域共赢与深圳功能定位［J］. 深圳职业技术学院学报，2004，3（3）.

［26］白国强. 广东城市化的发展态势与整合构想［J］. 岭南学刊，2005（4）.

［27］梁桂全. 关于广东区域经济发展的深层思考——从被动接受国际分工到主动参与国际分工的战略转换［J］. 广东社会科学，2007（5）.

［28］赵祥. 关于广东区域专业化分工的特征及其政策含义［J］. 岭南学刊，2010（1）.

［29］李永成. 广州与佛山两市三次产业互补性研究［J］. 许昌学院学报，2005，24（2）.

[30] 施锦. 在CAFTA条件下广西及周边地区的分工现状问题的研究[J]. 工业技术经济, 2007, 26 (10).

[31] 陈铁军. 探索泛珠三角区域与大湄公河次区域的国际合作之路[J]. 经济问题探索, 2005 (8).

[32] 王薇. 五招促进三角经济圈发展[J]. 经营管理者, 2007 (5).

[33] 李中民, 等. 全球经济失衡下的中国经济区域重构[J]. 山西财经大学学报, 2007, 29 (5).

[34] 谢晶仁. 产业衔接与配套：湖南融入泛珠三角经济圈的重要选择[J]. 创新, 2009, 3 (7).

[35] 范海英, 等. 泛珠三角九省产业整合问题及对策研究[J]. 特区经济, 2004 (10).

[36] 彭春华. 泛珠三角区域合作研究述评[J]. 岭南学刊, 2008 (5).

[37] 曾绍阳. 关于融入"泛珠三角"的几点思考[J]. 企业经济, 2004 (1).

[38] 曾玉湘. 对后危机时代泛珠合作中的湖南研究[J]. 中小企业管理与科技（下旬刊）, 2010 (12).

[39] 肖亚红, 等. 深港金融产业未来合作前景展望[J]. 特区经济, 2007, 221 (6).

[40] 赵玲玲, 等. 新型工业化与泛珠三角工业的合作与发展[J]. 南方经济, 2004 (10).

[41] 熊宗仁. 思想观念常超前经济社会总滞后[J]. 当代贵州, 2004 (12).

[42] 萧灼基. 95中国经济分析与预测[J]. 中国国情国力, 1995 (3).

[43] 包群, 许和, 赖明勇. 贸易开放度与经济增长理论及中国的经验研究[J]. 世界经济, 2003 (2).

[44] 李静, 孟令杰, 吴福象. 中国地区差异的再检验, 要素积累抑或TFP[J]. 世界经济, 2006 (1).

[45] 林毅夫, 李永军. 出口与中国的经济增长需求导向的分析[J]. 经济学季刊, 2003, 2 (4).

[46] 彭国华. 中国地区收入差距、全要素生产率及其收敛分析[J]. 经济研究, 2005 (9).

[47] 沈坤荣, 李剑. 中国贸易发展与经济增长影响机制的经验研究[J]. 经济研究, 2003 (5).

[48] 姚枝荣，周素芳．劳动力流动与地区差距 [J]．世界经济，2003 (4)．

[49] 宗建亮．欠发达地区对外开放与经济发展相关因素研究——以贵州对外贸易、FDI 为例的实证分析 [J]．贵州财经学院学报，2010 (5)．

[50] 闫鸿鹂．滇桂黔三省（区）对外开放度与经济增长关系的比较研究 [J]．云南财经大学学报，2010 (3)．

[51] 康灿华，苏芳．服务业对外直接投资的发展及其影响 [J]．国际商务，2006 (6)．

[52] 陈扬．论贵州经济对外开放 [J]．中共贵州省委党校学报，2005 (6)．

[53] 中华人民共和国国家统计局．中国统计年鉴（2005—2012）[M]．北京：中国统计出版社，2013．

[54] 贵州省统计局，国家统计局贵州调查总队．贵州统计年鉴（2005—2012）[M]．北京：中国统计出版社，2013．

[55] 中华人民共和国商务部国际贸易经济合作研究院．中国对外经济贸易白皮书（2003—2012）[M]．北京：中信出版社，2013．

[56] 黄辅祁．中国经济纵横经 [M]．北京：经济科学出版社，1996．

[57] 贵州省政府发展中心．贵州经济蓝皮书（2005—2012）[M]．贵阳：贵州人民出版社，2013．

[58] 贵州百科全书编委会．贵州百科全书 [M]．北京：中国大百科全书出版社，2004．

[59]《贵州通史》编委会．贵州通史（1—5卷）[M]．北京：当代中国出版社，2002．

[60] 刘舒年．国际金融 [M]．3版．北京：中国人民大学出版社，2011．

[61] 喻国华，等．西方经济学原理 [M]．北京：中国科学技术出版社，1995．

[62] 薛荣久．国际贸易 [M]．成都：四川人民出版社，1998．

[63] 陈东琪．宏微观经济学 [M]．北京：中国广播电视大学出版社，2000．

[64] 刘崧生．发展经济学 [M]．北京：农业出版社，1993．

[65] 李军．中国城市反贫困论纲 [M]．北京：经济科学出版社，2006．

[66] 迈克尔·波特．国家竞争优势 [M]．李明轩，邱如美，译．北京：中信出版社，2007．

[67] 张亚雄, 赵坤. 区域间投入产出分析 [M]. 北京: 社会科学文献出版社, 2005.

[68] 洪银兴. 发展经济学与中国经济发展 [M]. 北京: 高等教育出版社, 2005.

[69] 欧曼, 等. 战后发展理论 [M]. 吴正章, 等, 译. 北京: 中国发展出版社, 2000.

[70] 瑟尔瓦尔. 增长与发展 [M]. 金碚, 李扬, 等, 译. 北京: 中国人民大学出版社, 1992.

[71] 舒尔茨. 改造传统农业 [M]. 梁小民, 译. 北京: 商务印书馆, 1987.

[72] 邹至庄. 中国经济转型 [M]. 北京: 中国人民大学出版社, 2005.

[73] 厉以宁. 转型发展理论 [M]. 北京: 同心出版社, 1996.

[74] 柳卸林. 技术创新经济学 [M]. 北京: 中国经济出版社, 1993.

[75] 中央宣传部理论局. 理论热点面对面（2012）[M]. 北京: 人民出版社, 2012.

[76]《贵州六百年经济史》编委会. 贵州六百年经济史 [M]. 贵阳: 贵州人民出版社, 1998.

[77] 马克思. 资本论: 第1卷 [M]. 北京: 人民出版社, 1975.

[78] 韩国文. 演化经济学视野下的金融创新 [D]. 武汉: 武汉大学, 2004.

[79] 苏芳. 中国公路交通科技创新能力评价研究 [D]. 武汉: 武汉理工大学, 2007.

[80] 陈丽娜. 区域循环经济的理论研究与实证分析 [D]. 武汉: 武汉理工大学, 2006.

[81] 周松柏. 贵州农民工经济研究 [D]. 武汉: 武汉理工大学, 2010.

[82] 陆瑾. 产业组织演化研究 [D]. 上海: 复旦大学, 2005.

[83] Brun J. F., Combes J. L., Remard M.. Are the Spilouer Effects Betweeen Coastaland Noncoastal Regions in China? [J]. China Eonomic Review, 2002, 13: 161-169.

[84] Dietzenbacher E.. Interregional Multipliers: Look Bacdward, Looking Forward [J]. Regional Sttudies, 2002, 2 (36): 125-3.

[85] Miller R. E. Comments on the "General Epualibrium" Model of Porfessor Moses [J]. Metroeconomica, 1963, 40: 82-88.

[86] Miller R. E. Interregional Feedbaks in Input - Output Models: Some Preliminary Results [J]. Regional Science Association, 1966, 17: 105 - 25.

[87] Roumd J. I.. Decoposing Multipliers for Economic Systems Involving Regional and World Trade [J]. Economic Journal, 1985, 95: 383 - 399.

[88] Round J. I.. Compensaing Feedbacks in Interregional Input - Output Models [J]. Journal of Regional Scicence, 1978, 19: 145 - 55.

[89] Sonis M., J. Oosterhaven, G. J. D. Hewings. Spatial Economic Strcture and Structural Changes in the EC: Feedback Loop Analysis [J]. Economic Systems Research, 1993, 5: 173 - 84.

[90] Zhang Q., B. Felmingham. The Role of FDI, Exports and Spillouer Effects in the Regional Development of China [J]. Journal of Development Studies, 2002, 38 (4): 157 - 78.

[91] Amit R., Brander J., C. Zott. Why do Venture Capital Firms Exist: Theory and Canadian Evidence [J]. Jouranl of Business Venturing, 1998, 13: 441 - 466.

[92] Black B. S., R. J. Gilson. Venture Capital and the Structure of Capital Markets [J]. Journal of Financial Economic, 1998, 47: 243 - 244.

[93] Lumme A. C., Mason, M. Soumi. The Returns Informal Venture Capital Investments: an Exploratory Study [J]. Journal of Entrepreneurial Small Business Finance, 1996 (5): 139 - 158.

[94] Kaplan S. N., P. Stromberg, . Venture Capitalists as Principals: Contracting, Screening, and Momitoring [J]. American Economic Review, 2001, 91 (2): 426 - 430.

[95] Kaplan S. N., P. Stromberg. Characteristics, Contracts, and Actions: EvidenceForm Venture Capitalist Analyses [J]. Journal of Finance, 2004, 10: 341 - 401.

[96] Kortum S., J. Lerner.. Does Venture Capital Spur Innouation? [J]. Rand Journal of Economics, 2000, 31: 674 - 692.

[97] Blanchflower D., A. Oswald. Well - Being over Timei in Britain and the USA [J]. Journal of Public Eonomics, 2004, 88.

[98] Alcala F., Ciccone A.. Trade and Producivity [J]. Quarterly Journal of Economics, 2004, 119 (2): 613 - 644.

[99] Easterly W., R. Levine. It's Not Factor Accumulation: Styilzed Facts and Growth Models [J]. World Bank Economic Review, 2001, 15 (2): 177-219.

[100] Frankel J., Romer D.. Does Trade Cause Crowth? [J]. American Economic Review, 1999, 89 (3): 379-399.

[101] Hall R., Jones C.. Why Do Some Countries Produce So Much More Output per Worker than Others? [J]. Quarterly Journal of Economics, 1999, 114 (1): 83-116.

[102] Prescott E.. Needed: A Theory of Total Factor Productivity [J]. International Economic Review, 1998, 39: 525-551.

[103] Romer R.. Endogenous Technological Change [J]. Journal of Political Economy, 1990, 98 (5): 71-102.

[104] Solow R.. A Contribution to the Theory of Economic Grow th [J]. Quarterly Journal of Economics, 1956, 70 (1): 65-94.

[105] Staiger D., Stock J.. Instrumental Varables Regression with Weak Instruments [J]. Econometrica, 1997, 65 (3): 557-586.

[106] Stephen J. Decanio, Catherine Dibble. The Importance of Organizational Structure for the Adoption of Innovations [J]. Management Science, 2000, 46 (10).

[107] Lewis W. Arthut. A Model of Dualistic Economics [J]. American Economic Review, 1954 (36): 46-51.

[108] Xiaogang Wu, D. J. Treinman. The Household Registration System and Social Stratification in China: 1955—1996 [J]. Demography, 2004, 41 (5): 363-384.

[109] Seeborg M. C.. The New Rural - Urban Labor Mobility in China [J]. Journal of Socio - Economics, 2000, 29: 39-56.

[110] A. De Brauw, S. Rozelle. Migration and Household Investment in Rural China [J]. China Economic Review, 2006, 17: 20-39.

[111] Burgel O.. UK Venture Capital and Private Eputity as an Asset Class for Institutional Investors [M]. London: London Business School Press, 2000.

[112] Bygrave W. D., J. Timmons. Venture Capital at the Crossrods [M]. Havard Business School Press, 1992.

[113] Gompers P., J. Lermer. The Venture CapitalCycle [M]. Cambrigg:

MITPress, 1999.

［114］ Hellmann T. Venture Capitalists: the Coach of Silicon Valley ［M］. Stanford: Stanford Umiversity Prss, 2000.

［115］ Bade R. , M. Parkin. Foundations of Macroeconomics ［M］. 3rd edition New York: Pearson Addison - Wesley, 2007.

［116］ Miller R. . Economics Today, the Macro View ［M］. 13th edition. New York: Pearson Addison - Wesley, 2006.

［117］ O'Sullivan A. , S. Sheffrin. Macroeconomics: Principles and Tools ［M］. 4th edition. New Jersey: Prentice Hall, 2006.

［118］ World Bank. China 2020 ［M］. New York: Oxford University Prss, 1997.

［119］ World Bank. Entering the 21st Century: World Development Report 1999/2000 ［M］. New York: Oxford University Prss, 2000.

［120］ O. R. Young. The Institutional Dimensions of Environmental Change: Fit, Interplay, and Scale ［M］. Cambridge, MIT Press, 2002.

［121］ Meade J. E. The Theory of Customs Unions ［M］. Amstedam Holland: North Holland Publishing Company, 1955.

［122］ Viner. The Customs Union Issue ［M］. New York: Camegie Endowment for International Peace, 1950.

［123］ Theodore Schultz, Transforming Traditional Agriculture ［M］. New Haven: Yale University Press, 1964.

附件　笔者攻读博士学位前后与博士论文选题相关的研究成果

笔者攻读博士学位前后，以第一作者或独著方式公开发表的文章，涉及以下与泛珠三角区域产业分工与协作机制有关的内容：

——加快乌江开放带动战略的思考（开发与致富，1996年4期）。

——积极组织劳务有序输出，加快农村脱贫致富步伐（开发与致富，1999年8期）。

——黔东武陵山区扩大利用外资问题与对策（贵州民族，1999年6期）。

——贵州经济开发区的主要经验、困难与对策（贵州调研，2002年10期；贵州日报，2003年4月15日理论版）。

——积极构建南贵昆经济区大开放的发展平台（当代贵州，2003年5期）。

——关于贵州实施"走出去"战略的思考（当代贵州，2003年12期）。

——构建贵州省投资环境的思考（当代贵州，2004年8期）。

——提高对外开放水平，把握发展主题（贵州信息与未来，2004年1期）。

——贵州积极融入"泛珠三角区域经济合作"意义深远（当代贵州，2004年12期）。

——贵州实施"泛珠三角"经济战略圈的思考（贵州经济，2004年3期）。

——积极推进西南六省区市区域经济合作与发展（贵州调研，2004年10期）。

——贵州融入"泛珠三角"经济圈的意义（发展研究，2004年6期）。

——融入泛珠三角经济圈的思考（贵州日报，2005年1月11日理论版）。

——积极参与国际经济技术合作与竞争（贵州日报，2005年2月3日理论版）。

——积极推进西南六省区市区域经济跨越式发展（贵州社会科学，2005年3期）。

——抢抓机遇积极融入"泛珠三角"经济圈（企业决策，2005年2期）。

——中国—东盟自由贸易区的建立给贵州带来发展机遇（社科新视野，2005年6期）。

——贵州实施与中、东部地区经济合作的思考（经济信息时报，2005年5月31日）。

——贵州与"泛珠三角"区域经济合作情况及对策建议（贵州调研，2005年6期）。

——贵州融入泛珠三角经济圈的现状与前景（贵州日报，2005年7月28日理论版）。[①]

——贵州与"泛珠三角"区域经济合作（贵州干部教育，2005年7期）。

——贵州积极实施融入泛珠三角经济战略圈的思考（贵州经济，2005年3期）。

——"泛珠三角"与贵州经济（人大论坛，2005年9期）。

——构建西部地区经济协作的重要实践——西南六省区市经济协调会20年成效及影响回眸（发展研究，2005年9期）。

——西部地区经济协作发展的重要战略实践（企业决策，2005年6期）。

——发展东线旅游做大我省旅游产业（贵州调研，2005年11期）。

——"十一五"期间要加快区域经济协作发展（当代贵州，2006年4期）。

——统筹"引进来"与"走出去"协调发展的思考——赴西欧考察学习体会（当代贵州，2006年4期）。

——贵州实施与中东部地区区域经济合作的思考（贵州信息与未来，2005年6期）。

——构建贵州与东部地区区域经济和谐发展的思考（贵州经济，2006年4期）。

——贵州茶树品种资源与茶业经济发展分析（种子，2009年11期）。

——统筹"引进来"与"走出去"协调发展（中共贵州省委党校学报，2007年3期）。

---

① 中共贵州省委副书记王富玉同志在2005年7月28日《贵州日报》理论版《贵州融入泛珠三角经济圈的现状与前景》一文上批示："这篇文章很好。有分析、有实证、有理论。"

——刍议西部欠发达欠开发省区的开放型经济（贵州经济，2008年1期）。

——统筹"引进来"与"走出去"协调发展（贵州财政，2008年1期）。

——积极开展招商引资提高贵州对外开放水平（企业决策，2008年4期）。

——科学选商：贵州生态建设与招商引资（理论与当代，2008年7期）。

——刍议西部"欠发达欠开发"省会城市的开放型经济（贵州人民出版社，2008年）。

——着力改善贵州中小企业融资环境（中国商贸，2010年2期）。

——加快西部地区城市低碳科学转型的思考（贵州信息与未来，2010年1期）。

——因地制宜推进中国特色城镇化建设的思考（贵州财政，2010年2期）。

——转变经济发展方式实现又好又快发展（贵州调研，2010年7期）。

——黔渝区域经济合作框架及政策建议（贵州省委重大问题调研，2010年）。

——着力推进与东部区域合作（贵州日报，2008年11月18日理论版）。

——拓展经贸合作的广度和深度（贵州日报，2009年3月9日理论版）。

——不断增强招商引资能力（贵州日报，2008年2月11日言论）。

——贵州经济发展引擎：工业化和城镇化（中共贵州省委党校学报，2011年3期）。

——工业化和城镇化：贵州经济发展的两大引擎，（宏观经济管理，2011年10期）。

——推动红色旅游与文化旅游产业深度融合的对策建议（国家旅游局：旅游调研，2012年）。

笔者主持或参与研究的国家级、省部级课题，涉及以下与泛珠三角区域产业分工与协作机制有关的内容：

一是关于《西南六省区市经济合作外向新型人才培训问题研究》（西南六省区市经济协作会联合会2006年5月课题立项，2007年12月结题，编号：XN004，10万字）。主要内容：以贵州等省区为典型代表的西部地区是中国的"生态后院"，是能源和多种资源的供给地，是一个潜在的消费市场，是东部经济的坚强后盾。人口、资源、环境、经济和社会等因素的特点决定了可持续发展的落脚点最终在西部地区。在研究中坚持理论与实践相结合,通过查阅文献、理论梳理,深入调查研究,取得第一手材料,综合研究达到研究目标。主要包括:阐释人力资源开发对西部地区发展的作用和意义,为定位西部地区人力资源开发的方向、原则和模式奠定理论基础;总结提炼发展中国家及我国北京、温州地区在人力资源开发方面的经验;在分析西部人力资源现状的基础上,揭示西部人力资源开发存在的问题,并分析问题症结的成因,进而寻找解决问题的方法;系统地提出促进西部地区人力资源开发的总体思路、原则与对策,为政府相关部门和教育培训机构决策时参考;西部地区人力资源开发的对策措施。相关研究成果曾获贵州省2007年人事人才理论研讨会评审三等奖,被贵州省人事厅等西部地区采用。

二是关于《泛珠三角合作问题研究》(贵州省邓小平理论研究基地2005年1月课题立项,2005年12月结题,11万字)。主要内容:对地处经济发展相对滞后西部地区的贵州,如何打破行政区划的传统,寻找和对接泛珠三角经济一体化的大趋势。从大视角、大视野的角度,阐述了贵州融入最有竞争能力和活力、增长速度最快、人均生产总值最多的泛珠三角经济圈。课题中引入经济学的实证分析、均衡分析和过程分析,静态分析和动态分析,宏观和微观经济研究方法,进一步深化对贵州省情的认识。提出了借鉴沿海发达地区经济发展经验,引进资金、技术和管理,积极推进交通、能源、资源、生产服务、流通、科技等领域的合作,在体制、机制和观念上进行创新,寻找经济发展新的增长点,积极融入泛珠三角经济圈战略和对策。在理论上提出了扩大开放,借助外力加快贵州经济社会的历史性跨越。提出的对策和建议曾多次被采用,有关研究成果被省级期刊发表,该课题的选题及研究具有战略性、前瞻性、针对性和可操作性,具有较高的理论创新、学术价值和实践意义。

三是关于《在欠发达、欠开发省情下加强贵阳区域分工与协作机制与体制研究》(贵阳市哲学社会科学联合会2007年1月课题立项,2007年12月结题,9万字)。主要内容:在欠发达、欠开发省情下加强贵阳区域分工与协作机制和体制研究,分析贵阳地处内陆山区省会城市,改善投资环境借助外力加快发展、开放程度低的问题长期制约经济社会发展。开放程度低主要表现在对外贸易规模小,外来投资企业数量少,外资投资额度低等方面。这既有区位优势较差,交通不便等客观因素的制约,又有政策不活,服务不好等主观因素的制约。研究的重点主要是在欠发达、欠开发省情下加强贵阳区域分工与协作机制和体制;坚持对外开放的基本国策,把"引进来"和"走出去"更好结合起来；扩大对外开放领域，优化开放结构，提高开放质量；完善内外联动、互利共赢、安全高效的开放型经济体系，形成经济全球化条件下参与国际经济合作和竞争新优势；加快对内对外开放，促进贵阳经济发展方式转变，调整经济发展结构，积极有效地利用外资，大力推进中国的跨国公司和国际知名品牌的打造；积极开展国际能源资源互利合作，多边经贸合作。建立扩大对外开放改善投资环境的长效机制，下硬功夫改善软环境；落实和完善扩大对外开放政策，层层建立扩大对外开放责任制，增强外资的吸引力；建立统一对外和运转高效的工作机制，统筹协调扩大对外开放和营造发展环境的工作体制。研究成果被贵州省相关部门及贵阳市委、市政府采用。

四是关于《贵州积极参与国际经济技术合作与竞争问题研究》（贵州省邓小平理论研究基地2007年1月课题立项，2007年12月结题，2万字）。主要内容：针对贵州产业实际，从4个方面分析参与国际经济技术合作和竞争入手，提升产业层次和技术水平，积极参与国际经济技术合作和竞争。课题成果《积极参与国际经济技术合作与竞争》在《贵州日报》2005年2月3日理论版发表。

五是关于《贵州当前"三农"突出问题研究——农民增收长效机制问题研究》（贵州省2009年哲学社会科学规划重大招标课题，编号：黔社科规划〔2009〕10号，09GZZB005，2009年3月课题立项，2010年11月结题，16万字）。主要内容：涉及如何促进农民增产增收，借鉴国内外农民增产增收方面的成功经验，通过理论以及实证分析，提出可行的符合贵州实际的政策建议，从而构筑贵州农民增产增收长效机制。在构筑农民增产增收的劳动力转移中，特别强调推进贵州特色的农民的城镇化进程体系，用大量的篇幅论述因地制宜走贵州特色城镇化道路。采取贵州农民区域内城镇化与泛珠三角异地城镇化相结合的办法。与泛珠三角区域分工与协作机制有关的是：贵州农民人均收入低，外出打工农民多，有2/5农民工左右到东南沿海泛珠三角区域城市，农民呈现跨区域流动的趋势，有很多农民打工有为之后，在珠三角地区定居，推进了城镇化进程和贵州贫困地区的劳动力向泛珠三角区域的合理转移。相关研究成果收入《贵州省2009年哲学社会科学规划重大招标课题成果汇编》。

六是关于《建立贵阳城市经济圈研究——贵阳城市经济圈及融入泛珠三角经济圈战略》（贵阳市2006年哲学社会科学规划办公室重大招标课题，编号：筑社科规划〔2006〕2号，2006年3月课题立项，2006年11月结题，11万字）。主要内容：站在世界和全国经济发展的大视野，运用相关经济理论对建立贵阳城市经济圈及融入泛珠三角经济圈战略、对策进行系统的研究。广东率先提出泛珠三角区域经济合作,贵阳第一次在区域合作中与经济发达地区结为一体。明确建设贵阳城市经济圈的目标定位,建设贵阳城市经济圈,根本目的在于打造西部地区具有较强影响力的省会城市经济圈和具有较强核心竞争力的经济增长极,辐射带动贵州经济社会又好又快地发展,提高综合实力和竞争力,使贵州早日实现经济社会发展的历史性跨越。2010年,贵阳城市经济圈的生产总值达到1200亿元,占全省生产总值40%。遵循城市经济圈建设的五个"一般原则",即坚持优势互补,坚持资源共享,坚持互利互惠,发挥市场机制的作用,坚持依法行政,贵阳应将泛珠三角区域合作看作大发展的机遇,并在发展战略上主动与泛珠三角区域经济圈对接,利用泛珠三角区域合作平台加快贵阳城市经济圈的发展。该课题成果收入《贵阳发展研究》(贵州人民出版社,2007年4月出版),被贵阳市委、市政府和贵州省有关部门决策采用,形成了贵阳城市经济圈有关决策规划措施。

七是关于《贵州进一步加大对外开放研究》(2011年贵州省社会科学院重大招标课题,也是贵州省领导交办课题,2011年1月课题立项,2011年12月结题,9万字)。主要内容:贵州进一步加大对外开放的必要性和紧迫性,贵州对外开放的历史回顾,省内外对外开放的基本经验,当前贵州对外开放存在的主要不足,贵州进一步加大对外开放的对策建议。研究成果已报送贵州省主要领导,贵州省委、省政府和贵州省有关决策部门采用,形成了有关决策规划措施。

八是关于《贵州改善投资环境借助外力加快发展研究》(贵州省2011年哲学社会科学规划重大招标课题,编号:黔社科规划〔2011〕14号,11GZYB64,2011年7月课题立项,2012年3月结题,12万字)。主要内容:近年贵州与西部省区市扩大对内对外开放,营造良好发展环境的现状分析;贵州改善投资环境借助外力加快发展30多年来取得的基本经验;贵州改善投资环境借助外力加快发展存在的问题分析;中东部省区市改善投资环境借助外力加快发展的经验借鉴;贵州投资环境考核评价工作指标体系;贵州改善投资环境借助外力加快发展的战略与政策建议。课题成果已报送贵州省主要领导,贵州省委、省政府和贵州省有关部门决策采用,收入《贵州省2011年哲学社会科学规划重大招标课题成果汇编》。

九是参加了国家级和省部级一些面向全国的重大招标课题研究。例如,笔者是国家发展和改革委员会面向全国的重大招标课题《新一轮西部大开发产业发展路径研究》课题组主要成员(2011年3月课题立项,2012年12月结题,12万字)。主要内容:西部内陆地区的基本省情。西部是我国经济发展的

"短板"，缩小东西部差距是促进区域协调发展的重要任务。西部贵州是个多民族聚居的山区内陆省份，是西北、西南联系华南及大湄公河流域地区的桥梁和战略通道，是长江、珠江上游重要生态屏障，能源、矿产、旅游和生物等资源富集，开发潜力巨大；随着工业强省战略、城镇化带动战略和西部大开发战略的实施，西部大开发中的比较优势也日趋凸现，发展潜力日趋明显；西部大开发10年取得的主要成绩及存在的主要问题；新一轮西部大开发产业发展思路对策。课题成果《充分发挥贵州在新一轮西部大开中的比较优势和潜力》获第五届贵州经济论坛优秀论文，收入《第五届贵州经济论坛文选》（西南交通大学出版社，2012年10月出版）。

十是参与贵州省2012年面向全国的哲学社会科学规划重大招标课题《贵州与中央企业、泛珠三角、长三角、成渝经济区合作机制研究》课题（编号：黔社科规划〔2012〕14号，12GZZB204）笔者为课题组主要成员，西南财经大学博士后研究人员与合作导师杨继瑞教授（重庆工商大学校长）博士后课题（2012年7月课题立项，2014年12月结题，12万字）。主要内容：找准贵州省与中央企业、泛珠三角、长三角、成渝经济区的特质和合作基础是明确合作的重点产业领域的关键。央企与贵州的合作更多是基于国家战略而非单纯经济利益，由此政府主导的合作模式应是贵州与央企的合作的现实选择。贵州是泛珠三角的腹地，亦是产业梯度转移的天然承接地，两地宜采取市场主导下多边区域协同的区域市场一体化合作机制。贵州与成渝经济区比邻的地理环境及产业间的强互补性决定两地之间宜采用基于产业链的政府引导下的双边互补合作机制。长三角先进的技术、管理经验和雄厚的资金实力能对贵州产生较强的示范引领作用，两地宜采用市场主导加政府引导，促进微观经济主体，特别是非公经济主体的合作机制。贵州欠发达地区的地位决定其在区域合作中较弱的讨价还价能力，因此在合作利益的分割上应注意短期与长期、经济利益与社会利益的权衡。应正确衡量政府在区域合作中的作用及局限，充分尊重市场主体的主观能动性，同时合理运用政策工具促进合作的形成及稳定。针对不同的四类合作区域或主体提出的合作机制并非简单的一一对应关系，而是在"有所为，有所不为"的原则下，基于双方合作基础精炼的具有针对性和现实性的典型总结。课题相关成果获第五届贵州经济论坛优秀论文，收入《第五届贵州经济论坛文选》（西南交通大学出版社，2012年9月出版）。

同时，笔者还主持了贵州省委重大问题调研组《加快实施贵州融入重庆（两江新区）经济战略圈的政策建议》（2010）、贵州省委重大问题调研组《关于将桐梓县设为贵州沿成渝开放先导区的调研报告》（2010）等课题研究；评审了 2009、2010、2011、2012 年贵州省社会科学院、贵州优秀科技教育人才省长专项资金项目研究等重大招标课题《贵州农村人口城镇化与区域协调发展研究》、《毕水兴煤化工产业带建设研究》、《黔中磷化工产业带建设研究》、《新形势下贵州招商引资模式与政策研究》、《贵州上市公司资本结构及其优化研究》、《农民合作社与贵州现代农业发展研究》、《"十二五"推进贵州省结构调整和经济发展方式转变的思路和对策研究》、《贵州省保障性住房建设管理问题研究》等课题。《发展贵州生态茶业产业的思考》获贵州省"我为贵州科学发展献良策"二等奖（2009 年 10 月）。《着力培育生态茶产业》获贵州省"我为贵州科学发展献良策"三等奖（2009 年 3 月）。《用马克思经济学对经济危机与金融危机成因的比较分析》获贵州省"学习马列经典、推动跨越发展"二等奖（2012 年 10 月）。

附 录[①]

用马克思主义科学发展观指导经济社会发展

中国共产党第十六届中央委员会第五次全体会议审议通过的《中共中央关于制定国民经济和社会发展第十一个五年规划的建议》(以下简称《"十一五"规划建议》)指出,要以科学发展观统领经济社会发展全局。《国民经济和社会发展第十一个五年规划纲要》指出,要全面贯彻落实科学发展观。这是《"十一五"规划建议》的总纲,是贯穿《"十一五"规划建议》全文的一条主线,是保证我国经济发展在"十一五"时期这个承前启后的关键阶段以及全面建设小康社会宏伟目标的总的要求,我们必须认真把握马克思主义科学发展观的科学内涵。

一、用发展着的马克思主义科学发展观统领社会发展全局是时代的要求

科学发展观是在党的十六届三中全会上正式提出来的。适应了我国改革开放进入新世纪阶段的客观要求,是指导发展的科学理论,它明确回答了怎样发展,发展的内涵与要求等问题,特别是明确回答了为什么发展,发展的方向和目的等更为根本的问题,是我们党的执政理念在发展问题上的体现,是指导我国发展的世界观和方法论的集中体现。我们必须全面准确地理解和掌握,抓住其精神实质,才能积极地推进新世纪新阶段我国全面建设小康社会,构建社会主义和谐社会的发展实践。科学发展观总结了新中国成立以来特别是改革开放以来现代化建设的历史经验,吸取了人类文明的成果,揭示了我国经济社会发展的客观规律,反映了我们党对发展问题的新认识,是马克思主义发展理论的

[①] 附录为笔者研究本课题期间发表的有关文章。

重大创新。以科学发展观统领经济发展全局,是解决我国当前经济发展中诸多矛盾和问题的迫切需要,是使我国经济在"十一五"这个关键时期继续前进的重要保障,是实现全面建设小康社会宏伟目标的根本指针。

改革开放以来,我国社会生产力迅速发展,综合国力显著增强,人民生活不断改善,国际地位明显提高,现代化建设的前两步战略目标全面完成,"十五"计划的主要目标基本实现。同时必须清醒地看到,我国仍处于并将长期处于社会主义初级阶段,主要矛盾仍然是人民日益增长的物质文化需要同落后的社会生产之间的矛盾。进一步提高人民生活水平和质量,继续推进现代化建设,必须坚持发展是硬道理的战略思想,紧紧抓住发展的重要战略机遇期,聚精会神搞建设,一心一意谋发展。同时,经济社会进入到新的发展阶段,国际环境和国内发展条件发生着重大变化,粗放型经济增长方式已难以为继,解决发展不全面、不平衡、不协调的问题日益紧迫,缓解人口资源环境与经济社会发展的矛盾已经提上重要日程。全面建设惠及十几亿人口的更高水平的小康社会,要牢固树立经济发展必须是科学发展的指导思想,切实转变经济发展观念,创新经济发展模式,提高经济发展质量,坚定不移地走科学发展的道路。

"十一五"时期,是把经济发展纳入科学发展轨道的关键时期。这五年如果取得重大进展,就可以为后十年机遇期的发展创造十分有利的条件,从而为实现全面建设小康社会的宏伟目标奠定坚实基础。在这样的关键时期,我们既耽误不得,更失误不起。《"十一五"规划建议》以实现科学发展的思想为一条红线,力求贯穿于"十一五"经济社会发展的全过程,落实到经济发展的各个环节,从而切实把经济发展转到以人为本,全面协调可持续发展的轨道上来。

二、科学发展观提出的理论及实践依据

1. 科学发展观的理论依据

科学发展观是在总结我国长期经济发展的实践经验,深化对社会主义建设规律认识的基础上提出来的。我国社会主义建设的实践历程,也就是我们对发展规律的探索过程。新中国成立以来,特别是改革开放30多年来的现代化建设,有艰辛的探索和成功的经验,也有曲折和教训。科学发展观是凝结了几代中国共产党人的心血和艰辛的探索,毛泽东同志用了较长时间探索中国社会主义建设道路,提出了关于社会主义建设的许多重要理论观点。包括社会主义存在矛盾的观点,在社会主义社会生产关系与生产力,上层建筑与经济基础既相适应又相矛盾的观点,严格区分两类不同性质的矛盾,正确处理人民内部矛盾

的观点,统筹兼顾,适当安排的观点,权力下放,发挥中央和地方两个积极性的观点,调动一切积极因素,多快好省建设社会主义的观点等。十一届三中全会后,邓小平同志以"建设有中国特色的社会主义"为主题,确立了以经济建设为中心的党的基本路线,提出了社会主义初级阶段理论,实行改革开放和发展社会主义市场经济,使中国的面貌发生了翻天覆地的变化。以江泽民同志为核心的第三代中央领导集体提出了"三个代表"重要思想,强调中国特色社会主义是经济、政治、文化协调发展和社会全面进步的社会,人的全面发展是马克思主义关于建设社会主义新社会的本质要求。党的十六大以来,以胡锦涛同志为总书记的党中央进一步明确提出了科学发展观,强调以人为本,坚持经济社会全面协调可持续发展,推进社会主义经济、政治、文化和社会"四位一体"的建设。以上充分说明,科学发展观的提出,反映了我们党对社会主义建设规律认识的不断深化。科学发展观是对社会主义现代化建设指导思想的重大发展,是与时俱进的马克思主义的发展观。

2. 科学发展观的实践依据

科学发展观是在全面分析、研究和把握我国基本国情提出来的,目前,我国正处于全面建设小康社会。在这样一个时期,我国的经济发展呈现出一系列的重要特征:在国内环境方面,工业和城镇化进程加快、农村大量富余劳动力向非农领域转移,经济保持平稳较快增长,产业结构加速调整,同时长期积累的结构性矛盾和粗放型经济增长方式没有根本改变;自主创新能力亟待提高,能源、资源、环境、技术的瓶颈制约日益突出;社会主义市场经济体制不断完善,深化改革进一步触及深层次的矛盾和问题,体制创新进入攻坚阶段;地区发展不平衡,经济社会发展不平衡,缩小地区发展差距和促进经济社会协调发展任务艰巨;农业基础薄弱的状况尚未根本改变,保持粮食增产和农民增收难度增加;居民消费结构逐步升级,人民群众的物质文化需要不断提高并趋多样化,社会利益关系更趋复杂,收入分配中的矛盾增多;人民群众政治参与的积极性不断提高,人们思想活动的独立性、选择性、多变性、差异性明显增强,等等。在国际环境方面,国际形势复杂多变,影响和平与发展的不稳定不确定因素增多;综合国力竞争日趋激烈,贸易保护主义有新的表现;我国经济对外依存度不断提高,世界经济对我国发展的影响日益加深,等等。在这一阶段,从总体上看,机遇和挑战并存、机遇大于挑战,既有巨大发展潜力和动力,又有各种困难和风险。面对难得的发展机遇期,我们耽误不得;面对各种风险和挑战,我们失误不得。这就迫切需要我们牢牢把握和切实用好重要战略机遇期,制定正确的发展目标、任务和方针政策,转变发展观念,创新发展模式,提高发展质量，努力实现又快又好地发展。

3. 科学发展观的国际环境

科学发展观是在正确借鉴世界各国发展经验教训，吸收人类文明进步成果的基础上提出来的。20世纪40年代后期，国际上对于经济发展理论的研究经历了从传统的发展观念与战略到新型发展观念与战略的演变，并以其广泛而深刻的影响力载入人类文明史册。从1960年美国人罗斯托的《经济成长的阶段》一书问世，1972年罗马俱乐部发表《增长的极限》，到1987年挪威首相布伦特兰主持的报告《我们共同的未来》的发表，从经济增长理论的提出到可持续发展概念的确立，新发展观在人类思想史上主要实现了三个大的转变。

（1）从以工业化为目标的"增长第一"的经济发展导向，转到提倡社会的综合协调发展；

（2）从以物为中心的发展，转到突出以人为中心的发展；

（3）从不惜以破坏资源、环境、生态为代价追求经济的一时繁荣，转到主张可持续发展。不少国家经过较长时期工业化、市场化、城市化浪潮的洗礼，从自身和他人的经验教训中进行理性思考，越来越认识到社会全面发展的重要性，越来越认识到遵循协调性、综合性、持续性是人类发展的唯一正确选择。尤其是在当前，经济全球化和政治多极化在曲折中发展，科技进步日新月异，综合国力竞争空前激烈，许多国家都在抢抓发展机遇，调整发展战略。对此我们必须居安思危，增强紧迫感，把中国的发展放到世界的大局中来思考和把握，努力取得发展的主动权。

总之，科学发展观坚持解放思想、实事求是、与时俱进，在新的历史条件下既继承前人又勇于创新，深刻阐明了发展的本质、内涵和基本要求，揭示了我国经济发展的客观规律，标志着我们党对共产党执政规律、社会主义建设规律、人类社会发展规律的认识达到了一个新高度。科学发展观的提出，对实现文明发展、和平发展、又快又好发展，不断推进中国特色社会主义伟大事业，具有极其重大而深远的理论意义和实践意义。

三、马克思主义的科学发展观是指导经济社会发展的世界观和方法论

科学发展观是运用马克思主义的世界观和方法论，科学回答了新世纪新阶段中国面临的为什么发展、为谁发展、靠谁发展和怎么发展等一系列重大问题，深刻揭示了中国现代化建设的发展道路、发展模式、发展战略、发展目标及发展手段，集中体现了与时俱进的马克思主义的世界观和方法论，是用发展着的毛泽东思想和邓小平理论指导新的实践。

1. 科学发展观深刻回答了中国为什么要发展的问题，进一步明确发展是党执政兴国的第一要务

在当今世界，和平与发展已成为时代的主题，发展是一个国家或人类从传统的农业社会向现代工业社会并向信息社会转变的过程。中国是世界上最大的发展中国家，正处在全面建设小康社会的现代化进程中，要实现小康目标，最重要、最根本的是始终坚持发展是硬道理的思想。中国改革开放30多年取得的巨大成就充分证明，发展是解决中国一切问题的关键，不发展就没有出路，不发展就不可能实现中华民族的伟大复兴。因此，必须正确认识和理解科学发展观的实质。也就是说，科学发展观不是否定发展而是鼓励发展，不是不要发展而是强调又快又好地发展。可以说，科学发展观概念的提出，是对发展是硬道理和发展是执政兴国的第一要务思想的继承和发展。坚定不移地贯彻落实科学发展观，对于全面建设小康社会，实现社会主义现代化宏伟目标及中华民族的伟大复兴具有必要性和重要性。

2. 科学发展观深刻回答了为谁发展和靠谁发展的问题

一是为谁发展方面。人的自由全面发展是马克思主义唯物史观的基本观点，科学发展观继承和发展了马克思主义人民群众是历史发展的主体和人的自由全面发展的思想，强调以人为本，把实现好、维护好、发展好最广大人民的根本利益作为工作的出发点和落脚点，进一步回答为谁发展这一核心问题。明确指出要把人民群众作为经济发展的价值主体，牢固树立人民群众在发展中的主体地位，始终坚持权为民所用，利为民所谋，情为民所系，使全体人民共享改革和发展成果，营造充分发挥聪明才智的社会环境，把满足人民群众日益增长的物质文化需要和促进人的全面发展作为经济发展的目标和归宿。

二是靠谁发展方面。以人为本包含了为谁发展的价值内涵，又包含了靠谁发展的深刻内容。马克思主义世界观认为，人民群众是历史的创造者，科学发展观强调以人为本就是要把人民群众作为经济发展的主体和原动力，贯彻"三个代表"重要思想，坚持执政为民，从人民群众的根本利益出发谋发展。这就是说以人为本既强调为最广大人民的利益谋发展，又强调靠最广大人民的力量谋发展，坚持了历史唯物主义的基本原理。总之，科学发展观不仅是实现又快又好发展的价值归宿，而且揭示了其动力源泉。继续了马克思主义的人的自由全面发展主体性思想，丰富了在新的历史条件下这一思想的时代内涵。

3. 科学发展观回答了怎样发展的问题

科学发展观在回答为什么要发展、为谁发展、靠谁发展的基础上，全面准确的回答了怎样发展的问题，即坚持以人为本，全面协调可持续发展。胡锦涛

同志对此深刻指出，坚持以人为本，就是要以实现人的全面发展为目标，从人民群众的根本利益出发谋发展、促发展，不断满足人民群众日益增长的物质文化需要，切实保障人民群众的经济、政治和文化权益，让发展的成果惠及全体人民；全面发展，就是要以经济建设为中心，全面推进经济、政治、文化建设，实现经济发展和社会全面进步；协调发展，就是要统筹城乡发展、统筹区域发展、统筹经济社会发展、统筹人与自然和谐发展、统筹国内发展和对外开放，推进生产力和生产关系、经济基础和上层建筑相协调，推进经济、政治、文化建设的各个环节、各个方面相协调；可持续发展，就是要促进人与自然的和谐，实现经济发展和人口、资源、环境相协调，坚持走生产发展、生活富裕、生态良好的文明发展道路，保证一代接一代地永续发展。这是中国共产党人在社会主义现代化建设条件下对马克思主义唯物辩证法的新运用，是针对中国发展新阶段提出的经济社会发展的新要求和新思路。

科学发展观站在历史和时代的前列，指明了中国现代化建设的发展道路、发展模式、发展战略重点和发展目标，是改革开放和现代化建设必须长期坚持的重要指导思想。这充分说明，中国正在努力创新自己的发展模式，在科学发展观指导下探索一条具有中国特色的新型发展道路。

四、科学发展必须坚持的原则

党的十六届五中全会通过的《"十一五"规划建议》，科学判断国内外经济形势，全面分析未来五年我国经济社会发展与改革开放面临的突出矛盾和问题，提出坚持以科学发展观统领经济发展全局要做到六个必须坚持的原则及总体要求。

1. 必须保持经济平衡较快发展

这是科学发展的重要要求和今后五年我国宏观经济运行的总要求。我国是一个拥有13亿人口的发展中大国，正处于重要的战略机遇期，工业化、城镇化、市场化和国际化进程正在加快，具有劳动力成本低和储蓄率高的比较优势，面临着国际产业重组加快的外部环境，这些都为我国经济快速发展创造了良好条件。2002年以来，我国经济进入新的上升周期，一些产业的过度扩张形成了相当大的过剩生产能力，一旦市场需求发生收缩，就会引起经济大的波动。应把握好经济发展趋势的变化，努力实现总供求均衡，防止大幅度的经济波动，实现又快又好的发展；更加注重经济增长的质量和效益，努力实现速度、质量、效益的统一协调，加快推动经济结构的战略性调整；正确处理内需和外需的关系，进一步扩大国内需求，统筹国内发展和对外开放；正确处理投资与消费的关系,在保持投资合理增长的同时增强消费对经济增长的拉动作用。

2. 必须加快转变经济增长方式

在过去一年中,中央就明确要求转变经济增长方式,这些年来,为此进行了很大努力,取得积极成效,但我国经济增长方式还没有实现根本转变,以高投入、高排放和低效率为特征的粗放型经济增长格局仍在继续。随着我国经济总量的扩大,我国土地、淡水、能源、矿产资源和环境状况对经济发展已构成严重制约,从根本上改变这种状况,出路就在于加快转变经济增长方式。若经济增长方式转变不过来,就会严重制约全面建设实现小康社会的目标。因此需要把节约资源作为基本国策,建设资源节约和环境节约型社会,发展循环经济,高效利用资源,保护生态环境,促进经济发展与人口、资源、环境相协调,切实走新型工业化道路,走生产发展、生活富裕、生态良好的发展道路,实现节约发展、清洁发展、安全发展及可持续发展。

3. 必须提高自主创新能力

自主创新能力是科学技术发展的基点和调整产业结构、转变增长方式的中心环节。改革开放以来,我国科技发展水平和产业结构的技术构成发生了重大变化,劳动力素质也有相当提高,但总的来说面对世界科技变革和资源环境约束约及激烈的国际竞争,我国自主创新能力薄弱的问题日益成为发展的严重制约。因此需要抓住机会,力争取得突破性进展,提高自主创新能力,坚持正确的方向和途径;大力提高原始创新能力、集成创新能力和引进消化吸收再创新能力;确立企业在自主创新中的主体作用,发挥政府的战略导向;综合协调和服务功能,建立强有力的创新激励体系。

4. 必须促进城乡区域协调发展

全面建设小康社会的难点在农村,特别是在贵州所属经济发展滞后的西部地区,从现代化建设的全局出发,统筹城乡区域发展,增强经济发展的协调性,解决"三农"问题是工作的重中之重。从经济社会的实际出发,实行工业反哺农业,城市支持农村的方针,按照"生产发展、生活宽裕、乡风文明、村容整洁、管理民主"的原则,扎实稳步地推进新农村建设,积极稳妥地推进城镇化;继续推进西部大开发,促进西部地区崛起和率先发展,形成东中西部优势互补、良性循环的区域协调机制;发挥地区优势和特点,着眼于更宽更广的思路,实现生产要素的自由流动和优化配置,形成全国整体优势;把区域之间的良性互动作为区域经济发展政策的重点内容,健全市场机制,打破行政区域局限,健全合作机制,鼓励和支持经济、技术和人才合作;健全扶持机制,按照公共服务均等化的原则,加大国家对欠发展地区的支持力度,实现共同富裕和共同发展。

5. 必须加强和谐社会建设

和谐社会建设是我们党从新世纪、新阶段我国发展基本特征出发提出的重大战略思想,是对中国特色社会主义建设的总体布局,是贯彻落实科学发展观的必然要求。在以人为本方面,从解决关系群众切身利益的现实问题着手,特别是从就业、收入分配、社会保障和提高人民健康水平等问题入手,加快推进社会主义和谐社会建设;在产业发展方面,重视发展劳动密集型的产业和企业,为广大劳动者提供更加公平的就业机会,充分地发挥市场机制引导和扩大就业的作用,进一步加强和完善政府的公共服务功能;在调整收入分配方面,注重社会公平,关注就业机会和分配过程的公平,提高低收入者收入水平,扩大中等收入者比重,有效调节过高收入,规范和完善分配秩序,缓解部分社会成员收入分配差距扩大的趋势,广泛地调动广大人民群众的积极性。

6. 必须不断深化改革开放

改革开放是一项长期的基本目标,贯彻落实科学发展观,突破制约发展的各种难题,必须依靠改革开放。经过30多年的努力,社会主义市场经济体制初步建立,全方位、多层次、宽领域的对外开放格局已经形成。应当以更大决心、更大力气推进改革,使关系经济社会发展全局的重大体制改革取得突破;以转变政府职能和深化企业、财税、金融等改革为重点,加快完善社会主义市场经济体制,形成有利于转变经济增长方式,促进全面协调可持续发展的机制;树立宽广的世界眼光,统筹国内发展和对外开放,不断提高对外开放水平;实行互利共赢的政策导向,加快转变外贸增长方式,妥善处理贸易争端,注重国际收支基本平衡;提高利用外资的质量,把利用外资和调整国内产业结构更紧密地结合起来,稳步地推进企业涉外投资,增强在不断开放条件下促进发展的能力。

五、落实马克思主义科学发展观正确把握的对策措施

全面贯彻落实科学发展观,实现经济又快又好地发展,要正确把握五个方面的对策措施。

1. 正确把握经济发展与社会发展的关系

首先,要抓好经济发展。科学发展观强调全面协调可持续发展,决不意味着经济发展已退居次要位置,更不是通过抑制经济发展来平衡别的发展。无论现在还是将来,经济发展始终是发展的中心内容,是社会发展和人的发展的基本,以经济建设为中心任何时候都不动摇,不放松。其次,经济发展不是发展的全部内容,发展还包含社会发展。社会发展为经济发展提供必要条件和重要保障,经济发展代替不了社会发展,物质文明水平的提高不等于政治文明、精神文明水平自然提高。单纯追求经济增长,一些社会矛盾长期得不到解决,就可以导致社会冲突加剧,社会动荡不安。反之,制约经济、政治、文化的发展,甚至毁灭经济发展成果。最后,在促进经济平衡较快发展的同时,更加注重社会全面进步,切实解决好经济社会发展中的不协调问题,不断加强社会主义民主法制、精神文明与和谐社会建设,提高现代文明程度,促进经济发展与社会发展的良性互利和协调并进。

2. 正确把握市场机制与宏观调控的关系

充分发挥市场机制这一无形之手的作用,自觉按市场经济规律办事。同时,加强和改善宏观调控,改进宏观调控方式,切实发挥政府这支有形之手的作用。20世纪头40年,美国经济运行曾经发生过8次剧烈波动,导致经济衰退,1929—1933年的经济危机造成大萧条。惨痛的教训使资本主义国家不得不对市场这支无形之手进行引导和调控,采取相应的政策措施。首先,加强宏观调控是社会主义市场经济的应有之义,运用经济、法律和行政手段对市场经济运行从总量和结构上进行调节、引导和控制,达到国民经济持续、平衡、健康发展的目的。宏观调控的主体是中央政府,对象是市场经济的运行,内容是对社会总供给与社会总需求总量的平衡和结构的协调。其次,在社会主义市场经济体制已经初步建立的情况下,正确处理市场机制与宏观调控的关系,做到更大程度地发挥市场在配置资源中的基础性作用。凡是市场能够充分发挥作用的领域,政府就不干预,反之,就要加强宏观调控,以弥补市场不足,引导和保证经济平稳健康运行。最后,我国不能走西方国家先鼓吹自由放任,再强调政府干预的老路,应充分发挥市场机制的作用又不断完善宏观调控,注意同时发挥两只手的调节作用。

3. 正确把握发展中的平衡与不平衡关系

一个国家经济发展中的平衡与不平衡的交替运行状态,是与其资源禀赋、地理环境、历史文化、人的素质、制度政策等密切相关的。中国地域辽阔、人口众多、不同地域、不同经济部门差别悬殊,资金、人力和知识等要素有限,不平衡发展是必然的。实现协调和均衡发展要重点解决区域发展,城乡发展,经济与社会发展,第一、二、三产业发展,人的发展与物的发展,国内发展与对外开放发展,人与自然发展,收入分配发展8个方面发展不平衡的关系,应对和解决这些发展不平衡、不协调的关系及挑战,必须坚持均衡协调发展的战略，把握全局，统筹兼顾，切勿一刀切、一个模式、齐步走的老思维、老思路。否则，不平衡发展超过一定的极限或者度，接近或超过经济社会所承受的临界点，又不及时采取措施，就可能导致严重的经济乃至社会问题，甚至引起政治问题。我们必须努力提高驾驭社会主义市场经济的能力，努力建设社会主义和谐社会。

4. 正确把握改革、发展和稳定的关系

改革是促进经济发展的强大动力，不改革、不发展只能是死路一条，改革是为了解放和发展生产力，是社会主义发展的重要动力和社会主义制度的自我完善；发展是目标，是党执政兴国的第一要务；稳定是改革和经济发展的前提，没有稳定不可能有经济社会发展。改革是为了发展，稳定也是为了发展。正确把握改革、发展和稳定的关系，必须把改革的力度、发展的建设和社会可承受的程度统一起来，把不断改善人民生活作为处理改革发展、稳定的关系的重要结合点，把认真解决人民群众最关心、最直接、最现实的利益问题作为各项工作的重中之重，在社会稳定中推进改革和发展，通过改革和经济发展来促进社会稳定。对改革的方向不容怀疑和动摇，坚持用发展和改革的思路解决前进中的问题。

5. 正确把握经济发展与人口、资源、环境的关系

用发展着的马克思主义科学发展观指导新的实践，促进人与自然的和谐，实现经济发展和人口、资源、环境相协调。经过几代人的不懈努力，我国人口过快增长的势头得到有效控制，资源保护和开发管理得到加强，环境保护和生态建设逐步改善，循环经济建设已起步，人们环境保护意识明显增强。根据国情，未来几十年人口总量仍持续增加，劳动就业压力越来越大，提高人口素质任务艰巨，资源紧缺矛盾日益突出，生态环境总体恶化趋势短期内难以根本扭转等，解决这些矛盾和突出问题，必须按照科学发展观的要求，始终把控制人口、节约资源、保护环境放在首位，正确处理发展与人口、资源、环境的关系，实现经济发展和人口、资源、环境相协调发展。

（刊载于《理论与当代》，2007年第10期）

工业化城镇化：贵州经济发展的两大引擎

国务院《关于进一步促进贵州经济社会又好又快发展的若干意见》指出，紧紧抓住深入实施西部大开发战略的历史机遇，以加速发展、加快转型、推动

跨越为主基调，大力实施工业强省和城镇化带动战略。与此同时，《贵州省国民经济和社会发展第十二个五年规划纲要（2011—2015）》提出，贵州省经济社会发展需要解决的矛盾和问题较多，经济总量小、人均水平低、发展速度慢仍是贵州省的基本省情和面临的主要矛盾，工业化水平低、城镇化进程慢等问题仍将非常突出。到2015年全面建设小康社会实现程度接近西部地区平均水平，到2020年与全国同步建成全面小康社会。贵州如何紧紧抓住重大历史机遇，努力实现贵州经济社会发展的历史性跨越，确保与全国同步建成全面小康社会。就要抓住主要矛盾，瞄准经济发展切入点和突破口，抓住经济发展工业化、城镇化的两大引擎。

（一）

加快城镇化进程、促进城乡协调发展，实现贵州经济社会发展历史性跨越。最近，贵州省委、省人民政府《关于加快城镇化进程促进城乡协调发展的意见》中指出，加快贵州省城镇化进程、促进城乡协调发展，是构建和谐贵州、实现经济社会发展历史性跨越、全面建设小康社会的重大战略问题，事关全局，事关长远，事关全省各族人民的根本利益。西部贵州要因地制宜加快城镇化进程。

1. 在近期，贵州要着力发展大中城市，适当兼顾小城镇

城镇化发展道路，实际上是农村人口向城镇转移和聚集的道路，在市场经济条件下，城镇化道路应该是充分放开各大中小城市及城镇，让城镇化主体即农民自己选择其转移和聚集的道路。同时，由于政府承担着基础设施建设等重要功能，在城镇化进程中要进行大量投入，因此，研究和选择城镇化的正确发展道路，对于避免城镇化过程中投资失误和造成巨大浪费，少走弯路，有着重要的意义。按照目前中国对大、中、小城市的划分，即100万~200万人口为特大城市，50万~100万人口为大城市，20万~50万人口为中等城市，20万人口以下为小城市。目前贵州省有13个城市，有特大城市1个（贵阳市），没有大城市，有中等城市3个，即遵义、安顺、六盘水，有小城市9个，建制镇有697个，其中县城有68个，人口规模普遍偏小，未能形成较大规模的城镇体系。在城镇体系结构上表现出明显的行政特征，依次表现为省域中心城市为省会贵阳——地区中心城市为各地州市政府所在城市——县域中心城镇为县政府所在中心城镇——一般城镇。在空间分布上表现为以贵阳市为全省中心城市和地理中心，主要城镇沿贵昆铁路、渝黔铁路、湘黔铁路和黔桂铁路等四条铁路线和210、320两条国道公路线展开，在贵阳、遵义的城市周围，城镇分布

较密集，社会经济发展相对较好，而省际边界地区城镇规模小、数量少、发展能力弱，多是贫困山区和多民族聚集的地区，生态环境较差，生产力水平低。目前，贵州省城镇体系存在的一大问题是全省辐射功能强的大城市只有贵阳市一座，而贵阳市资金投入过于集中在城市中心区，向外拓展空间少，目前虽然在加快金阳新区建设，但新区定位于行政、文化、科研等及高新产业，制造业布局不集中，外围的中心城镇、小城镇发展相对较慢，限制了贵阳市的发展。

2. 正确处理贵州城镇化发展道路的相关因素

贵州省属于贫困落后的山区省份，自然环境较差，城镇基础较薄弱，必须走一条既符合城镇化发展的一般规律，又适合贵州山区特点的城镇化道路，必须考虑以下相关因素：

（1）工业化水平与发达省区相比差距较大。贵州省工业基础比较薄弱，发展也较东南沿海省份慢，2002年上海市人均工业增加值为13 113元，江苏为人均4 805元，浙江为人均5 171元，广东为人均5 549元，而贵州仅为人均706元。按照人口流动规律，贵州省部分农村劳动力必然向这些地区的工业部门转移。

（2）贵州农村山区人口居住分散，聚集难度较大。贵州是以山地为主的省份，山地面积占全省总面积的61.7%，且岩溶发育明显，地形破碎，耕地分散，由于长期受自然条件的影响，加之生产力水平低，社会经济条件差，导致农村人口聚集规模小而分散，有许多自然村寨为民族聚集区，民族特色鲜明，在人口聚集分布上有向交通沿线和城镇周围聚集的趋势。

（3）社会经济发展过程中非自愿移民安置增多。随着社会经济发展和西部大开发的进行，开发型项目将越来越多，需要安置的非自愿移民也越来越多。例如，水电开发项目、工业项目、公路建设、铁路建设等项目，征地后失地农民越来越多，需要安置的数量越来越大。

（4）城镇化进程有其自身发展规律。任何国家和地区在任何时候的城镇化规律即城镇化进程都要经历从人口分散到聚集，又从聚集到分散的过程，在这个过程中区域中区域中心大城市发挥着带动功能，小城市和小城镇发挥着实现城乡一体化和全面实现城镇化的重要功能，城镇化发展道路必须符合这个规律。

3. 贵州城镇化实现的主要途径

（1）人口向中心城市转移。人口向中心城市转移，是目前实现城镇化的重要途径之一，这种人口向中心城市转移在贵州多表现为梯度转移的形态即农村人口向县中心城镇转移，中心城镇人口向中心城市转移，如贵阳市转移，也有大量农村人口作为流动人员直接进入中心城市，如贵阳市两城区2002年人口比1996年增加14.72万人，2009年全市流动人口达92.8万人，这种人口流动和梯度转移促进了城镇化进程。

(2) 城区扩张将农村人口并入城区实现城镇化。城区扩展将农村人口并入城区实现城镇化，最突出的是贵阳市小河开发区和金阳新区建设。近几年来，贵阳小河开发区通过房地产开发，大面积扩展城区，从2000年后，城区每年以100万平方米的速度扩展，原小河镇城区周围的农村如大寨等9个村寨，已被并入城区，约1万多人口在失去土地后成为事实上的城市居民，实现了这部分人口的城镇化。目前，贵阳市小河区城镇化率已高达85%以上。金阳新区是贵阳市规划新区，规划项目建设启动后第一期工程即2010年有3万本地农民转化为市民，第三期开发完成后将有10余万本地农民转为市民，目前项目正在实施过程中。

(3) 小城镇兴起，农村人口向小城镇聚集。许多小城镇伴着工业、旅游服务业兴起后人口向小城镇转移和聚集，是目前贵州省实现城镇化的重要途径之一，如息烽县小寨坝镇、开阳双流镇、白云区麦架镇、修文扎佐镇、久长镇等，镇区人口均比原来有较大地增加。扎佐镇镇区人口从1997年近1万人发展到2002年2万多人，双流镇区人口从1998年0.42万人增加到2002年1.28万人。

(4) 农村人口向其他区域城市转移，实现异地城镇化。农村人口向其他区域城镇转移，是贵州省实现城镇化重要途径之一。近年来，贵州省农村向广大沿海地区城镇输出大量劳动力，如贵阳市开阳县2009年4月统计，全县约有5万农村劳动力在外面务工，相当一部分是在沿海地区城镇，其中有一部分已长期居住在一个固定城市，事实上已经实现了这部分人口的城镇化。

4. 因地制宜走贵州特色城镇化道路

根据城镇发展一般规律并结合贵州实际，贵州只有走城镇化发展的道路才会少走弯路。走城镇化发展道路应当是走区域内城镇化与异地城镇化相结合之路。近期内以发展大中城市为主，促进中小城市发展为大中城市，发展有潜力的重点城镇，尤其是大城市周围小城镇和县域中心城镇。远期内在大中城市发展基础上通过大力发展小城镇来实现贵州省全面城镇化，最终实现城乡一体化。

(1) 区域内城镇化与异地城镇化相结合。贵州城镇化道路选择应在全国城镇化背景下进行，正如前面所述，贵州省工业化水平与东南沿海地区相差很大，2002年贵州省人均工业增加值仅为706元，相当于广东人均水平5 549元的12.7%，按照人口流动规律，劳动力会从低效益的农业部门转向高效益的工业部门，据调查，20世纪末，贵州省农村外出务工到城镇就业的农民约占农村总劳动力的1/3，其中约有1/5左右到省外，特别是东南沿海一带大城市，人口呈现跨区域流动的趋势，一部分人甚至已经定居下来，这对于增加农民收入，减轻贵州生态压力有着非常积极的意义，因此，要坚持走区域内城镇化与异地人口城镇化相结合的道路，加强对农村劳动力的技能培训，促进劳动力向区域外转移。

（2）逐步建立完整的城镇体系。第一，近期内积极发展大城市。大城市是国家现代化的重要载体。大城市的超前发展是世界城市化一般规律，大城市起着集中和扩散的核心功能。世界工业化史表明，大城市是社会经济发展的火车头，如日本东京、美国纽约、中国沿海地区上海、广州、深圳等。因此在城镇化前期应当摒弃"全面开花"的做法，采取非均衡发展思路，目前，贵州省只有贵阳市1个超100万人口的特大城市，50万～100万人口的大城市没有。因此积极发展大城市的内容主要有一是继续发展贵阳市，建设大贵阳；二是促进有潜力的中等城市，如遵义、安顺、六盘水等，将其发展为大城市，增强其对周边城镇的辐射和带动能力。发展大城市要有新思路，贵州由于自然环境是山高陡坡，石岩坡多，城区直接扩展难度大，要把建设郊区和卫星城镇、工业园区及快捷交通等作为发展大城市的重要途径。目前贵阳市通过"改旧城、建新区和小城镇建设"的"三轮驱动"推进贵阳市城镇化和建设大贵阳，当前还要进一步向城市外围扩展，尤其是注重大力发展外围小城镇作为贵阳市的未来制造业基地。第二，努力发展中小城市，建设好县域中心城镇。贵州山区农村人口居住分散，由于自然环境及社会条件的原因，农村人口聚集难度较大，短期内人口大规模向大城市或向小城镇聚集很难实现，从贵州实际情况看，现有中小城市和一般县城基础条件相对较好有较大发展潜力，应当努力发展中小城市，建设好县域中心城镇，促使一部分县城变为小城市，如桐梓、湄潭、六枝、玉屏、平坝、镇远、贵定等。中小城市是大城市与小城镇联系的纽带，要通过发展特色产业和城市建设形成一批富有特色，专业性强的中小城市，培植出特色主导产业，如仁怀的酒业、福泉的磷化工业等，并带动周边小城镇的发展。第三，发展小城镇是贵州省全面实现城镇化的战略方向。2009年贵州省有3 798万人，到2020年预计可控制在4 500万人以内，按这个数到2020年要达到42%～45%城镇化率，就要有1 890万～2 025万城镇人口，比2002的986万人要增加904～1 039万人，要增加1倍的城镇人口。而到2050年要基本实现城镇化即达55%以上城镇化率，城镇人口要达到2 500万人以上，如此巨大的人口数要想通过发展若干大城市或大中城市来吸纳人口是不符合贵州社会经济实际的，因为大城市投资费用高，难以企及。因此，从长远看，要全面实现城镇化，小城镇是贵州省城镇化的一个重大战略目标，也是治理大城市人口过多、交通拥挤、住房短缺等城市病的措施。

（3）发展小城镇要有新思路，有长远眼光。在近期内主要发展有成长潜力的小城镇，尤其是那些靠近大中城市的周边城镇和交通干线上的城镇。要搞好全国小城镇建设试点镇建设，如遵义虾子镇、乌当区东风镇、兴义威舍镇等，把乡镇企业聚集和乡镇企业园区建设与小城镇建设相结合，如贵阳市白云区麦架镇、修文县扎佐镇等在这方面取得了显著效果。在一些地方要与移民搬迁安置相结合，如开阳县双流镇把构皮滩水库建设部分移民安置与本镇小城镇建设相结合起来，充分利用移民安置资金，修建移民一条街，包括其营业用房和住房，在搞好移民安置的同时，使小城镇镇区得到扩大，使城乡经济协调地发展。

（二）

瞄准切入点和突破口加快发展特色工业。贵州省委（扩大）会议明确指出：要合理有序利用原有的工业基础和人才基础等，大力发展生态主导型的高新类工业、战略性新兴工业产业和劳动密集型工业，走新型工业化的路子。全省工业发展大会响亮提出了实施工业强省战略，吹响了工业发展进军号，这对加快发展工业提出了符合实际的指导性意见。

1. 贵州发展差距在工业

栗战书同志指出，贵州发展的差距在工业。"工业化是实现现代化不可逾越的历史阶段，没有工业化，就谈不上实现现代化。工业上不去，加快城镇化、增加财政收入、扩大就业、改善民生、发展各项社会事业等都将受到极大的制约。"工业是我省经济发展的短板，工业发展上要取得突破，着力延长产业链、提高附加值、整合资源，使工业向园区集中，实现集群发展、集约发展、节约发展、配套发展。按照全省工业发展大会指出"统一对工业强省战略在全省发展全局中重要地位和作用的认识，就目前发展的新的阶段性特征来看，必须把工业强省战略放在更加突出的位置重点抓好"的要求，深入分析比较，算清各项经济指标账，准确找出影响制约发展的主要症结，进一步完善发展思路、强化发展措施、加快发展工业，才能实现经济社会又好又快、更好更快发展。

2. 发展潜力在特色工业

栗战书同志指出,贵州发展潜力在工业。"将贵州省资源优势转化为经济优势,唯一的途径就是推进工业化。"所谓工业,主要是特色工业,是具有贵州特色发展潜力很大的工业。2009年贵州省地区生产总值从2005年的2 005亿元增加到3 894亿元,年均增长12.5%,同比加快2.1个百分点,其中工业占贵州省地区生产总值比重为32.17%,对贵州省经济增长贡献率达31.7%,成为拉动贵州省经济增长的主要力量。其中,电力、煤炭、化工、冶金、装备制造、烟酒等主要行业对工业增长的拉动较大,6个行业合计拉动规模以上工业增长6.1个百分点,增加值占贵州省规模以上工业的比重80%以上,电力行业拉动力度最大,拉动规模以上工业增长2.2个百分点,电力、煤炭、化工、冶金、装备制造、烟酒等主要行业是贵州特色工业。2011年,贵州省规模以上工业(年主营业务收入2 000万元及以上口径)完成增加值1 638.71亿元,比2010年增长21.0%。贵州省规模以上工业增加值累计增速持续高于全国平均水平,比全国平均水平高7.1个百分点;贵州省规模以上工业增加值增速在全国的位次大幅前移,由2010年的第29位升至第5位。"十一五"以来,贵州省工业在经济社会发展中的地位和作用日益突出。但是,对照新形势下工业强省战略,工业发展还存在较大差距。

3. 发展希望在特色工业

栗战书同志指出,贵州发展希望也在工业。全省工业发展大会要求"十二五"期间千方百计加速工业发展、扩大总量。一是壮大工业经济规模,不断增强工业经济对整个国民经济的带动作用。二是秉持特色工业化的理念,紧紧围绕市场需求,正确把握不同时期工业发展的相对优势。三是把采煤、发电、原材料精深加工作为发展重工业的有效路径,大力提高产品附加值和市场竞争力。四是把大力发展装备制造业和战略性新兴产业作为推进工业化的重要路径,形成新的经济增长点。五是在继续支持传统特色优势产品出口的同时,加大对农产品、民族工艺品、高新技术和机电产品等出口的支持力度。同时,依托国家高技术产业民用航空航天产业基地,大力发展现代装备制造业;依托现有产业基础,振兴发展特色轻工业;依托资源比较优势,加快发展能源原材料工业。

4. 发展特色工业的突破口

赵克志同志指出,调整产业结构、转变发展方式,是实施工业强省战略的着力点。对贵州省来说,进一步增强能源、矿产资源、烟酒、装备制造等优势产业对工业经济的支撑作用,是实现发展特色工业的突破口。盘江投资控股集团拓展为以煤炭产业为支撑资本经营等为一体的特大资源能源企业集团，2015年年末资产市值规模可超过1 500亿元，利税达到100亿元以上；贵阳卷烟厂建成投产易地技改项目后，卷烟生产能力可达100万箱以上；老干妈食品公司1997—2009年，解决了570万农户辣椒销路问题，这些企业发展向好原因是找到了发展切入点和突破口。

5. 怎样发展特色工业。

党的十七届五中全会指出，坚持走中国特色新型工业化道路。栗战书同志指出，在相当长的时期内，对贵州经济社会发展起决定性作用的仍是工业经济。怎样发展特色工业？一是发挥能源和矿产资源组合较好的优势，实施西煤西用、西电西用和西电东送战略。以实施西煤西用为突破口，把丰富的煤炭资源优势转化为经济优势，通过建成一批电厂、煤电化、煤化工基地等，使原煤就地转化增值，延长煤炭产业链。在保证西电东送的前提下，实施西电西用战略，争取留存电量，适度发展金属冶炼等产业。二是加快贵阳、遵义、安顺为重点的重大装备制造业基地和国家级研发基地建设。以贵阳、遵义、安顺等重大装备制造业和国家级研发为基地，在新能源、新材料等领域选择适合培育发展的战略性新兴产业。实施一批国家科技支撑计划和省重大科技专项项目，推进信息化和工业化融合，以信息化带动工业化，以工业化带动城镇化。三是推进特色工业企业的开放化，逐步增强发展的动力和活力。按照市场经济的原则，支持企业优化重组，培育壮大优强企业，提高企业市场竞争力；实施品牌和"走出去"战略，不断深化交通、能源等领域的跨区域合作；积极"引进来"优强企业，充分利用贵州省电力、劳动力、气候、环境等各种优势。四是推进特色工业企业开发区工业园区内聚集化，打造特色工业企业载体。依托国家和省级开发区、高技术产业园等发展工业企业，推进产业集聚和企业集群化发展；提高园区各项配套设施的使用效率，促进污染集中有效处理；落实投资、税收、用地政策，抓好规划、基础设施、招商引资和项目建设，增强园区产业聚集和辐射能力。五是发展壮大特色优势产业，大力培育高新技术产业。把资源优势转为经济优势，重点发展特色产业、支柱产业和以国酒茅台为龙头的白酒传统优势产业；加快发展装备制造、磷煤化工、现代制药、铝工业、高新技术和战略性新兴产业；推进贵烟品牌战略实施，壮大特色食品、民族制药、旅游商品等产业，形成工业经济新的增长点。六是推进工业企业自主创新化，大力发展高新技术产业。发挥军工产业优势，推动重点的重大装备制造业基地和国家级研发基地建设；培育战略性新兴产业，重点加强技术创新体系建设，提升企业竞争力，力争新认定国家级企业技术中心、工程中心、工程实验室和重点实验室；推进传统产业的产学研合作，加快技术创新成果产业化步伐。七是推进产业转移和对接。党的十七届五中全会指出，坚持把深入实施西部大开发战略放在区域发展总体战略优先位置，发挥资源优势作用。把贵州建成西部区域经济新的增长极，积极主动承接东部地区产业转移，抓住国家制定中西部地区承接东部产业转移政策等机遇，争取国家支持建立承接产业转移、产业合作示范园区。八是用生态文明的理念来引领工业发展。党的十七届五中全会指出，坚持把建设资源节约型、环境友好型社会作为加快转变经济发展方式的重要着力点。按照栗战书同志提出的"坚持以生态文明的理念来引领工业发展"，发展生态主导型的工业，把生态文明的理念贯穿于工业生产的各个环节，走出一条依靠科技进步、降低资源消耗、优化生态环境的新型工业化道路。

（三）

综上所述，工业化和城镇化是贵州经济发展的两大引擎，我国目前已进入工业化中后期，而城市化则方兴未艾，地区经济发展引擎将由工业化偏向城镇化。由此，贵州未来发展趋势将是两者并举，并逐步向以城镇化为主导的方向转移。这种城镇化模式的转变影响深远，意味着未来贵州城市的基础设施投资将在一个相当长的时期中保持相当大的规模，未来规模投资引导我国和贵州经济总格局没有变化。但是，投资领域将因城镇化模式变化而发生重大变化，金融业必须进一步深化改革予以配合。回顾改革开放以来，由于我国的发展是从一个非常低的水平，即解决温饱问题上起步的。因此，工业化很自然地就成为一个在较长时期发挥主导作用的因素。与此同时，虽然城镇化也有相当大的发展，但是从两者的关系来看，这样的城镇化发展是由工业化引致的，可以将其称之为引致性的城镇化模式。对这样一种模式，国际国内上存在着很多的争论，不少人将城镇化速度落后于工业化视为我国发展中的遗憾和缺陷。但是观点却恰恰相反，认为这种模式是特定时期，我国发展道路的较好选择，使我国避免了像拉美以及其他一些发展中国家在经济发展过程中过早出现大城市膨胀，以及各种各样的贫民窟遍地产生的社会弊端。当然，随着我国工业化进程的发展，原先的引致性的城镇化模式所蕴含的种种问题和矛盾开始日益暴露出来。

首先，在过去的城镇化模式下，农村剩余劳动力进入城市的主要目的就是为了赚钱，并不谋求移民，成为城市居民。由此产生了大规模人口迁移，对我国交通运输造成了巨大压力，也产生了诸多社会矛盾和问题。其次，在城市打工的农民，主要收入并不会留在城市里，而大多汇回农村，这就造成了大规模的资金流动。第三，在城市打工的农民，往往除了吃穿等基本消费会在城市中进行，其他一些耐用消费品，如住房、医疗等消费活动仍主要发生在农村。所以，由工业化引致城镇化的发展，事实上是固化了我们城乡的分隔。调查研究发现，农村居民消费结构没有像城市居民那样呈现不断升级态势。相反，他们的消费结构，甚至表现出低级化、甚至出现了恩格尔系数逆转趋势。由此可以得出这样的结论：在我国，绝大多数农村居民虽然经过改革开放，使他们在城市里赚取了比过去更多收入，但是，他们仍然延续着，甚至强化着原有的消费习惯。对于这种现象，用经济学理论来解释的话，其主要原因在于分散的农村，供应不能非常集中，存在规模不经济。而主要引发的后果，就是导致社会有效供应不足和价格过高。统计发现，就消费价格而言，2001—2008年，我国农村消费价格指数上涨23.3%，城市只上涨18.4%，农村价格水平上涨幅度高于城市。近几年，我国发展中出现了许多新的变化，其中城镇化趋缓，民工荒现象出现尤其值得引起关注。分析发生的原因，其一，受到了全球经济危机的影响；其二，由于国家大力发展中西部地区，较大程度改善了就业环境，提高了当地居民的收入水平。城镇化趋缓，民工荒现象出现预示着随着工业化进入中后期，我国正迎来一个转折点——从工业引导城镇化向工业化和城镇化并举，并逐步向城镇化为主导的方向转移，而这将成为我国未来发展的新的趋势。这种转折和趋势，必将对我国经济社会特别是西部地区的各个领域带来新的改革要求，而其中蕴含的发展动力、发展潜力更是巨大。可以这样说，城镇化将逐步成为未来我国经济发展的主要引擎。未来城镇化过程中，大量农民工将从候鸟型流动转变为城市移民，这不仅需要制造业继续稳定发展，而且对城市社会服务，社会管理体系，公共服务体系提出巨大需求。目前，我国居民收入分配差距主要原因之一是城乡差距，而新的人口流动格局会缩小城乡差距，从而对于改变我们国家收入分配不公的现象作出贡献。面对这样的转变和趋势，金融支持必不可少。不过，在从工业化主导向城镇化主导的过程中，投资引导我国经济发展的总格局并不会发生根本性的变化。但是，值得注意的是，投资领域却会因城镇化模式变化而发生重大转变。因此，工业化主导的投资和城镇化主导的投资风险不同，商业可持续性不同，所需要的价格和收费的环境不同，需要的税收待遇不同，这一系列的变化也意味着投资资金性质在发生着改变。这就需要我国金融业必须进一步深化改革予以配合。具体措施包括发展多层次资本市场，提高股权性资本的比重，聚合各类资本，鼓励金融创新，完善地方政府金融管理体系。

（刊载于《宏观经济管理》，2011 年第 10 期，获贵州省政府第 10 次哲学社会科学优秀成果三等奖）

从贵州省情出发选择"后发赶超"的路径

2011 年，地处西部贵州正在大步赶上来，在"十二五"开局之年，贵州克服通胀压力加大和要素供给偏紧、宏观经济环境趋紧和年初遭受凝冻灾害等不利因素影响，统筹抓好扩投资、调结构、增活力、惠民生等各项工作，呈现出"增速加快、投资增加、活力增强、民生改善、环境趋好"的经济社会发展呈现出良好发展态势，2012 年年初被贵州省人民代表大会称为创造"贵州速度"，实现"后发赶超"。这为"十二五"实现开好局、起好步奠定了基础。

一、正确理解"后发赶超"的科学内涵

2012 年贵州省省长赵克志同志在《贵州省人民政府工作报告》中指出，2011 年，贵州省地区生产总值 5 600 亿元，增加 1 000 亿元，增长 15%；固定资产投资实现 5 100 亿元，增加 1 914 亿元，增长 60%，拉动经济增长 10 个百分点。主要经济指标增速为近 20 年来最高。贵州加快经济结构调整转型，2011 年完成工业增加值 1 950 亿元，增长 21.5%，工业对经济增长贡献率 45.5%。第三产业增加值 2 610 亿元，增长 15%。单位生产总值能耗和主要污染物排放量控制在国家下达的指标范围内。贵州启动实施民营经济"三年倍增计划"，2011 年民营经济占生产总值的比重达到 36.9%，比 2010 年提高 1.9 个百分点。贵州还大力加强基础设施建设，实现新增高速公路通车里程 516 千米，铁路营业里程 2 066 千米，新开和加密航线 34 条，新增通航城市 8 个；开工建设 20 个中型骨干水源工程，新增有效灌溉面积 130 万亩，解决了 325 万农村人口饮水安全问题。此外，2011 年贵州省投资 650 亿元实施"十大民生工程"，减少农村贫困人口 60 万人。城镇新增就业 28 万人，比 2010 年多增 6.1 万人，城镇居民人均可支配收入 16 500 元，农民人均纯收入 4 200 元，分别实际增长 12% 和 15%。① 2012 年创造"贵州速度"高于过去、高于西部、高于全国，实现稳中求快，快中保好，能快则快，又好又快。2012 年，贵州省委书记栗战书同志阐释认为，"贵州速度"是又好又快，惠及民生，首先地

---

① 龚金星，等. 贵州经济增长创 20 年最高 [N]. 人民日报，2012-1-12 (1).

区生产总值要快速增长，快的同时要有质量，有效益，而且要惠及民生，让群众得到实惠。

报告提供的地区生产总值、固定资产投资、金融机构存贷款余额、财政总收入、税收收入等经济数据令人振奋。在2011年，贵州省主要经济指标增速为近20年来最高，几个重要指标增量突破1000亿元。

2012年第一季度，贵州地区生产总值首次在第一季度突破1000亿元，达到1071.25亿元，同比增长14.7%，增长速度高于全国6.6个百分点，与天津市并列全国第一，是近30年来贵州季度地区生产总值增长速度首次位于全国第一。可以说，2011年贵州经济社会发展呈现出经济增长提速进位、工业化战略和城镇化带动战略强势起步、基础条件不断完善、发展动力显著增强、民众生活明显改善等五大特点。赵克志同志说："几个重要经济指标净增额同时突破1000亿元，这在贵州历史是从未有过的。同时生产总值增速、固定资产投资增速等主要经济指标增速在全国的位次大幅前移，在贵州历史上也是从未有过的。"

数据或许是枯燥的，但数据背后的经济和社会成因却是极为生动的。2011年，贵州经济社会发展的多个指标增速在全国的排位，由过去的二十几位上升到十几位以至前十位，有的达到了前三位，这样的速度是贵州人扎扎实实干出来的。贵州经济社会发展正呈现出发展提速、转型加快、效益较好、民生改善、后劲增强的良好态势。

创造"贵州速度"、实现"后发赶超"，就是讲贵州精神。"深圳速度"象征的是特区人锐意改革、创新进取、分秒必争的气魄。"浦东速度"体现的是上海人开放包容、敢想敢闯、勇争第一的胆识。西部大开发战略深入实施，新一轮扶贫开发攻坚战全面打响，东部产业转移加速推进，贵州面临的发展机遇和获得的政策支持都是空前的。后发的贵州能否抓住这千载难逢的机遇，实现经济和社会的跨越发展，在2020年与全国同步进入全面小康，最终还得看贵州人自己有没有这个志气勇气。如果没有加速发展的责任感，没有加快转型的紧迫感，没有推动跨越的使命感，贵州人的志气从何谈起？不讲速度，说到底就是自甘落后。

创造"贵州速度"、实现"后发赶超"，就是讲发展思路。"加速发展、加快转型、推动跨越"的主基调已经确定，工业化、城镇化和农业现代化三大战略已经明确。但是，省内各地发展的基础不一样，面临的困难各不同，依托的资源有差异，能否实现经济和社会发展的全面提速转型，考验的是广大干部的作风、视野和能力。唯有扎根基层沃土，向群众学习，充分依靠群众，才可能化发展的共识为发展的行动。唯有走出夔门，向先进地区看齐，吸纳别人的成功经验并和自身实际相融合，才可能真正探索出速度快、质量好、可持续的发展路子。

创造"贵州速度"，实现"后发赶超"，就是讲工作干劲。空有美好的蓝图，没有十足的工作干劲，速度永远不可能提起来。贵州发展得够不够快，贵州发展得够不够好，关键在工作干得如何。"贵州速度"、"后发赶超"表面上看起来是一个指标要求，但它的深层意义在于——速度可以形成一种倒逼机制，推动贵州人大胆去想、去闯、去试、去干，去打破既有的框框套套，去创造性地去谋划发展。"贵州速度"、"后发赶超"的提出，体现的是干事创业的工作激情，是你追我赶的工作状态。贵州人只有精神百倍干劲十足地去干，才可能真正地把思想统一到发展上，把心思集中到发展上，把力量凝聚到发展上。

二、充分认识现阶段基本省情，实现"后发赶超"

实施西部大开发战略以来，贵州经济社会发展取得很大成就。在肯定成绩的同时，我们也清醒地看到，经济社会发展还存在不少矛盾和问题。主要是经济总量小、发展速度慢、发展方式粗放；工业化和城镇化水平低，农业基础薄弱，农村贫困人口多、贫困程度深，人民生活水平还不高；科技创新能力弱，教育事业发展滞后，人口资源环境压力大；市场机制不完善，基层政府职能转变还不到位，政府行政效能和服务管理水平有待进一步提高等。对这些问题，将采取措施，在发展中努力加以解决。但是，作为全国唯一没有平原支撑的喀斯特山区省份，仍是全国贫困面最广、贫困程度最深、发展困难最大的地区，与全国的差距还在拉大。当前，世界经济增长放缓、复苏乏力，我国经济发展中不平衡、不协调、不可持续的矛盾和问题仍很突出，面临不少困难和挑战。根据党的十七届五中全会精神，按照中央对贵州工作的要求，"十二五"期间，坚持"加速发展、加快转型、推动跨越"的主基调，重点实施工业强省战略和城镇化带动战略，大力推进农业现代化，着力保障和改善民生，努力实现经济社会又好又快发展。但是，作为西部落后省份，要实现这一目标，由于历史、现实原因，面临着一些自身难以解决的问题和困难。

"贫穷落后"不是贵州的代名词，更不是贵州的固有标签。"加速发展、加快转型、推动跨越"，贵州任重而道远，努力创造一个高于过去、高于西部、高于全国的"贵州速度"，是贵州发展的必然选择。

贵州地处西南地区中心，在西部地区的战略地位十分重要。抗日战争时期，贵州是西南大后方；红军长征 11 个月，红军在贵州开展革命工作达半年之久；"三线建设"时期，贵州是国家的战略腹地。创造"贵州速度"，加快贵州经济社会发展，对于国家全面建成小康社会，实现和谐稳定，具有十分重要的意义。

三、实现"后发赶超"，突出把握好稳与进的辩证法

推动贵州经济社会发展，要突出把握好稳中求进的工作总基调，是中央根据当前国际国内形势作出的科学决策。稳中求进是积极应对国内外新情况、新问题的正确方针。稳就是要保持宏观经济政策基本稳定，保持经济平稳较快发展，保持物价总水平基本稳定，保持社会大局稳定。进就是要继续抓住和用好我国发展的重要战略机遇期，在转变经济发展方式上取得新进展，在深化改革开放上取得新突破，在改善民生上取得新成效。坚持稳中求进的工作总基调，必须深入理解稳中求进的内涵和意义，把握好稳与进的辩证关系。稳是为了进。进是方向，是目的。说一千道一万，发展是硬道理。离开了进而单纯求稳，就可能在四平八稳中丧失机遇，如逆水行舟，不进则退。进需要稳，稳是前提，是基础。如果没有稳妥的政策措施、稳定的经济社会环境，进就可能是盲目冒进，难免摔跟头。在一定意义上讲，稳与进互为条件、相辅相成。没有进，长期的稳就无法实现；没有稳，进就无所凭借和依托。其一，稳中求进是一个积极的方针，而绝不是一个消极的方针。它所摒弃的是那种对客观形势和条件缺乏冷静分析，对需要与可能、优势与困难缺乏清醒认识，头脑发热、盲目蛮干的行为，但绝不意味着可以胸无大志慢慢来，遇到困难等、靠、要。应当认识到，在当前世界经济形势复杂严峻、国内经济运行面临新情况新问题的大环境下，保持稳已属难能可贵，实现进更是重大成就。稳中求进同我们党近年来强调的好中求快是一致的，两者的深层含意都在于处理好发展质量与发展速度的关系，努力实现经济社会又好又快发展。为此，我们既要追求一定的发展速度，更要追求发展的高质量，决不能单纯求快而忽视发展质量。有时为了保证发展的高质量，宁可放慢一点速度。其二，稳中求进体现了求实态度与进取精神的统一。在发展问题上，我们党总结了过去的经验教训，强调既要从实际出发、实事求是，不能好高骛远，不切实际地追求高指标高速度；又要充分发挥主观能动性，鼓足干劲，奋发进取，不能不求上进、无所作为。这两者的结合，实际上就是稳中求进。稳中求进是符合国内外形势的客观要求的，是符合科学发展观的根本要求的。把这个总基调落实到实践中，需要掌握稳中求进的工作方法，既做到稳——方针政策稳妥、发展步子稳当、社会大局稳定、领

导作风稳健；又做到进——思想观念与时俱进、精神状态锐意进取、实际工作有效推进、各项事业不断前进。只要认真贯彻落实中央的决策部署，坚持稳中求进，就能够在推动科学发展、促进社会和谐上取得更大成绩。

四、实现"后发赶超"，要在重点领域实现重点突破

2005年，胡锦涛同志视察贵州工作时指出，只要符合科学发展观，有条件、有效益，就要努力加快发展。2010年8月，胡锦涛同志谈到贵州工作时，也明确要求我们要聚精会神谋发展。以科学发展为主题，以加快转变经济发展方式为主线，以"加快发展、加快转型、推动跨越"为主基调，重点实施工业强省战略和城镇化带动战略。明确要求贵州始终坚持发展是第一要务，把改善民生作为发展的出发点、落脚点，特别要把涉及民生的几个重要问题解决好，做到科学发展、加快发展。党的十七届五中全会以后，按照胡锦涛同志对贵州工作的重要指示精神和中央关于"十二五"时期经济社会发展的重大战略部署，紧密结合贵州实际，提出以科学发展为主题，以加快转变经济发展方式为主线，以"加快发展、加快转型、推动跨越"为主基调，重点实施工业强省战略和城镇化带动战略等一系列决策部署。贯彻了中央领导同志和中央的重大决策部署精神，也顺应了贵州经济社会发展的需要，是顺势而为的举措。

围绕上述目标，贵州将加快推进新型工业化、城镇化和农业产业化，坚持把"三农"工作作为全省工作的重中之重，加快"三化"同步进程，以工业化致富农民、城镇化带动农村、产业化提升农业，加快民生建设和社会事业发展，重点在以下六个方面实现重大突破：

第一，加强基础设施建设，在改善发展条件上实现重大突破。推进以快速铁路、高速公路、民航机场等为重点的交通基础设施建设，加快形成连通内外、覆盖城乡的综合交通运输体系。加快连接周边省会城市、全国主要经济区的快速铁路建设，开工建设一批客运、煤炭及原材料运输专线，新增铁路通车里程3 000千米左右，铁路通车总里程争取达到5 000千米。加快实施"六横七纵八联"高速公路网规划，新增高速公路通车里程3 000千米以上，高速公路通车总里程超过4 500千米，打通连接周边省份的高速公路通道。实施国省干线公路改造工程，提高公路通达深度和技术等级；加快重点城镇、重点工矿区、旅游目的地、支线机场、航运码头或港口与铁路、高速公路的快速联络线和公路运输枢纽、集散性道路建设，完善路网结构。推进民用机场建设，基本形成布局合理、覆盖全省的民用航空运输网络。积极引进一批航空企业到贵州设立基地航空公司，拓展国际国内航线，增加航班密度。加快乌江等水运通道

和水库库区航运工程、农村渡口改造工程建设,提高航道等级和通航能力。基本解决制约贵州经济社会发展的交通物流问题。按照现代水利的要求,加强水源建设,建成黔中水利枢纽和"滋黔"一期等工程,新建一批重点水利枢纽工程,基本建成城乡供水体系,提高供水保障能力,基本解决工程性缺水问题。农村人口人均有效灌溉面积达到0.9亩、人均基本口粮田达到0.5亩,解决1 299.8万农村人口饮水安全问题。加快城乡电网建设改造,提升供电保障能力。加强信息、邮政基础设施建设,推进"三网"融合,缩小城乡信息差距。

第二,实施工业强省战略,在开发培育主导产业上实现重大突破。以重点骨干企业为龙头,以重大技改项目为抓手,以名优品牌为引领,发展壮大支柱产业,增强电力、煤炭、烟酒、装备制造、民族医药等产业对工业经济增长的支撑能力;改造提升传统产业,切实提高建材、化工、冶金、林产品等产业的竞争力;加快培育战略性新兴产业,大力发展电子信息、新材料、生物医药、节能环保等产业。加快工业经济由粗放型增长向集约型发展转变,实施产业园区建设行动计划,引导企业向产业园区集中,推进产业集群、企业集聚、资源集约节约利用。加快工业产品从原材料粗加工向精深加工、配套加工转变,突出抓好煤及煤化工、磷及磷化工、铝及铝加工等重点产业的精深加工,延长产业链、拓宽产业幅,提高产业配套能力。加快工业企业由小到大、由弱到强转变,鼓励企业跨地区、跨行业、跨所有制优化重组,对生产要素、上下游产品和营销网络等进行整合,培育一批拥有自主知识产权和知名品牌的优强企业。促进非公有制经济加快发展,进一步提高非公有制经济在国民经济中的比重。加强地质工作特别是矿产资源整装勘查,提高矿产资源保障能力。到2015年,全省工业增加值比2010年增加1.5倍,产业结构显著优化,创新能力显著增强。大力发展生产性服务业,全面发展生活性服务业,加快旅游大省建设,着力发展金融、信息、现代物流、工业设计、软件、服务外包、动漫创意等现代服务业。

第三,加强教育、科技和人才工作,在提升科技创新能力和人口素质上实现重大突破。优先发展教育事业,加大政府投入力度。全面实施贵州省中长期教育改革和发展规划纲要,坚持以师生为本,加强师资队伍建设,深化素质教育改革,提高人才培养质量。巩固提高义务教育、着力突破高中教育、大力发展职业教育、调整优化高等教育,推动各级各类教育发展迈上新台阶。加快幼儿园建设,重点实施农村学前教育发展推进工程,到2015年全省2/3的乡镇和街道办事处至少有1所公办幼儿园,支持大村落和社区、居委会举办幼园。大力实施农村艰苦边远地区学校教师周转宿舍建设工程，基本解决农村初中寄宿生住宿问题。新建或改扩建90所高中阶段学校，到2014年以县为单位基本实现初中毕业生能够继续接受高中阶段教育。扩大职业学校办学规模，构建支撑工业化、城镇化、农业产业化和旅游业发展的职业教育体系。完成花溪高校聚集区和贵州大学等省属高校新建或改扩建任务，调整高等教育布局。大力发展民族教育、民办教育，保障残疾儿童接受教育的权利。严格按照国家规定为学校配备校医，为寄宿制学校配备管理人员。深化教育国际交流与合作。加快构建政产学研结合的区域创新体系，鼓励和支持原始创新、集成创新、引进消化吸收再创新，加强科技计划管理、科技合作创新和科技发展环境建设，实施产业技术创新能力培育、现代农业发展科技支撑、社会发展科技保障、创新平台建设和创新人才队伍建设等五大工程，发挥企业在科技创新中的主体地位和作用，加大政府对科技的投入，集中力量开展关键共性技术攻关，加快科技成果向现实生产力转化。加大人才培养力度，积极引进各类急需人才，提高人力资本对经济增长的贡献率。

第四，推进城镇化带动战略，在统筹城乡发展上实现重大突破。按照统筹规划、合理布局、完善功能、以大带小的原则，坚持走有特色、集约型、多样化的山区城镇化道路，以大城市为依托，以中小城市为重点，促进大中小城市和小城镇协调发展。实现黔中城市群重点突破，大力发展一批区域性中心城市，积极培育快速铁路和高速公路网络节点中小城市。突出自然、历史、文化和民族特色，努力建设一批交通枢纽型、旅游景点型、绿色产业型、工矿园区型、商贸集散型、移民安置型等各具特色的小城市和小城镇。大力增强城镇要素集聚能力和辐射带动能力，着力抓好建设规划，优化空间布局，强化产业功能，提升承载能力。创新管理体制机制，提高城镇建设和城镇化发展管理水平，开创城乡统筹建设和城镇化发展新局面。

第五，实施扶贫脱贫攻坚工程，在全面保障和改善民生上实现重大突破。把扶贫脱贫攻坚作为"第一民生工程"，向绝对贫困发起全面总攻。坚持开发式扶贫方针，大力实施集团化扶贫、项目化扶贫。以产业培育为重点，以扶贫项目为支撑，按照"整体规划、县为单元、整合资源、集中投入、综合开发"的原则，在抓好整村推进的同时，开展整乡整县推进，对集中连片特殊困难地区进行脱贫攻坚。分类指导，对丧失基本劳动能力的特困人口，主要通过农村低保制度保障其基本生活需要。鼓励有条件的县加快脱贫步伐，采取摘帽不摘政策的办法，对提前实现整体脱贫的扶贫开发工作重点县，继续保留原有扶持政策，并给予奖励。加快山地农业扶贫开发，深入实施易地扶贫搬迁。加快基础设施向乡村延伸，2012年实现100%的乡镇通油路，2015年70%以上的建制村通油路，加强农村公路的管理和维护，加快农村客运站场建设。2014年完成统计在册的农村危房改造，2015年按照国家扶贫标准，农村贫困人口数量比2010年减少一半。实施积极的就业政策，通过加快推进工业化和城镇化，新增城镇就业135万人以上，转移农村劳动力250万人以上。进一步完善城乡社会保障体系。以增加农民收入为核心，全面落实强农惠农政策，加快推进社会主义新农村建设，稳定粮食生产，调整农业结构，推进农业产业化，发展现代农业，深化农村各项改革。

第六，加强生态环境建设，在增强可持续发展能力上实现重大突破。坚持以生态文明的理念引领现代经济、现代产业和社会发展，把加强资源节约和生态环境保护作为实现可持续发展的重大战略任务，在保护中开发、在开发中保护。转变资源开发利用方式，完善清洁生产机制，发展循环经济，淘汰落后产能，推进重点节能减排工程建设和江河水系污染治理，加快形成节约能源资源、保护生态环境的产业结构、增长方式和消费模式，实现安全发展、清洁发展、可持续发展。实施水利建设生态建设石漠化综合治理规划，推进石漠化治理、退耕还林还草、天然林保护、封山育林和草地湿地恢复保护等重点生态工程建设，加强森林管护，提高森林覆盖率。开展卫生城市、环保模范城市、文明城市创建活动。结合乡村规划和农村危房改造开展村庄整治，用三年左右时间使村庄面貌有较大改善。实行最严格的耕地保护制度，产业园区和城镇新区规划建设尽可能向低山丘陵发展，尽量少占耕地，严格保护基本农田。

（摘自《贵州"后发赶超"与"两步走"战略研究》，北京：中国言实出版社2012年6月出版）

致 谢

本书是我的经济学博士论文，是在我的导师康灿华教授亲切关怀和悉心指导下完成的。康教授严肃的科学态度，严谨的治学精神，精益求精的工作作风，深深地感染和激励着我。从课题的选择到项目的最终完成，康教授始终给予我细心的指导。在此谨向康教授致以诚挚的谢意和崇高的敬意。

在本书即将完成之际，我的心情无法平静，从开始进入课题到本书的顺利完成，有多少可敬的师长、同学给了我无数的帮助，在这里请接受我发自内心的谢意。特别要衷心感谢武汉理工大学王仁祥教授、王恕立教授、聂规划教授、赵玉林教授、周军教授、苏芳博士、周松柏博士、陶虹老师等在本书写作与调研中的指教。

特别要感谢我在香港大学的女儿陈思华在完成学业的同时，为本书的英文部分进行了翻译。感谢西南财经大学出版社张岚老师的精心编辑和帮助。

本书写作过程中，参考了大量专著、期刊论文、网络文章等文献资料，在此恭敬地向相关作者表示真诚的谢意。

最后还要感谢一直在背后默默支持我的妻子、孩子，谢谢你们。

由于本人知识水平有限，不足之处敬请各位专家和学者给予批评、指正。

2013 年 3 月